KB200153

예수와 하나가 되라

예수와 하나가 되라

유기성

규장

처음과 같은 마음으로
주님만 바라보겠습니다!

    이 책은 저의 지난 영성일기 페이스북 칼럼을 모은 것입니다. 특히 이번 책에는 2014년에 가졌던 6개월간의 안식년 기간 중의 칼럼이 포함되어 있습니다. 오직 주님과 동행하기만을 갈망했던 그 6개월은 제 삶과 목회를 놀랍게 바꾸었습니다. 하지만 때로는 칼럼을 쓰는 것이 부담이 될 때가 있습니다. '오늘은 일기도 쓰지 않고, 칼럼도 쓰지 않고 편하게 지내고 싶다'는 유혹이 속에서 스멀스멀 일어납니다. 그러나 그럴수록 일기를 쓰고 칼럼을 빠뜨리지 않으려고 애를 씁니다. 예수님과 동행하는 감각을 잃어버리고 싶지 않기 때문입니다.

    한 번은 영성일기 칼럼을 중단한 적이 있었습니다. 영성일기도 하루 쓰지 않으면 한참을 쉬게 된다고들 하는데, 영성일기 칼럼도 한 번 중단하니 다시 시작하기까지 오랜 시간이 걸렸습니다. 3개월이 걸렸습니다. 그 3개월 동안, 저는 저 자신을 철저히 돌아보는 시간을 가졌습니다. 종교개혁의 핵심은 아드폰테스(Ad Fontes), 곧 "근본으로 돌아가자"는 것입니다. '아드'는 "~을 향해서"이고 '폰테스'는 "샘물, 원천"이니, 말 그대로 해석하면 "원천을 향하여"입니다. 그렇습니다. 근원, 근본으로 돌아가는 것이 종교개혁입니다. 저야말로 근본으로 돌아가는 시간이 필요함을 깨달았습니다.

"매일 일기를 쓰면서 24시간 주님을 바라보며 삽시다!"

이렇게 외치며 달려오기를 7년의 시간이 흐르면서 24시간 주님을 바라보는 '영성일기 사역'은 두려움이 느껴질 정도로 확산 속도가 빨랐습니다. "영성일기를 쓰는 것이 부담스럽다", "글쓰기가 너무 힘들다", "꼭 그렇게 해야 하느냐?" 이런 말을 듣노라면 영성일기 사역은 포기해야 할 것 같은데, 어느 순간 돌아보니 많은 사람들이 영성일기를 쓰기 시작했고, 삶의 변화를 고백해왔습니다.

영성일기에 대한 관심도 커져서, 교계 언론이나 잡지, 일간 신문에서도 특집으로 다룰 정도였습니다. 국내뿐 아니라 해외에 나가보아도 선교사와 교민들 사이에 영성일기를 쓰는 이들이 참 많다는 것을 알 수 있으며, 중국어 번자체 번역본을 시작으로 간자체 번역본, 일본어 번역본, 영어 번역본, 인도네시아 번역본 등이 한꺼번에 출판되면서 대만, 중국, 일본, 인도네시아 등 해외 교회로 사역이 급속히 뻗어나가게 되었습니다.

그러던 중에 저를 당황하게 하는 일이 일어나기 시작했습니다. 그것은 영성일기 사역에 있어 사람들이 주님을 바라보기보다, 저를 더 바라보는 것입니다. 마치 제가 아주 특별한 사람인 것처럼 여기는 것이 너무나 당황스러웠습니다. 제가 너무 드러나는 것은 정말 두려운 일이자 점검이 필요한 일이었습니다.

영성일기 사역이 확장되는 데 고무되어 저 자신을 철저히 점검하지 않는다면 오히려 제가 주님과 친밀히 동행하려는 성도들의 열망에 찬물을 끼얹는 결과를 가져올 수 있다는 것을 깨달았습니다. 그래서 저 자신을 철저히 돌아보는 시간을 가져야겠다고 생각하고 일기를 쓰고 나누는 일 외에 칼럼 쓰기를 내려놓고 말씀과 기도로 주님만 바라보는 시간을 갖기에 힘썼습니다. 한 마디로 다시 근본으로 돌아가는 것입니다.

영성일기 사역이 확산되는 시점에 제가 움츠러드는 것은 여러 어려움
이 예상되었습니다. 하지만 저 자신을 점검하는 일은 그 무엇보다 중요
한 일이었습니다. 아내와 두 딸과의 관계에서 주님을 바라보는지, 부목
사들과 장로님들과의 관계에서 주님을 바라보는지, 설교와 강의를 할
때 진정 주님을 바라보는지, 아무도 없이 혼자 있을 때 주님을 바라보
는지를 점검하였습니다.

그럴수록 저의 부족함이 순간순간 드러났습니다. 그래서 영성일기 사
역을 중단하는 가능성까지 열어놓고 오직 주님께서 인도해주시기를 기
다리며 주님 안에 거하기만 힘썼습니다. 저 자신이 온전하지 못할진대
어떻게 다른 사람에게 영성일기를 권할 수 있겠습니까?

그렇게 3개월이 지났을 즈음 대만에서 제자훈련과 영성일기 세미나
가 열렸습니다. 마음이 무거웠지만 일 년 전에 이미 잡힌 일정이라 진행
하지 않을 수 없었습니다. 그런데 대만 세미나 중 주님께서 함께하시는
깊은 은혜가 있었습니다. 대만 교회 안에 주님과 동행하고자 하는 많은
교회와 성도들이 일어나는 것을 보았습니다.

무엇보다 주님은 제게 다시 영성일기 칼럼을 쓸 마음을 주셨습니다. 한국으로 돌아오기 전 날, 가오슝 한인교회에 들렀는데, 거기서 만난 한 교민이 너무나 간절하게 칼럼을 다시 써달라고 부탁하는 것이었습니다. 이미 그런 부탁을 많이 받고 있었지만, 그 분의 얼굴에 드러난 간절함을 통하여 주님께서 제게 말씀하시는 것 같았습니다.

그래서 주님께 기도했습니다.

"주님, 저 자신도 온전하게 주님만 바라보지 못하는데, 제가 다시 칼럼을 써도 되겠습니까?"

그때 주님께서는 제가 칼럼을 쓰는 것이 제가 온전하기 때문이 아님을 알게 해주셨습니다. 아마 그렇게 되려면 영원히 칼럼을 쓰지 못할 것입니다. 주님께서 제게 원하시는 것은 사람들이 어떻게 평가하든지, 제가 얼마나 연약하고 부족한지 결코 잊지 않는 것이었습니다. 그래서 오직 주님만 바라보아야 한다는 것이었습니다. 주님은 그것을 사람들에게 전하라고 하셨습니다. 주님께서 원하시는 것은 저의 완전함이 아니라 부족한 가운데서 항상 처음과 같은 마음으로 주님을 바라보는 것이었습니다.

그래서 다시 영성일기 칼럼을 쓰기 시작하였습니다. 저는 이 영성일기 칼럼이 어떻게 쓰일지 알지 못합니다. 오직 주님만 바라보며 물 위를 걸은 베드로처럼 한걸음씩 순종할 뿐입니다.

아이들이 공부 잘하는 비결은 정말 간단합니다. 예습 복습만 열심히 하면 누구나 공부를 잘하게 됩니다. 부모에게는 그것이 보입니다. 이미 공부해보았기 때문입니다. 그러나 아이들은 좀처럼 예습 복습을 안 합니다. 그 이유는 당장 효과가 나타나지 않기 때문입니다. 예습 복습의 효과는 어느 정도 시간이 지나야 나타납니다. 그래서 꾸준히 하지 못하는 것입니다.

영성일기도 마찬가지입니다. 영성일기를 쓰면 반드시 주님과 친밀함을 누리는 효과가 있습니다. 그러나 일기를 쓰는 그 날 당장 효과가 나타나는 것처럼 보이지는 않습니다. 그래서 시작하지도 못하거나 몇 번 쓰다가 중단합니다.

혹 이런 어려움을 겪고 있다면 영성일기를 다른 사람들과 함께 써보기 바랍니다. 일기를 다른 사람과 나누는 것이 조심스러운 면이 있지만 마음의 생각이 주님 앞에서 철저히 다스림을 받는 효과도 있고, 진정한 성령의 교통하시는 은혜를 체험하게 됩니다.

영성일기는 성도들이 서로서로 은혜 안에 거하도록 도와주는 끈 역할을 합니다. 영성일기를 나누면서 여러 가지 분주한 일과 시험으로 인하여 주님을 바라보는 일이 중단되지 않도록 서로 도울 수 있습니다.

계속 주님을 의식하려고 하지 않으면, 금방 주님을 잊어버립니다. 사람을 만나고, 식사를 하고, 말을 하고, 어떤 일을 결정하고, 아름다운 경치를 구경하며 정신없이 하루를 보내고 난 다음, 저녁이 되어서야 '아차, 주님을 전혀 의식하지 못하고 하루를 보냈구나' 깨달아질 때, 주님께 너무나 죄송합니다. 주님과 동행하고 싶은 마음을 가진 사람에게 이보다 더 치명적인 것은 없을 것입니다. 윤리적인 큰 죄를 짓는 것만 죄가 아닙니다. 친밀한 관계에 있어서 '무시하는 죄'는 더욱 큰 죄입니다.

로렌스 형제가 《하나님의 임재연습》에서, 어떤 사람과 시간을 많이 보내야 친해지고 친해져야 사랑하게 된다고 했습니다. 우리가 다 주님을 사랑한다고 말합니다. 그러나 그 사랑에 힘이 없는 것은 주님과 친밀한 관계가 없기 때문입니다.

제 아내가 한번은 강의 때, "주님, 오늘 점심은 어디에서 먹을까요? 오늘 장을 봐야 하는데, 언제 갈까요? 무엇을 살까요?' 매 순간 이렇게 주님께 물으며 주님과 친밀히 동행하려고 노력한다"라고 말했습니다.

그러자 선교사님 한 분이 질문을 하셨습니다.

"그렇게 미주알고주알 다 주님께 물어보면, 우리에게 자유의지를 주신 하나님의 뜻을 거스르는 것 아닙니까?"

아내는 그 순간 주님께 '뭐라고 대답해야 합니까?'라고 여쭤보았답니다. 그때 주님께서 되물으셨다고 합니다.

"너희의 문제는 나에게 미주알고주알 다 물어보는 것이냐? 아니면 물어보아야 하는데 안 물어보는 것이냐?"

시시콜콜 주님께 묻고 또 물으며 사는 것은 자유의지도 없고 얽매여 사는 것이 아닙니다. 사랑에 빠진 것입니다. 누구나 사랑하는 사람들 사이에는 사소한 것까지 묻고 또 물으며 지냅니다. 주님을 사랑하게 되면 매 순간 주님을 바라보고 의식하며 또 묻게 됩니다. 그렇게 묻는 일을 통해 주님의 마음을 알게 되고 순종하면, 역사가 일어나는 것입니다.

이 책이 어떤 상황에서도 주님과 동행하는 놀라운 은혜와 축복을 누리는 데 도움이 되기를 간절히 기도합니다.

유기성

차례

프롤로그

PART 1

광야에서 주님과 동행하는 삶

01 내 마음에 계신 주님 _ 16

02 예수님으로 사는 훈련 _ 28

03 주님만 바라보는 참 안식 _ 41

04 주님의 사랑을 갈망하는가? _ 55

05 주님의 마음을 주소서 _ 68

06 주님만 믿고 산다는 것 _ 81

07 나는 오직 주님 안에 있다 _ 97

08 세상에서 주님을 바라보는 훈련 _ 110

PART 2

마음에 임하는 말씀의 역사

09 모든 문제의 해답이신 예수님 _ 128

10 살아 계신 하나님으로 만나라 _ 143

11 세미한 음성으로 말씀하시는 하나님 _ 157

12 말씀이 이루어지는 삶 _ 174

13 주님께 복종하는 훈련 _ 190

14 가장 행복한 그리스도인 _ 202

15 주 예수님의 마음을 품으라 _ 219

16 예수님 안에 거하는 훈련 _ 232

PART 3

주 예수와 하나가 되는 은혜

17 어떤 형편에서도 만족하게 사는 법 _ 246

18 주님이 친히 역사하시는 은혜 _ 259

19 임마누엘이신 주님을 바라보는 믿음 _ 275

20 말씀이신 주님 앞에 서다 _ 289

21 죽어야 다시 사는 길 _ 303

22 낯설지 않은 나의 주님 _ 320

23 나의 전부가 되어주신 분 _ 330

24 주님과 온전히 하나가 되라 _ 346

PART 1

광야에서 주님과 동행하는 삶

01
CHAPTER

내 마음에
계신 주님

마 음 이 따 뜻 하 십 니 까 ?

목회자 멘토링 컨퍼런스 때 김지철 목사님이 하신 말씀 중 하나가 오래 기억에 남습니다. 시체를 만져본 적이 있는지 물으시며 그 차가웠던 느낌에 대해 말씀하셨습니다. 숨을 거두기 전의 몸은 따뜻했는데, 숨을 거둔 후의 몸은 차가웠다는 것입니다. 그렇습니다. 생명이 있고 없고의 차이는 따뜻한가, 차가운가로 구별할 수 있겠습니다. 몸도 그렇습니다만 마음은 더욱 그렇습니다. 우리 마음에 생명이 있으면 따뜻합니다. 그러나 생명이 사라지면 차가워집니다.

김 목사님은 스티브 잡스에 관한 일화 하나를 말씀하셨습니다. 잡스는 미혼모에게서 태어나 양부모에게 입양되어 자랐습니다. 그의 양부모는 잡스를 데리고 교회에 다녔는데, 13세가 되던 어느 날 그가 목사님을 찾아가서 이렇게 질문했습니다.

"만약 제가 손가락을 하나 들어 올린다면, 하나님은 그 전부터 이미 제가 어느 손가락을 들어 올릴지 아시나요?"

그러자 목사님이 대답했습니다.

"그렇단다. 하나님은 모든 것을 다 아신단다."

그러자 잡스는 가족이 구독하던 〈라이프〉 매거진 1968년 7월호 표지를 목사님에게 보여주었습니다. 표지에는 나이지리아 동부 비아프라 내전 당시 굶주린 어린이들의 충격적인 사진이 실려 있었습니다.

잡스는 그 사진을 목사님께 보이며 질문했습니다.

"그럼 하나님은 이것에 대해서도 아시고 이 아이들에게 무슨 일이 일어날지도 아시겠네요?"

목사님은 대답했습니다.

"스티브, 나는 네가 이해가 잘 안 될 거라는 것을 알아. 하지만 물론 하나님은 그것도 잘 알고 계신단다."

그 후 잡스는 기독교를 거부하고 다시는 교회에 가지 않았으며 나중에는 선불교에 심취했다고 합니다.

김 목사님은 잡스를 만나 상담한 그 목사님에 대해 짙은 아쉬움을 표현했습니다. 교리적으로는 분명히 바르게 가르쳤는지 모르지만 하나님의 사랑은 전해주지 못했다는 것입니다. 바른 지식을 가지고 있고, 옳고 그른 것이 분명하더라도 마음이 차가우면 그는 죽은 사람인 것입니다.

내가 네 행위와 수고와 네 인내를 알고 또 악한 자들을 용납하지 아니한 것과 자칭 사도라 하되 아닌 자들을 시험하여 그의 거짓된 것을 네가 드러낸 것과 또 네가 참고 내 이름을 위하여 견디고 게으르지 아니한 것을 아노라 그러나 너를 책망할 것이 있나니 너의 처음 사랑을 버렸느니라 그러므로 어디서 떨어졌는지를 생각하고 회개하여 처음 행위를 가지라 만일 그리하지 아니하고 회개하지 아니하면 내가 네게 가서 네 촛대를 그 자리에서 옮기리라 계 2:2-5

그러므로 자신이 따뜻한지를 가장 중요하게 확인해야 할 것입니다. 어느 순간 차가워져가는 자신을 보는 것은 정말 두려운 일입니다.

어느 성도님이 어릴 적 시원하기로 소문난 논 옆 웅덩이 샘물 이야기를 하셨습니다. 여름에 자주 등목을 하던 곳이었는데, 가뭄이 심한 어느 해에 그 웅덩이 샘물을 바닥이 보이도록 퍼서 논으로 흘려보내고 나니 차가웠던 물의 실체가 드러났습니다. 그러자 그것을 본 사람들 모두 기겁을 하고 도망쳤습니다. 샘 깊은 돌 사이사이에 수많은 뱀들이 숨어 있었던 것입니다.

미국 캘리포니아의 한 유명한 교회는 성찬식 때 담임목사님께서 성찬식에 참여할 수 없는 교인의 명단과 그 사유를 밝힌다고 합니다. 그 순간 온 예배당 안이 찬물을 끼얹은 듯 조용해진다고 합니다. 정말 이렇게 하는 것이 주님의 뜻이었을까요?

24시간 주님을 바라보려고 하면서 경험하는 것은 마음이 따뜻해지는 것입니다. 그러다가 어느 순간 주님 안에 거하지 못하면 마음이 차가워져 있음을 경험합니다. 오늘도 내 마음이 따뜻한지부터 확인하고 살아야 하겠습니다.

20140301

사순절이 시작되었습니다. 사순절은 부활절까지 주일을 뺀 40일 기간을 말하며 그리스도의 삶과 고난, 부활을 묵상하면서 경건한 생활에 힘쓰는 가운데, 죽음을 이기신 부활의 주님께 영광을 돌리는 기간입니다.

그동안 저는 사순절을 꼭 지켜야 하는 절기라고 강조하지 않았습니다. '사순절만의 경건'이라는 함정에 빠질 것이 걱정스러웠기 때문입니다. 전통적으로 사순절을 중요하게 지키는 나라일수록 사순절이 시작되기 전에 사육제라는 거창한 축제를 벌입니다. 그것은 금육(禁肉)과 절제의 기간인 사순절 전에 마음껏 신나게 놀고먹자는 생각에서 비롯된 것입니다.

경건의 이유가 사순절인 경우 이런 영적 함정에 빠지게 됩니다. 경건의 이유는 오직 우리 안에 임하신 예수님과 하나 되었음에 있는 것입니다. 그러나 사순절조차 경건하지 못한 영적 침체는 더욱 가슴 아픈 일이 아닐 수 없기에 사순절이 가톨릭 전통일 뿐이라고 무시하는 '영적 교만' 역시 조심해야 할 것입니다.

사순절 기간을 온전히 예수님과 하나가 되는 경건의 훈련 기회로 삼는 것이 가장 귀한 일일 것입니다. 사순절의 경건은 그 뿌리가 절기에 있는 것이 아니라 마음에 임하신 예수 그리스도께 있음을 명심해야 합니다.

너희는 믿음 안에 있는가 너희 자신을 시험하고 너희 자신을 확증하라
예수 그리스도께서 너희 안에 계신 줄을 너희가 스스로 알지 못하느냐
그렇지 않으면 너희는 버림 받은 자니라 고후 13:5

마음은 머리보다 더 귀중합니다. 마음은 지식보다 훨씬 귀한 것들을 담는 그릇입니다. 우리가 예수님과 친밀히 교제하는 곳입니다.

볼지어다 내가 문밖에 서서 두드리노니 누구든지 내 음성을 듣고 문을 열면 내가 그에게로 들어가 그와 더불어 먹고 그는 나와 더불어 먹으리라 계 3:20

예수님과 연합되는 것이 마음을 통하여 이루어집니다.

내 안에 거하라 나도 너희 안에 거하리라 가지가 포도나무에 붙어 있지 아니하면 스스로 열매를 맺을 수 없음 같이 너희도 내 안에 있지 아니하면 그러하리라 나는 포도나무요 너희는 가지라 그가 내 안에, 내가 그 안에 거하면 사람이 열매를 많이 맺나니 나를 떠나서는 너희가 아무것도 할 수 없음이라 요 15:4,5

마귀가 이것을 알기 때문에 가장 노리는 부분이 바로 우리 마음입니다.

그중에 이 세상의 신이 믿지 아니하는 자들의 마음을 혼미하게 하여 그리스도의 영광의 복음의 광채가 비치지 못하게 함이니 그리스도는 하나님의 형상이니라 고후 4:4

아무리 휘황찬란한 조명 아래 있어도 눈만 가리면 자신에게는 사방이 캄캄할 뿐입니다. 찬란한 태양 빛 아래 나가도 눈만 가리면 어둠 천지일 뿐입니다. 마찬가지로 마음의 눈에 어둠의 천 하나가 덮이면 주님의 영광도 보이지 않게 된다는 것이 기막힌 일입니다.

　너무 안타깝게도 많은 그리스도인들이 마음이 얼마나 중요한지 모르고 있습니다. 마음이 상하면 믿음이 무너지고 사랑이 식어집니다. 육신도 상처가 나면 치료하기가 쉽지 않지만 마음은 한 번 다치면 치료하기가 훨씬 어렵습니다. 그런데도 마음에 난 상처를 내버려둡니다. 생명의 근원이 마음에서 나오는데 말입니다. 마음에 미움을 품고 용서하지 않는 것은 암 덩어리를 몸에 두고 사는 것과 같습니다. 마음을 지옥으로 만들어버립니다.

　성경은 무엇보다 더욱 마음을 지키라고 했습니다.

　모든 지킬 만한 것 중에 더욱 네 마음을 지키라 생명의 근원이 이에서 남이니라 잠 4:23

　그렇습니다. 무슨 일이 있어도 마음을 마귀에게 빼앗기지 말아야 합니다. 마음에 아무 생각이나 받아들이면 안 됩니다. 마음이 어디에 팔려 있든지, 사람은 마음이 팔려 있는 그것의 노예가 됩니다. 가룟 유다가 예수님을 판 것도 마귀가 넣어준 생각을 마음에 품었기 때문이었습니다.

　마귀가 벌써 시몬의 아들 가룟 유다의 마음에 예수를 팔려는 생각을 넣었더라 요 13:2

조각을 받은 후 곧 사탄이 그 속에 들어간지라 이에 예수께서 유다에게 이르시되 네가 하는 일을 속히 하라 하시니 요 13:27

이것을 모르니까 외모는 지나치게 꾸미면서 마음은 쓰레기장으로 만들고 사는 것입니다. 마음에 주님이 계신 줄도 모르고, 마귀가 온갖 더럽고 끔찍한 생각을 집어넣으려고 한다는 것을 모르기 때문입니다.

이 세상 것으로 마음에 짐을 지우지 말아야 합니다. 마음이 쉬지 못하니 삶이 지옥과 같은 것입니다. 세상 짐을 내려놓고 마음이 쉼을 얻으려면 주 예수님을 분명히 영접하여야 합니다.

수고하고 무거운 짐 진 자들아 다 내게로 오라 내가 너희를 쉬게 하리라 나는 마음이 온유하고 겸손하니 나의 멍에를 메고 내게 배우라 그리하면 너희 마음이 쉼을 얻으리니 이는 내 멍에는 쉽고 내 짐은 가벼움이라 하시니라 마 11:28-30

주 예수님을 영접했다면 24시간 주님을 바라보는 것이 당연한 일입니다.

믿음의 주요 또 온전하게 하시는 이인 예수를 바라보자… 히 12:2

주님을 바라보는 것은 주님을 생각하는 데서 시작합니다. 영어성경 (NIV)에서는 "Let us fix our eyes on Jesus"라고 표현했습니다. 주 예수님을 바라보는 것이 우리가 마음을 지킬 수 있는 유일한 방법입니다. 그렇습니다. 예수님을 믿는 사람은 항상 주 예수님을 생각하는 사람입니다. 곧 예수님의 마음을 품은 사람입니다.

너희 안에 이 마음을 품으라 곧 그리스도 예수의 마음이니 빌 2:5

저는 이번 사순절을 예수 그리스도의 수난과 부활의 현장인 이스라엘에서 안식년 중에 보내게 되었습니다. 그러나 예루살렘 현지에서 사순절을 보내는 것보다 더 중요하게 생각할 것은 주 예수님을 진정 마음의 왕으로 모시면서 보내는 사순절이냐는 것입니다.

여러분도 사순절을 자신의 생각과 마음을 온전히 주님께 집중시키는 기간으로 삼아보시기 바랍니다. 그 방법으로 영성일기를 철저히 써보시라고 권해드립니다. 영성일기는 자신이 항상 예수님을 바라보고 있는지를 점검하는 일기입니다. 만약 아침에 잠자리에서 일어났을 때 예수님을 생각하지 않았다면, 식사할 때 예수님이 생각나지 않았다면, 주님과의 관계에 심각한 일이 벌어지고 있음을 알아야 합니다.

사순절 40일간 오직 주님만 바라보는 삶을 살아보면 24시간 365일 주님을 바라보는 삶의 눈이 뜨이게 될 것입니다. *20140306*

얼 굴 로 드 러 나 는 믿 음

미국 몬태나에 금광을 찾아 나선 사람 몇몇이 마침내 금광을 발견했을 때였습니다.

"우리가 마을로 돌아가 음식과 모든 것을 준비해서 다시 오자. 그런데 이 정보가 새어나가면 일이 복잡해지니 목숨을 걸고 다른 사람에게 절대 말하지 말기로 하고 우리만 다시 오자."

그들은 마을로 내려가서 비밀리에 음식과 모든 것을 준비한 후 약속 장소로 나갔습니다. 그런데 그곳에는 그들뿐만 아니라 백여 명의 사람들도 나와 있었습니다.

"아니, 당신들은 여기에 왜 나왔소?"

"우리도 당신들과 같이 가려고 나왔소."

"어디를 간다는 말이오?"

"시치미 떼지 마시오. 우리도 다 알고 있소."

금광을 발견한 사람들은 서로 배신감을 느꼈습니다.

"누가 말했어? 누구야?"

그런데 비밀을 말했다는 사람이 아무도 없었습니다.

"우리가 금광을 발견한 것을 당신들이 어떻게 알았소?"

"당신들 얼굴을 보고 알았지요."

금광을 발견한 사람은 얼굴만 봐도 안다는 것입니다.

얼굴입니다. 하나님께서 함께하심을 정말 믿는 사람은 얼굴부터 다른 것이 분명합니다. 제가 가장 자신 없어 하는 부분입니다. 착하게는 생겼지만 믿음이 드러나는 얼굴이 아닌 것이 늘 부끄럽습니다.

저는 요즘 믿음의 큰 싸움을 싸우고 있습니다. 그동안 저의 믿음의 싸움은 함께하시는 주님을 확신함에 관한 것이었습니다. 그러나 지금 이 믿음의 싸움은 "어떤 순간에도 주님께 순종할 수 있느냐?" 하는 것입니다. 이번 안식년 동안 주님은 '순종에 순종의 길'로 저를 이끌기를 원하신다고 믿어집니다.

많은 성도들이 하나님께서 기뻐하시지 않는 일인 줄 알면서도 먹고 살려면 어쩔 수 없다고 말합니다. 하나님을 믿는다고 하면서도 이처럼 현실에서 하나님을 의지하지 못하는 이유는 하나님을 구체적으로 체험하지 못했기 때문입니다.

앗수르의 산헤립이 예루살렘을 침공했을 때, 유다는 강대국 애굽을 의지했습니다. 하나님은 이사야를 통해 무서운 책망을 하셨습니다.

도움을 구하러 애굽으로 내려가는 자들은 화 있을진저 그들은 말을 의지하며 병거의 많음과 마병의 심히 강함을 의지하고 이스라엘의 거룩하신 이를 앙모하지 아니하며 여호와를 구하지 아니하나니 사 31:1

결국 애굽을 의지한 유다는 망합니다. 문제는 이것이 바로 제 문제이자 오늘날 많은 그리스도인들의 문제라는 것입니다. 오늘 우리에게 가장 필요한 것은 진정 주님을 의지하여 순종하는 믿음입니다.

24시간 주님을 바라보라 하니, "보이지 않는 주님을 어떻게 바라볼 수 있습니까?" 하는 분이 계십니다. 우리 눈에 주님이 보인다면 차라리 바라보라 말라 할 필요도 없을 것입니다. 언제나 우리와 함께 계시지만 눈에는 보이지 않기 때문에 바라보라고 한 것입니다.

시편 139편에서 다윗은 자신의 인생을 돌아보며, 하나님께서 눈에 보이지 않았지만 자신의 일생, 모든 순간마다 언제나 함께하셨음을 깨달았습니다.

> 여호와여 주께서 나를 살펴보셨으므로 나를 아시나이다 주께서 내가 앉고 일어섬을 아시고 멀리서도 나의 생각을 밝히 아시오며 나의 모든 길과 내가 눕는 것을 살펴보셨으므로 나의 모든 행위를 익히 아시오니 여호와여 내 혀의 말을 알지 못하시는 것이 하나도 없으시니이다 주께서 나의 앞뒤를 둘러싸시고 내게 안수하셨나이다 시 139:1-5

다윗은 여기까지 써 내려가다가 크게 압도당한 나머지 펜을 내려놓고 한참을 울었던 것 같습니다. 그의 손은 떨리고 그의 심령은 터질 듯합니다.

> 이 지식이 내게 너무 기이하니 높아서 내가 능히 미치지 못하나이다
> 시 139:6

다윗은 하나님께서 항상 가까이 계신다는 것을 특별히 신학을 연구하거나 선지학교에서 배워서 안 것이 아닙니다. 직접 체험으로 알았습니다. 다윗은 베들레헴에서 양을 치던 평범한 목동이었습니다. 8형제의 막내로 태어났지만 형제들과 부모에게조차 별다른 주목을 받지 못하고

자랐습니다. 그러나 들에서 양을 돌볼 때 사자와 곰을 이겼고, 또 블레셋의 장수 골리앗을 하나님의 이름으로 거꾸러뜨렸고, 10년 동안 사울에게 쫓겨 다녔고, 40년 동안 왕으로 통치하면서 자신의 인생과 이스라엘의 역사 속에 개입하시는 하나님을 알게 되었습니다. 특히 우리야의 아내 밧세바를 범하고 충신인 우리야마저 죽인 사건도 있었습니다. 다윗은 그때도 하나님께서 함께하셨음을 깨닫고 더 울었는지 모릅니다.

다윗은 겨우 마음을 진정하고 다시 써내려 갑니다.

> 내가 주의 영을 떠나 어디로 가며 주의 앞에서 어디로 피하리이까 내가 하늘에 올라갈지라도 거기 계시며 스올에 내 자리를 펼지라도 거기 계시니이다 내가 새벽 날개를 치며 바다 끝에 가서 거주할지라도 거기서도 주의 손이 나를 인도하시며 주의 오른손이 나를 붙드시리이다 시 139:7-10

다윗은 하나님의 인도하심에 겸손히 자신의 삶을 맡기겠다고 합니다. 이것이 다윗의 일생을 위대하게 만든 신앙의 힘이었습니다. 저는 안식년 동안 다윗과 같이 주님을 바라보며, 주님으로 인해 감격하며, 주님께만 순종하는 자가 되어보고 싶습니다.

얼굴은 마음의 창이라고 합니다. 보화를 발견하기만 해도 얼굴이 달라지는데, 주님을 마음에 모시고 살면서 그것이 얼굴에 드러나지 않는다면 그것은 믿음이 아닐 것입니다. 얼굴로 드러나는 믿음, 이것이 저의 기도입니다.

20140308

예수님으로
사는 훈련

발 씻 어 주 는 자

안식년이 시작된 그 주일, 그동안 살펴보지 못했던 교회 내 여러 봉사 부서를 찾아가보았습니다. 교회 안에 담임목사인 제가 알지 못하는 많은 영역이 있음을 알게 되었습니다. 발달장애우를 위한 사랑부 예배를 비롯해서 교회학교 현장도 둘러보았고, 주차 안내도 서보았습니다. 차가 밀릴 때는 주민들에게 멱살잡이도 당한다는 주차 안내 위원들의 고충을 들었기에 저도 꼭 주차 안내 현장에 서보고 싶었습니다.

그런데 주일에 많은 일들을 맡아 섬기는 교인들을 보며 제자들에게 발을 씻기는 자가 되라고 하신 주님의 말씀이 생각났습니다. 은혜를 깨달은 이들에게는 교회를 위하여 봉사하고자 하는 마음이 생깁니다.

"목사님, 이제부터 교회 봉사도 좀 해야겠습니다."

그래서 예배 안내도 서고, 교회학교 교사로, 찬양대 대원으로, 사역팀의 일원으로 섬기며 주방 일, 교회 청소도 합니다. 그런데 교회 봉사가 생각처럼 만만치 않습니다. 순수한 열정으로 봉사에 참여했지만 시험에 빠지는 분들도 많습니다.

"목사님, 아무개 때문에 더 이상 봉사 못하겠어요. 아무개 때문에 시험에 들었어요."

"나는 모든 것을 희생하며 봉사했는데, 말이 너무 많네요. 기분 나빠서 그만두렵니다."

"다른 교회에서 봉사 많이 했는데요, 그러다보니 못 들을 말, 못 볼 일 많이 겪어보았습니다. 이제는 조용히 신앙생활하려고 합니다. 목사님도 저를 가만히 내버려두세요."

봉사하다가 이렇게 시험을 겪는 이들을 보는 것은 매우 안타까운 일입니다. 그런데 봉사하는 이들이 반드시 알아야 할 주님의 교훈이 있습니다. "너희도 서로 발을 씻어주라"는 것입니다. 이것이 주님이 원하시는 봉사의 정신입니다. 우리는 세족식이라는 의식을 갖습니다. 목사가 교우들의 발을 씻기고 선생이 학생들의 발을 씻겨줍니다. 그러면서 생각합니다.

'이렇게 겸손해야지! 이제부터는 이렇게 봉사해야지!'

그러나 예수님께서 제자들의 발을 씻기신 것은 "겸손하라", "봉사하라"는 교훈이 아니었습니다. 그것은 허물을 씻어주는 일이었습니다. 우리는 이미 예수 그리스도를 믿을 때 속죄함을 받고 깨끗해졌습니다. 하지만 여전히 육신의 성품을 가지고 있기에 발을 씻는 일은 계속 필요합니다. 그래서 죄지을 때마다 "주님, 제가 죄로 다시 더러워졌습니다. 씻어주소서"라고 회개하며 주님께 나아가면 예수님께서 우리의 죄를 씻어주십니다. 그러나 예수님만 우리의 허물을 씻어주시는 것이 아니라, 우리도 서로 허물을 씻어주라고 권면하신 것입니다. 이것이 교회 안에서 봉사하는 자가 반드시 가져야 할 정신입니다.

주차 봉사에 나섰을 때, 처음에는 날씨가 춥거나 더울 때에도 야외에서 봉사해야 하는 것이 얼마나 힘들지 정도만 생각했습니다. 기도회를 할 때, 힘들어도 교인들을 주님 대하듯이 섬기자고 설교했고, 주차 안내를 서면서 교인들을 웃는 얼굴로 잘 섬겨야겠다고 다짐도 했습니다. 그런데 막상 주차장에 서보니 항상 웃는 얼굴로 주차 안내를 설 수만은 없음을 알았습니다. 엄청난 긴장감이 느껴졌습니다. 우선 안전사고 발생에 대한 긴장감이 일어났고, 차량이 밀리기 시작하자 엄청난 압박감이 밀려왔습니다. 특히 택시 기사님들의 경우, 빨리 회차할 수 있도록 해드려야 하는 부담이 매우 컸습니다. 또한 언제나 차량의 흐름을 막는 분이 꼭 있게 마련인데, 그럴 때에도 웃는 얼굴로 좋은 말로 안내할 수만은 없겠다는 생각이 들었습니다. 자기도 모르게 목소리가 커지거나 행동이 격해질 수 있음을 알았습니다.

그래서 주님께서 제자들에게 잘못하는 이들, 허물이 있는 이들의 발을 씻어주라고 하셨다는 것이 깨달아졌습니다. 봉사를 하다보면 꼭 허물이 있는 사람을 만나게 마련입니다. 따라서 교회 봉사는 근본적으로 열심과 충성으로 하는 것이 아니라 허물 있는 자를 품어주고 그의 발을 씻어주는 마음으로 해야 합니다.

우리는 다른 성도의 더러워진 발을 보면 씻어줄 생각을 하기보다 더럽다고 외면하거나 꼴도 보기 싫다고 비난하기 쉽습니다. 그런 사람과 함께 엮이는 것을 정말 싫어합니다. 그러나 제자들은 도무지 용납할 수 없는 사람을 만날 때마다 예수님께서 자기들의 발을 씻기신 일을 생각했을 것입니다. 예수님은 자신을 팔 가룟 유다의 발도 씻기셨습니다.

"예수님께서 가룟 유다의 발도 씻어주셨지, 나의 발도 씻어주셨지, 그리고 우리에게도 그리하라 하셨지."

예수님은 아무에게나 다른 사람의 발을 씻어주라고 하시지 않았습니다. 하라고 해서 될 일도 아닙니다. 예수님은 제자들에게만 그렇게 하라고 말씀하셨습니다. 제자들은 왜 그렇게 해야 합니까? 또 어떻게 할 수 있습니까? 예수님으로부터 발 씻김을 받은 자이기 때문입니다.

주님은 "너희도 서로 발을 씻어주는 자가 돼라" 하셨습니다. 그 말씀은 내가 다른 사람의 허물을 용서하고 그의 발을 씻어주는 자가 되면, 언젠가는 그가 나의 허물을 씻어줄 때가 온다는 것입니다. 우리는 서로의 허물을 판단하거나 정죄하지 않고 품어주어야 합니다. 이것이 진정한 봉사입니다. 이것이 되는 교회가 진정한 교회입니다. _20140310_

절대 순종을 결단하는 삶

우리가 "주님 뜻대로 살기로 했네" 하고 찬송하지만 찬송만 부르는 것과 실제로 주님 뜻대로 사는 것은 전혀 다릅니다.

"여러분, 하나님을 믿으십니까?"

대부분 그렇다고 대답할 것입니다.

"하나님께 기도하십니까?"

역시 그렇다고 대답할 것입니다.

그렇다면 한 가지 더 질문하겠습니다.

"여러분은 하나님께 순종하십니까?"

그런데 이 질문은 우리를 매우 당황하게 만듭니다. 하나님을 믿지만 순종하지 않을 수 있다는 것이 불편한 진실입니다. 요나서를 읽을 때, 니느웨로 가라는 하나님의 음성을 듣고도 다시스로 도망하는 요나를 보면서 어이없어 하시는 분이 많을 것입니다. 하나님의 음성을 분명히 듣고도 어떻게 순종하지 않을 수 있느냐는 것입니다. 우리는 하나님의 음성을 분명히 듣지 못하기 때문에 순종하지 못한다고 말합니다.

그러나 정말 그렇습니까? "용서하라", "사랑하라", "하나가 되라", "기뻐하라", "감사하라", "전도하라", "거룩하라" 이 말씀이 주님의 음성인지 아닌지 애매해서 순종하지 않는 것입니까?

케냐에서 사역하시는 안정규 선교사님은 앞을 보지 못하십니다. 교회에 선교 보고를 하러 가면 교인들이 자신이 증언하는 말은 듣지 않고, 눈이 안 보이는 것만 불쌍히 여기고 운다고 합니다. 선교사님은 강하게 말씀하십니다.

"나, 고생 안 합니다. 불쌍하지 않습니다. 나, 선교를 즐깁니다. 이 세상에서 보이는 것과 영원한 실재를 연결하지 마십시오. 돈은 세포 유지에 도움이 되나, 진정한 생명을 얻고 하나님나라의 영광이 드러나는 일에는 전혀 도움이 되지 않습니다. 우리가 정말 놓치지 말아야 하는 것은 주님입니다. 저는 아프리카를 뒤집으러 갔다가 제가 뒤집어졌습니다.

'하나님, 저를 써주세요'라고 기도했더니 하나님께서 '나를 더 써달라'고 하셨습니다. 어떻게 우리가 하나님을 쓸 수 있습니까? 완전히 순종할 때입니다."

그리스도인들 중에 우울증으로 고생하는 이들이 너무 많고 심지어 자살하는 이들도 생깁니다. 그리스도인들이 성령님보다 세상으로부터 더 큰 영향을 받고 있다는 말입니다. 실제로 지금 우리가 받고 있는 영적 영향이 매우 강합니다. 들은 말 한마디, 눈으로 본 것 하나가 오래도록 마음을 누를 때가 있습니다. 성령님이 우리 가운데 임하셨는데 왜 우리가 이렇게 사는 것입니까? "주님께 완전히 순종하리라!" 이렇게 결단하지 못하기 때문입니다. 사도행전 5장에 "하나님이 자기에게 순종하는 사람들에게 주신 성령"(행 5:32)이라고 했습니다.

당신은 하나님께서 명령하시는 것이라면, 무조건 순종하실 결심이 섰습니까? '그러면 무슨 재미로 사나?', '힘들어서 어떻게 하나?' 하는 마음이 드십니까? 그 믿음의 장벽을 깨뜨려야 합니다. 우리는 순종할 때 예수님을 경험합니다. 사도들은 순종하여 복음을 전했습니다. 그 때문에 매를 맞고 옥에 갇혔습니다. 그러나 매 순간 성령의 역사를 체험했습니다.

완전한 순종을 결단하는 것이 진정 예수님을 영접하는 것입니다. 그때 비로소 삶 전체가 바뀌는 것입니다. 집에 누구를 데리고 와서 함께 살면, 생활이 완전히 바뀔 것입니다. 결혼은 또 얼마나 엄청난 삶의 변화를 가져옵니까? 예수님을 영접하는 것은 동거인을 바꾸거나 배우자를 택하는 것과 비교할 수 없는 변화를 가져옵니다. 삶의 주인이 바뀌는 것이기 때문입니다. 주 예수님께 복종하는 것, 어렵지 않습니다. '이제부터 주님이 무엇을 명하시든지 순종하리라' 하고 결단하면 정말 쉽습니다. 매 건마다 순종할지 말지 생각하니 복잡한 것입니다.

완전한 순종을 결단하기까지는 아직 예수님을 믿는 것이 아닙니다. 안식년을 시작하면서 주님이 제게 주시는 목표가 온전한 순종의 삶을 살라는 것입니다. 주님은 에녹을 생각하게 하셨습니다. 에녹은 하나님과 동행하다가, 죽음을 보지 않고 들림 받은 사람입니다. 동행했다는 말은 만난 정도가 아닙니다. 하나님과 동행하려면 반드시 순종이 있어야 합니다. 두 사람이 끝까지 동행하려면 누군가 한쪽은 자신의 의지와 판단에 대해 죽어야 합니다. 6개월을 그렇게 살아보라고 하시는 것입니다.

우리의 진정한 문제는 예수님이 간섭해주지 않아서가 아닙니다. "순종하리라!" 하는 결단이 분명히 서 있지 않아서입니다. 진정한 순종은 24시간 예수님을 바라보는 데서 시작됩니다. 여러분도 영성일기를 쓰면서 예수님을 마음의 왕으로 모시고 6개월만 절대 순종의 삶을 살아보시기 바랍니다.

20140311

갈 망 이 거 듭 난 자

저는 중학교를 졸업할 때, 서울에 있는 어느 고등학교에 가고 싶었습니다. 그때는 그것이 인생의 유일한 갈망이었습니다. 반드시 서울에서 살아야 하고 재수를 해서라도 그 고등학교에 들어가야만 했습니다. 그러나 갑자기 입시제도가 바뀌면서 어쩔 수 없이 고향인 부산으로 내려가야 했을 때 얼마나 서럽고 억울했는지 모릅니다.

하지만 지금 그때를 돌이켜보면 쓴웃음이 나옵니다. 왜 그랬나 싶기 때문입니다. 거듭난 그리스도인들에게는 거듭난 갈망이 있습니다. 그것은 거룩하고자 하는 갈망, 사랑하고자 하는 갈망, 더욱 성령충만하고자 하는 갈망입니다. 주 예수님과 온전히 하나 되는 것, 나는 예수님 안에, 예수님도 내 안에 거하시는 삶을 사는 것입니다.

사도 바울은 주 예수님을 만나고 세상에서 유익하던 모든 것이 배설물처럼 여겨졌다고 했습니다. 갈망이 거듭난 것입니다. 그는 자신의 갈망은 오직 예수 그리스도 안에서 발견되는 것이라고 했습니다. 만약 자신의 분뇨를 끌어안고 뺏기지 않으려고 주위를 둘러보며 "내 거야!"라고 소리치거나, 남의 분뇨마저 가지려고 애쓰는 사람이 있다면 정신병원에 데려가야 할 것입니다. 그런데 이것이 우리의 실상입니다.

여러분은 예수 그리스도 안에서 세상의 유익하던 모든 것이 분뇨처럼 보입니까? 수시로 육신의 정욕, 안목의 정욕, 이생의 자랑이 마음을 사로잡으려고 역사하는 것을 느낍니다. 그때마다 중학생 때를 생각하며 혹시 지금도 제가 그런 헛된 갈망에 사로잡혀 있지 않은지 돌아봅니다. 자신이 잘 살고 있는지는 갈망으로 알 수 있습니다.

제가 신학생 때는 큰 교회 담임목사가 되는 것이 저의 목적이었습니다. 그래서 학력도 경력도 영력도 갖추어야 한다고 생각하여 열심히 공부하고 더 배울 것이 없나 하고 여기저기 좇아다녔습니다. 그러나 정작 가장 중요한 것, 주님을 인격적으로 알아야 한다는 갈망은 없었습니다.

우리에게 정말 중요한 것은 성공도, 명예도, 돈도 아닙니다. 하나님을 아는 것입니다.

> 영생은 곧 유일하신 참 하나님과 그가 보내신 자 예수 그리스도를 아는 것이니이다 요 17:3

주님을 갈망했을 때, 주님은 제게 아무도 알아주지 않는 오지(奧地)에서 사역하는 선교사, 북한 지하교회의 지도자, 감옥에 갇힌 전도자의 마음을 가지라고 하셨습니다. 하나같이 저에게는 그런 사명이 주어지지 않기를 원했던 일이었습니다. 그러나 주님은 제가 그들과 같은 마음으로 살고 사역하지 않으면 주님 앞에 설 때 심히 부끄러울 것이라고 하셨습니다. 그래서 제 자신이 오지에 있는 선교사요, 북한 교회의 지도자요, 감옥에 갇힌 전도자라고 생각하려고 애를 씁니다. 그러면 보이지 않던 많은 주님의 은혜가 보입니다. 제가 해야 할 일과 가야 할 길이 비로소 보입니다. 범사에 감사가 절로 나옵니다. 사랑해야 할 사람들이 보입니다. 주님이 저를 그렇게 준비시켜가고 계심을 깨닫습니다.

많은 사람이 외모 열등감, 학교 열등감, 경제적 열등감 등 이런저런 열등감에 사로잡혀 있습니다. 아직 주님을 아는 눈이 뜨이지 않아 진정한 갈망이 무엇인지 모르기 때문에 그렇습니다. 하나님과 동행하는 삶을 살려고 하면 세상 자랑거리가 오히려 걸림돌이 될 때가 많습니다. 우리가 어떤 일을 많이 해야 하나님께서 기뻐하시는 것이 아닙니다. 설교자가 설교를 잘하려는 것조차 하나님께서 기뻐하시는 갈망이 아닐 수 있습니다. 오직 주님이 원하시고 기뻐하시는 것은 우리가 주님과 온전히 하나가 되는 것입니다.

죽음을 보지 않고 하늘로 옮겨진 에녹은 하나님을 기쁘시게 하는 자라는 증거를 받았다고 했습니다(히 11:5). 그런데 성경 어디에도 에녹이 무슨 일을 했는지 언급이 없습니다. 오직 그가 하나님과 동행했다는 것뿐입니다. 그렇습니다. 주님과 친밀하게 산다면 지금의 형편이나 환경이나 조건이 어떻든지 더 이상 아무것도 구할 것이 없습니다.

제가 거듭나는 체험을 했을 때, 갈망이 변하는 것을 알았습니다. 제 삶 전체를 하나님께 드리는 결단을 했습니다. 헌신이 되어졌습니다. 주님과 동행하는 삶이면 더 이상 구할 것도 없어졌습니다. 장애인이 된다고 해도 아무 상관이 없었습니다. 신기한 일이었습니다.

어느 목사님께서 최근에야 인격적으로 주님과 동행하는 눈이 뜨이셨습니다. 그는 모태 신자였고 오랜 세월 목회를 했습니다. 그러나 이렇게 고백하셨습니다.

"나는 평생 하나님을 믿었지만 이제야 그분을 알 것 같아요. 전에도 예수님을 알았지만 이제야 실감이 나요. 그분의 존재가 지금 앉아 있는 이 의자보다 더 실제적으로 느껴지거든요. 항상 기도하게 되고, 그러면서 더 기도하지 못하는 게 한이 되고, 기도하지 않을 때는 성경을 읽고 싶고, 운전할 때는 찬양이 저절로 흘러나와요.

그분이 내 안에 살아 계신다는 사실이 내게 너무나 생생해요. 내 생전에 이렇게 기쁜 때는 없었답니다! 나는 이제 아무것도 두렵지 않아요. 죽는 것도, 사는 것도, 지옥도, 사탄도, 실패도, 다른 사람이 하는 말도,

나의 과거도 두렵지 않아요. 옷장에서 해골이 굴러떨어진다 해도 놀라지 않을 거예요. 불확실한 미래에 대해 조바심도 나지 않아요. 세상 어느 것도 두렵지 않고 얼마나 마음이 평안한지 몰라요!"

이 목사님에게는 갈망의 거듭남이 임하였습니다. 이것이 그가 거듭난 자라는 가장 분명한 증거였습니다.

내일 저는 이스라엘로 출국합니다. 그러나 제 마음은 주님을 향하여 달려가는 심정입니다. 주님은 제 마음에 주님을 향한 계속되는 갈망을 부어주십니다. 여러분은 지금 어떤 갈망을 갖고 있습니까? 혹시 세상을 향한 갈망에 사로잡혀 살지는 않습니까? 그렇다면 즉시 주님께 진정한 갈망, 거룩한 소원을 부어주시기를 기도하시기 바랍니다. *20140312*

예수님으로 사는 훈련

작년으로 목회를 시작한 지 30년이 되었을 때, 많은 사람들이 '성역(聖役) 30년'이라고 축복해주셨습니다. 그러나 제 마음은 자랑스럽기보다는 부끄러웠습니다. 너무 허송세월을 한 것 같다고 느껴졌기 때문입니다. 예수님으로 사는 훈련을 제대로 받지 못한 것입니다.

사람들은 제게 설교하지 말고 "예수를 보여달라"고 합니다. 그러나 제가 어떻게 주 예수님을 보여줄 수 있을까요? 제가 십자가의 은혜를 설교만 하는 것이 아니라 원수도 사랑하는 것을 본다면 더 이상 예수님을 보여달라고 하지 않을 것입니다. 제가 죄인이라고 고백만 하는 것이 아니라 어떤 비난이나 지적에도 그것을 겸손히 받아들이는 것을 본다면 더 이상 예수님을 보여달라고 하지 않을 것입니다. 하나님은 사랑이시라고 말만 하지 않고 어떤 형편에서도 행복하게 살아가는 것을 본다면 더 이상 예수님을 보여달라고 하지 않을 것입니다. 주 예수님께서 마음에 계신다고 말만 하지 않고 겸손히 다른 사람의 발을 씻어주며 불평도 다툼도 없고 은밀한 죄조차 짓지 못하는 것을 본다면 더 이상 예수님을 보여달라고 하지 않을 것입니다. 영원한 하나님의 나라가 있다고 말만 하지 않고 고난도 축복으로 여기며 죽음도 두려워하지 않는 것을 본다면 더 이상 예수님을 보여달라고 하지 않을 것입니다.

그래서 안식년을 주시는 것 같습니다. 그저 쉬라는 것이 아니라 늦었지만 지금부터라도 예수님 안에 거하는 법을 훈련받으라는 것입니다.

어떤 분이 지옥에 가면 울음소리가 클 것이라고 했습니다.

"이렇게 쉬운 구원을 내가 왜 받지 못했을까? 주님의 이름을 부르기만 하면 되는데, 예수님을 영접하기만 하면 되는데, 예수님을 믿는다고 고백하기만 하면 되는데, 내가 왜 예수님을 믿지 않았을까?"

이것이 하도 억울해서 울음소리가 클 것이라는 것입니다. 저는 예수님을 믿고도 이처럼 안타까울 사람이 있으리라 생각합니다. 예수님을 마음에 영접하고도 주님과 동행하는 삶을 살지 못한 사람들 말입니다.

많은 분들이 주님만 바라보며 살기가 어렵다고 합니다. 아닙니다. 어려우면 하라고 하시지 않았을 것입니다. 복음은 어려운 것이 아닙니다. 결단이 어려울 뿐입니다. 주님이 함께하시는데도 육신에 끌려다니고 세상을 기웃거리며 사는 데는 반드시 이유가 있게 마련입니다. 주님만 바라보고 사는 것이 따분하고 재미없고 희생과 고난의 길이라고 여기기 때문입니다. 그래서 자꾸 세상을 기웃거리는 것입니다. 그러니 세상에 사로잡혀 살 수밖에 없는 것입니다. 세상이 주는 자극과 유혹에 한눈팔면 큰일입니다. 우리가 무엇을 바라보느냐에 따라 엄청난 영향을 받는다는 사실을 명심해야 합니다.

하와가 그렇게 해서 선악과를 따 먹은 것입니다. 24시간 주님을 바라보지 못하면 돈 있고 자유 있고 힘이 생길 때 누구나 다 하나님의 말씀을 떠나게 마련입니다. 주님은 보이지 않으니 마귀의 유혹에 넘어가 망할 길로 들어설 수밖에 없습니다. 죄 앞에 장사 없습니다. 그러나 죄의 유혹이 아무리 크고, 육신의 끄는 힘이 아무리 강할지라도 주님은 능히 저를 지키시매 악한 자가 저를 만지지도 못하게 하시는 줄 믿습니다.

그래서 주 예수님과 온전히 동행하는 삶을 훈련받고 싶은 것입니다. 우리에게 필요한 것은 자신이 복음 전선, 영적 전쟁의 최전방에 있음을 명심하는 것입니다. 지금 우리는 총알이 빗발치는 전쟁터에 있는 것입니다. 여기저기서 우리를 낚아채려고 무서운 손길이 뻗쳐오는 가운데 걸어가는 것입니다. 영적으로 치료약이 없는 무서운 전염병이 돌고 있는 세상에서 살아가는 것입니다. 이 사실을 아는 사람은 누구나 24시간 주님을 바라볼 수밖에 없는 것입니다.

이제 출국하여 이스라엘로 가지만 한국에 있으나 이스라엘에 있으나 달라지는 것은 없다고 생각합니다. 언제나 주님 안에 있기 때문입니다.

20140313

03
CHAPTER

주님만 바라보는
참 안식

진 정 한 안 식

이스라엘에서 안식일을 맞이했습니다. 유대교인과 회교도 모두 안식일을 지키니 기독교인들도 주일예배를 토요일 오전에 드립니다. 몇 번 안식일을 지내본 적이 있었지만 이번 안식일은 특별한 느낌입니다. 안식년 기간에 맞이하는 안식일이라 그런 모양입니다.

이곳 사람들은 금요일 해질 무렵부터 토요일 해질 때까지 안식일에는 정말 아무 일도 하지 않는답니다. 안식일에는 컴퓨터 자판은 물론, 휴대전화도 건드리지 않고 아파트 엘리베이터의 버튼을 누르는 일도 해서는 안 된다고 합니다. 한번은 이웃에 사는 유대인이 안식일에 한국인 목사님의 집을 찾아와서 집에 촛불이 꺼졌으니 촛불을 켜달라고 하더랍니다. 안식일에는 집 안에서 불도 피워서는 안 된다고(출 35:3) 했기 때문입니다. 처음에는 이 사람들이 안식일을 지키느라 얼마나 힘들까 하고 생각했지만 실제는 반대랍니다.

"안식일, 답답해서 어떻게 지키십니까?"

이런 한국인 목사님의 질문을 받은 한 유대인 랍비가 이렇게 대답했다고 합니다.

"무슨 말입니까? 안식일 때문에 삽니다."

나 여호와가 안식일을 복되게 하여 그 날을 거룩하게 하였느니라
출 20:11

안식일이 복되다는 것입니다. 일만 열심히 하는 것보다 적절한 쉼을 갖는 것이 일의 효율성을 훨씬 높인다는 것은 과학적으로 이미 입증되었습니다. 어떤 사람이 낙타가 쓰러지는 것은 깃털같이 가벼운 마지막 짐 하나 때문이라고 했습니다. 있는 힘을 다해 일하다 지친 상태에서는 마지막 깃털같이 가벼운 짐 하나의 무게를 이기지 못하고 쓰러집니다. 비록 깃털같이 가벼운 짐이지만 지금까지 참고 견뎌온 무게보다 수천 배 더 무거울 수 있다는 의미입니다.

하나님께서 안식일을 주신 것은 종교적인 계명만이 아니었던 것입니다. 축복이었습니다. 많은 학자들이 안식일과 주일의 관계에 대한 논쟁을 벌여왔습니다. 어떤 사람들은 구약의 안식일은 폐지되었다고 주장합니다. 하지만 안식일이 폐지되었다는 주장은 제4계명이 폐지되었다고 말하는 셈인데, 이것은 예수님께서 "그러므로 누구든지 이 계명 중의 지극히 작은 것 하나라도 버리고 또 그같이 사람을 가르치는 자는 천국에

서 지극히 작다 일컬음을 받을 것이요 누구든지 이를 행하며 가르치는 자는 천국에서 크다 일컬음을 받으리라"(마 5:19)고 하신 말씀에 어긋납니다. 예수님은 "내가 율법이나 선지자를 폐하러 온 줄로 생각하지 말라 폐하러 온 것이 아니요 완전하게 하려 함이라"(마 5:17)라고 친히 증거하셨습니다.

오늘은 토요일인데 이곳에서는 오늘 주일예배를 드립니다. 공적으로 쉬는 날이 오늘이니 기독교인들도 이날 주일예배를 드릴 수밖에 없습니다. 그리스도인들에게 안식일은 토요일이 아니라 주일이라는 신학적인 주제의 주장도 있지만, 하나님의 뜻은 안식일이 토요일이냐 주일이냐를 말씀하시는 것이 아니라 7일 내내 일만 하지 말고 하루는 반드시 하나님의 날로 여기고 거룩한 안식을 취하라는 것이니만큼 토요일에 주일예배를 드린다고 해서 주일 성수가 아니라고 말하는 것은 너무 편협한 생각일 것입니다.

분명한 것은 안식일은 그저 쉬면서 아무 일도 하지 않는 것을 의미하지 않습니다. 예수님께서는 안식일에 회당에서 가르치셨을 뿐만 아니라 병자들을 고쳐주기도 하셨으며, 제자들은 밀밭을 지나가다가 이삭을 잘라 먹기도 했습니다. 그럴 때마다 예수님은 제사장과 서기관들, 율법사들, 바리새인들로부터 추궁을 당하고 비난을 받으셨습니다. 그때 주님은 "안식일이 사람을 위하여 있는 것이요 사람이 안식일을 위하여 있는 것이 아니니"(막 2:27)라고 말씀하셨습니다. 또 "안식일에 선을 행하는 것과 악을 행하는 것, 생명을 구하는 것과 죽이는 것, 어느 것이 옳으냐"(막 3:4)고 물으셨습니다. 그러자 사람들은 아무 대답이 없었습니다.

그러면서 인자는 "안식일의 주인"(마 12:8)이라고 말씀하셨습니다.

그렇습니다. 예수님 안에 거하며 예수님과 동행하는 것이 진정한 안식입니다.

수고하고 무거운 짐 진 자들아 다 내게로 오라 내가 너희를 쉬게 하리라
마 11:28

주님은 안식년을 시작하는 순간, 이스라엘에서 안식일을 맞이하면서 진정한 안식에 대해 생각하게 하셨습니다. 안식은 오직 주 예수님을 바라보는 것입니다. 이번 주일, 주 예수님 안에서 누리는 깊은 안식이 있으시기를 축복합니다.
20140315

일상의 동행

베들레헴 남동쪽에서 차로 약 20분 거리에 있는 마르사바 수도원에 갔습니다. 이곳은 규모가 대단히 큰 수도원으로 수도사 사바가 기드론 골짜기 동굴에서 수도생활을 하면서 시작되어, 많을 때는 500여 명에 이르렀다고 합니다. 수도원 주변의 유다 광야와 기드론 골짜기가 인상적이었습니다.

이스라엘 땅에서 가장 영감 있는 곳은 역시 광야인 것 같습니다. 기드론 골짜기는 상당히 깊은 계곡이었는데, 암벽 곳곳에 수도사들의 은거처가 있었습니다. 그런 곳에서 평생을 살며 24시간 주님만 바라보려 했

던 수도사들의 그 열심에 깊은 존경의 마음이 생겼습니다. 그러나 수도원을 둘러보고 나오면서 제 마음에 계속 떠오르는 질문은 '주님이 내가 이 수도사들처럼 주님을 바라보기 원하실까?' 하는 것이었습니다.

오후에는 메아 쉐아림을 찾아갔습니다. '메아 쉐아림'은 문이 백 개라는 의미인데, 평생 탈무드만 읽고 연구하면서 유대교 정통신앙을 고집스럽게 지켜가는 종교인들만 모여 사는 지역입니다. 계파에 따라 머리카락, 모자, 윗저고리, 바지, 스타킹 등 모양이 다양하지만 검은 양복이 전통 복장이고, 여자들도 블라우스만 빼고 거의 검은색 복장입니다. 이들은 일하지 않고 군대도 면제되는 사람들입니다. 대를 이어 종교인의 생활을 합니다. 예루살렘에서는 이런 종교인들을 흔히 볼 수 있는데, 이들의 숫자가 점점 늘어나는 추세라고 합니다.

메아 쉐아림 거리 곳곳에는 경고판이 있습니다. 관광객들이 많이 오니까 불편하다고 오지 말라는 것이었습니다. 그들도 힘들겠다는 생각이 들었지만 그곳을 찾아간 저 역시 약간 실망스러웠습니다. 우선 상당히 지저분했습니다. 그들이 사는 마을을 보며 '이것이 진정 하나님의 말씀을 읽고 연구하는 사람들의 모습이란 말인가?'라는 생각이 들었습니다. 또한 유대교 종교인들처럼 평생 아무 일도 하지 않고 오직 성경이나 탈무드만 읽고 연구하며 보내는 것을 하나님이 과연 기뻐하실까 하는 생각을 했습니다.

제 마음의 갈망은 "일상생활을 하면서 주님과 동행할 수는 없을까?" 하는 것입니다. 세상이 아무리 악하다 할지라도, 주님께서는 우리가 세상의 한가운데서 주님만 바라보며 주님을 증거하는 자가 되기를 원하신다고 믿기 때문입니다. 주님과 동행하면서도 납세의 의무도 다하고 국방의 의무도 다하고 참정권도 행사할 수 있어야 할 것입니다. 그것이 야말로 세상의 소금이 되고 빛이 되는 길일 것입니다.

영성훈련에 가장 좋은 환경은 수도원과 같이 영적으로 잘 준비된 공동체일 것입니다. 그러나 우리가 모두 그런 수도원생활을 통해 영성훈련을 받는다는 것은 불가능합니다. 저는 이것을 영성일기 나눔방을 통해 실현해보고 싶습니다. 비록 몸은 떨어져서 살아도 인터넷 온라인상에 만들어진 나눔방을 통해 영적으로 서로 교제할 수 있기 때문입니다. 문제는 마음을 나누고자 하는 결단이 있느냐 하는 것입니다. 이것이 쉽지는 않지만 평생 수도원에 들어가 산다, 유대교 종교인처럼 산다고 결단하는 것보다 훨씬 쉽다고 생각합니다.

영성일기 나눔방을 통한 영성훈련은 철저한 자발성에 의존합니다. 본인이 일상생활에서 주님과 동행하려는 갈망이 없다면 영성일기는 또 하나의 무거운 짐이 될 것입니다. 그러나 진정 주님과 동행하는 삶을 원하는 사람에게는 정말 귀중한 도움이 될 것입니다.

그래서 이곳 이스라엘에서도 영성일기를 써보시라고 초청하는 것입니다.

20140317

천수답 신앙

이스라엘에서 텔아비브로 내려가는 길에 계단식 농지들을 많이 보았습니다. 이익상 목사님은 이 계단식 농지가 석회질 땅에 계단식으로 축대를 쌓고 그 안에 좋은 흙을 넣어 물을 가두어 농사를 짓는 땅인데, 출

애굽 사건이 역사적인 사건이었다는 중요한 증거의 하나라고 했습니다. 기원전 13세기경부터 가나안 땅에 계단식 농지가 등장했는데 이 시기가 바로 출애굽한 이스라엘 백성들이 가나안 땅에 정착하기 시작한 때라는 것입니다.

히브리 사람들은 관개수로가 잘되어 있던 애굽에서는 강에서 물을 끌어다가 농사를 지었고, 가나안 땅에서는 하늘에서 내리는 빗물만 의지하여 농사를 지어야 했습니다. 그런데 하나님께서는 더 고생스러울 것 같은 이 가나안 땅이 더 좋은 땅, 젖과 꿀이 흐르는 땅이라고 말씀하셨습니다.

너희가 건너가서 차지할 땅은 산과 골짜기가 있어서 하늘에서 내리는 비를 흡수하는 땅이요 신 11:11

애굽 사람들은 나일 강 덕분에 힘들이지 않고 농사를 지으며 매년 풍부한 수확을 얻었기에 하늘을 바라볼 어떤 이유도 없었습니다. 그러나 가나안 땅은 애굽과 달랐습니다. 산과 골짜기가 많습니다. 하늘에서 내린 비는 곧 흘러가버리고 남은 물도 금방 땅으로 흡수되어버렸습니다. 이곳에서는 인간이 아무리 수고해도 하늘에서 비를 안 주면 그해 농사는 흉년이었습니다. 이렇게 하신 하나님의 의도는 오직 하나님만 바라보는 삶을 살도록 하시기 위함이었던 것 같습니다.

우리도 자신의 노력보다 임마누엘 하시는 주님의 은총에 전적으로 의존하며 사는 훈련을 받아야 합니다. 이런 신앙을 '천수답 신앙'이라고 합니다. 저는 지금 천수답 같은 마음입니다. 안식년을 맞아 교회를 떠나 있기에 무엇 하나 확실하지 않습니다. 나름 구체적인 계획을 가지고 나섰지만 하나님의 깊으신 또 다른 뜻이야 어찌 알겠습니까? 그래서 매 순간 날마다 주님을 바라봅니다. 혹시 자신이 천수답과 같다고 생각하는 분이 계십니까? 신앙에 대한 심각한 영적 갈증을 느끼는 사람, 가정 형편 때문에 하루하루가 괴로운 사람, 경제적으로 너무 궁핍하고 두려운 사람, 교회생활에 기쁨이 없는 사람, 이런 사람들이 천수답 신앙입니다.

토마스 아 켐피스의 《그리스도를 본받아》를 읽다가 이런 글을 보았습니다.

모든 것을 얻으려면 모든 것을 맡겨라.
어떤 것도 구하지 말고 어떤 것도 요구하지 말라.
순수한 마음과 확고부동한 믿음으로 내 안에 거하라.
그러면 나를 얻게 되고, 마음의 자유를 누리게 되고,
또한 어둠이 그대를 엄습하여 짓누르지 못하리라.

주님은 천수답에서 농사짓는 심정인 제게 위로와 힘을 주십니다. 천수답 신앙이 오히려 복입니다. 물이 넉넉한 소알 땅으로 간 롯은 망하고 하늘로부터 때를 따라 내리는 비를 의지해야 하는 헤브론 산지로 간 아브라함은 복을 받았습니다. 어떤 어려운 상황에서도 오직 주님만 바라보아야 합니다. 매 순간 주님을 바라보고, 때를 따라 주시는 은혜를 믿고, 오직 예수님 한 분이면 충분함을 확신하는 사람이 천수답 신앙의 사람입니다.

성지보다 더 중요한 주님의 사람

성지(聖地)에 와보니 어느 것 하나 귀하지 않은 것이 없습니다. 단체 성지순례 때는 미처 보지 못했던 구석구석에 너무나 소중한 유적지들이 있었습니다. 성물(聖物)은 더 강력하게 이끄는 힘이 있습니다. 그래서 성물이 있는 곳에는 사람들이 몰려들어 들여다보고 열심히 사진을 찍습니다.

그런데 오늘 새벽에 기도하는데, 주님의 마음이 강하게 느껴졌습니다. 성지보다 더 중요한 것이 '주님의 사람'이라는 것입니다. 성지와 성물로 인하여 주님이 가려져서는 안 된다는 것입니다. 주님이 거니셨던 땅, 주님이 앉으셨던 자리, 주님이 십자가에서 죽으셨던 곳, 주님이 묻히셨던 곳 하나하나 얼마나 소중한지 모릅니다. 그러나 성지나 성물보다 더 중요한 것은 주님 그분이십니다. 주님은 유적지나 유물에 계시지 않음을 깨우쳐주셨습니다. 주님은 살아 계신 분이니 지금도 살아 있는 사람들 안에 계시는 것입니다.

2천 년 전 주님이 계셨던 곳은 그렇게 중요하게 여기면서, 우리 자신을 성전(聖殿) 삼아 지금 자신 안에 계신 주님은 소홀히 여기는 많은 순례객들을 보시는 주님의 마음이 어떠하실까요? 어제 이스라엘 한인교회 윤덕재 목사님의 삶과 목회에 대한 이야기를 들으면서 많은 은혜와 도전을 받았습니다. 또한 우리를 안내해주시는 이익상 목사님과 사모님과 교제하며 정말 사람이 성지보다 더 중요하다는 것이 깨달아졌습니다.

오늘 정원 무덤(Garden Tomb)에 갔습니다. 지난번 성지순례 때는 스쳐 지나갔던 곳이었는데 이번에는 들어가보았습니다. 성분묘교회(Church of the Holy Sepulchre)와 함께 예수님의 무덤, 골고다, 해골 곳이 이곳이라고 추정하는데, 정말 절벽에 해골 모양이 엿보이긴 했습니다. 그런데 예수님의 시신을 두었던 무덤이라고 추정되는 곳에 갔더니 입구에 "He is not here, for he is risen"이라고 씌어 있었습니다.

그 순간 새벽 기도 때 주신 말씀이 생각났습니다. 주님은 유적지에 계시지 않습니다. 주님은 부활하셨고 지금도 살아 계셔서 모든 그리스도인들 안에 임마누엘해 계십니다. 그러므로 성지보다 더 중요한 것은 하나님의 성전 된 사람입니다. 하나님의 성전 된 사람이 가장 귀한 성지입니다. 이스라엘에 머무는 동안 주님은 제게 성지에서만 볼 수 있는 소중한 유적지를 보여주려 하신다는 것을 깨닫습니다. 주님의 계획은 단지 유적지가 아닌 하나님의 사람입니다. 이미 여러 분이 제게 하나님의 사람들을 소개해주고 계십니다.

우리 모두 하나님의 성전 된 자로 살아야겠습니다. 주님은 무덤에 계시지 않습니다. 부활하셔서 모든 그리스도인 안에 계십니다. 그러므로 24시간 주님을 바라보며 살아야 하겠습니다. *20140319*

풀도 자세히 보면 꽃인데…

예루살렘에서 남쪽으로 약 35킬로미터 떨어진 아랍인 도시에 위치한 헤브론 막벨라 굴에 다녀왔습니다.

헤브론은 아브라함이 가족과 함께 메소포타미아를 떠나 가나안 땅으로 이주한 첫 정착지이고, 소유가 많아져 조카 롯과 함께 살 수 없게 되자 롯은 소돔으로 떠나고 아브라함은 이곳 헤브론에 자리를 잡은 것입니다. 그런데 롯이 내려갔던 소돔과 고모라는 유황불 심판으로 지금은 그 흔적도 찾아볼 수 없지만, 해발 950미터 고지에 세워진 헤브론은 토양이 비옥하고 물도 풍부해 고대부터 각종 과일이 재배되었는데 오늘날에도 특히 포도 산지로 잘 알려져 있습니다. 모세가 보낸 정탐꾼들이 큰 포도송이가 달린 가지를 베어 두 사람이 막대기에 꿰어 메고 왔다는 곳이 바로 헤브론 에스골 골짜기입니다.

아브라함의 부인 사라가 죽었을 때, 아브라함은 매장지가 없어 헤브론의 원주민에게서 은 사백 세겔의 비싼 값을 주고 막벨라 굴을 샀습니다. 그 후 아브라함도, 아들 이삭과 그의 부인 리브가도 그곳에 묻혔습니다. 또 야곱과 그의 부인 레아도 그곳에 장사되었습니다.

저는 헤브론 막벨라 굴로 갈 때만 해도 그저 동굴 무덤 하나를 보겠거니 생각했습니다. 그러나 막상 도착해보니 긴장감이 감도는 것이 느껴졌습니다. 그곳은 아랍 원주민과 이스라엘 사람 사이에 빈번한 마찰로 긴장감이 팽배한 곳입니다. 이스라엘 사람들에게 막벨라 굴은 3대에 이르는 조상과 그 부인들이 묻힌 성지이지만 아브라함을 조상으로 믿는 이슬람 교도들에게도 성지이기 때문입니다.

지금도 이곳을 차지하기 위한 치열한 다툼이 계속되고 있습니다. 막벨라 굴은 유대교 회당과 아랍의 모스크로 이루어져 있었습니다. 유대인과 아랍인이 한 건물 안에서 예배하는 유일한 곳입니다. 아브라함이 묻혔다는 동굴 무덤 위에는 이슬람 사원이 세워져 있어 이스라엘 사람들은 들어가지도 못합니다.

이 헤브론에 대한 유대인들의 갈망은 대단히 큽니다. 그래서 헤브론이 아랍인들의 지역임에도 유대인들의 정착촌이 있었습니다. 현재 500여 명의 유대인들이 목숨의 위협을 무릅쓰고 아랍인들에게 둘러싸여 살고 있습니다. 그동안 수많은 유대인과 아랍인들이 죽임을 당했던 아픈 역사도 가지고 있습니다. 그래서 유대인과 아랍인의 충돌을 막기 위해 이스라엘 군인들이 기관단총을 메고 경계근무를 하고 있었습니다.

그러나 막벨라 굴을 바라보는 제 눈에는 이런 갈등과 다툼이 참 쓸데없이 여겨졌습니다. 주님도 그렇게 보시리라 확신합니다. 하지만 유대인이나 아랍인들은 그렇게 생각하지 않을 것이 분명합니다. 세상 모든 갈등이 결국 이런 것이 아닐까 생각되었습니다. 우리는 미움과 분열, 적대적인 태도와 행동을 정말 조심해야 할 것입니다.

이스라엘 한인교회 주보에 "베려고 생각하면 풀 아닌 것이 없고, 품으려고 생각하면 꽃 아닌 것이 없다"라는 글이 실린 것을 보았습니다. 풀도 자세히 보면 꽃이라는 말입니다. 우리가 누군가를 미워하거나 누군가를 사랑하는 것은 정말 주관적이라는 것을 명심해야 합니다. 미워하는 사람의 눈에는 미운 것밖에 안 보이고 사랑하는 사람의 눈에는 모든 것이 사랑스럽게 보이는 것입니다.

아직도 풀지 못한 미움이 마음에 있지 않습니까? 분열의 영에 속고 살지는 않습니까? 판단과 정죄하는 것을 조심해야 합니다. *20140320*

많은 사람이 저에게 일중독이라고 말합니다. 제가 자주 듣는 말이 "좀 쉬어가면서 하세요", "무리하지 마세요", "건강도 살피세요" 같은 말입니다. 이런 말을 듣는 것이 지혜롭게 사역하지 못했다는 뜻이기도 해서 죄송하기도 합니다만, 하나님 앞에 섰을 때 "너는 무리해본 적 없니?", "과로로 쓰러져본 적도 없었어?", "얼굴이 뽀얗구나!" 이런 말을 듣는 것보다는 훨씬 낫지 않을까요?

쉬는 것도 하나님의 명령입니다. 잘 쉬는 종이 일도 잘합니다. 그러나 쉬기 위해 일하는 종은 주인의 근심이 될 것입니다. 하나님도 아실 것입니다. 당신의 종이 일을 더 좋아하는지, 쉬는 것을 더 좋아하는지! 일하는 것을 보면 압니다. 일하러 나올 때 마음가짐을 보면 압니다.

어느 젊은 목사님이 어렵고 부담스러운 교회의 담임목사가 되었습니다. 만날 기회가 있어서 얼마나 힘드시냐고 물었더니 "저는 즐겁습니다"라고 대답했습니다. 힘든 사명이라도 사명이 즐거운 사람이 있습니다. 그것은 그가 하나님나라의 영광을 보았다는 증거입니다.

한번은 부흥회를 인도해야 하는데 목이 너무 아파서 설교를 하는 것이 너무 힘들었습니다. 순간 그 집회가 무리라는 생각이 들었고 쉬고 싶다는 생각마저 들었습니다. 그러나 기도하면서 몸은 힘들어도 주님이 하시는 일에 참여한다는 것이 정말 감사했습니다. 그래서 목에 손을 대고 기도했습니다.

"주님이 쓰신다고 하셨다. 예수님의 이름으로 목의 염증은 가라앉을지어다."

그러자 정말 강대상 단에 서니 목소리가 잘 나왔습니다. 주님이 하시는 일에 동참하는 것은 고생이 아닙니다. 즐거움입니다. 주님을 인격적으로 만나고 친밀해진 사람에게는 주의 일이 부담이 아니라 기쁨이 됩니다. 저는 일중독이 아니라 주님중독인 것 같습니다. 안식년을 맞아 20일째 사역을 내려놓고 쉬고 있는데도 제 마음은 더 분주합니다. 일상적인 사역을 내려놓으니 오직 주님만을 향하여 달려갑니다. 영적으로 더욱 활동적인 하루하루를 보내고 있습니다.

어제는 감람산 위에 있는 히브리대학교 도서관에서 하루를 보냈습니다. 히브리대학교는 출입할 때 신분증 검사를 합니다. 2002년 7월 히브리대학 식당에서 폭탄 테러로 수많은 사상자가 났기 때문에 보안에 대해 조심하는 것도 이해가 되었습니다. 들어올 때는 신분증 검사가 있었지만 들어와서는 마음껏 책도 읽고, 말씀 준비도 하고, 자료도 정리하고, 묵상도 하며 하루를 보냈습니다. 참 좋은 대학입니다.

히브리대학 회당에서 내려다본 예루살렘 성과 올드시티 전경은 황홀했습니다. 성지를 다니며 보고 듣는 것도 좋았지만 이렇게 주님만 바라보며 지내는 시간이 더없이 행복했습니다. 그동안 답답했던 심령이 서서히 열리는 것을 느낍니다. 이것이 안식인 모양입니다. *20140321*

04
CHAPTER

주님의 사랑을
갈망하는가?

주님의 사랑을 더 알게 해주세요

저는 오늘 예루살렘을 떠나 가이사랴와 나사렛을 들러 갈릴리에 도착하여 지금 갈릴리 호수가에 있는 키부츠에서 운영하는 숙소에서 이 글을 쓰고 있습니다. 이곳까지 오는 동안 하루 종일 "주님의 사랑을 더 알게 해주세요"라고 기도하였습니다. 그 점에서 제 영혼은 주님의 사랑에 여전히 목마릅니다. 주님은 오늘도 신실하게 응답해주셨습니다. 시간을 내어 아무에게도 방해받지 않을 만한 곳에 가서 조용히 "주님, 제가 주님을 사랑합니다"라고 고백해보시기 바랍니다. 마음 깊은 곳에서 주님의 깊고 넓은 사랑을 느낄 수 있을 것입니다.

언젠가 부흥회를 인도하면서, 귀신 들린 자매를 위해 기도한 적이 있었습니다. 아무리 기도를 해도 그 자매의 상태가 좋아지지 않고 자해를 하는 등 상태는 더욱 악화되었습니다. 기도하면서 너무 힘이 들었고 그 자매를 치유할 확신도 사라지는 것 같았습니다. 그때 그 자매에게 "하나님은 나를 사랑하신다!"라고 고백하라고 했습니다. 그 자매는 무서운 얼굴로 저를 노려보았지만 그래야 산다고 강권하니, 결국 더듬더듬 따라 했습니다. 몇 번을 따라 하기에 "주여, 감사합니다" 하며 마무리 기도를 하고 나왔습니다. 더 이상 기도할 힘이 남아 있지 않았습니다. 그 자매가 고침을 받았다는 확신도 없고, 고침을 받았다는 뚜렷한 증거도 보이지 않았습니다. 단 "하나님은 나를 사랑하신다!"라고 고백한 것 하나만이 유일한 수확이었습니다.

그런데 다음 날 새벽 집회 후 그 자매가 그날 밤 이후로 온전해졌다는 말을 들었습니다. 정말 감사했습니다. 그러면서 신기했습니다.

"하나님은 나를 사랑하신다!"

이것은 정말 놀라운 복음이자 영원한 진리입니다. 우리가 진정 이 진리를 알면 모든 삶의 문제에서 자유함을 얻게 될 것입니다.

진리를 알지니 진리가 너희를 자유롭게 하리라 요 8:32

안식년 기간을 보내면서 제 마음에 일어나는 갈망은 주 예수님의 사랑을 더 깊이 알고 싶은 것입니다.

능히 모든 성도와 함께 지식에 넘치는 그리스도의 사랑을 알고 그 너비와 길이와 높이와 깊이가 어떠함을 깨달아 하나님의 모든 충만하신 것으로 너희에게 충만하게 하시기를 구하노라 엡 3:18,19

전에도 제 안에 주님의 사랑에 대한 갈망이 있었습니다. 그러나 솔직히 말해서 주님으로부터 벗어나고자 하는 욕망 또한 제 안에 있었습니다. 너무나 부끄러운 것은 주님으로부터 벗어나고 싶은 욕망이 주님의 사랑을 알고 싶은 갈망보다 더 컸다는 것입니다.

지금 우리나라에 독신주의자가 늘고 있습니다. 그것은 독신생활이 행복해서가 아닙니다. 외롭고 힘들다는 것을 본인들도 압니다. 그런데도 결혼은 싫다고 합니다. 이유는 자신만의 생활 방식을 고수하고 싶기 때문입니다. 많은 성도들이 예수님과의 관계도 그렇게 하고 있습니다. 주님의 간섭조차 싫어합니다.

어느 목사님에게 초등학교 2학년 딸이 있는데, 어느 날 엄마가 "예수님, 우리 가정에 오세요" 하고 기도하자 정색을 하며 "엄마, 예수님이 우리 집에 안 오시면 안 돼요?"라고 하더랍니다. 예수님이 집에 오시는 것이 너무 부담스럽다는 것입니다. 딸의 말에 사모님이 깜짝 놀랐다고 합니다.

그래도 그 목사님의 딸은 솔직한 것입니다. 많은 그리스도인들이 예수님을 마음에 영접했다고 말은 하지만 실제로 예수님이 자신 안에 임하신 것도, 주인이 되시는 것도 너무나 부담스러워 합니다. 많은 그리스도인들이 주님의 사랑을 갈망하지 않는 것은 주님의 사랑이 얼마나 넓고 길고 높고 깊은지를 모르기 때문입니다. 그래서 "나는, 나는" 하며 사는 것입니다.

저는 "예수님 한 분이면 충분합니다"라고 고백합니다. 하지만 이전에도 그런 것은 아니었습니다. 신학생 때, 예수님 한 분이면 충분하다는 말은 목회 실패자의 변명 같았습니다. 그때는 예수님을 친밀하게 알지 못했기 때문입니다.

많은 그리스도인들이 깊은 영적 갈증을 느끼고 있습니다. 세계 어디서나 만나는 사람들마다 갈급한 마음을 드러냅니다. 우리의 이런 영적 갈급함은 오직 주님의 사랑을 깊이 알 때 해결됩니다. 우리가 어떤 사람을 마음과 뜻을 다하여 사랑하기로 작정한다면 그 순간부터 놀라운 삶의 에너지가 넘치는 것을 느낄 것입니다. 한 사람을 사랑하는 것도 이러한데, 예수님과 사랑에 빠진다면 삶이 얼마나 놀랍게 변화되겠습니까?

깨닫고 보면 주님을 향한 우리의 갈망보다 우리를 향한 주님의 갈망이 더 크십니다. 주님은 우리와 사랑하는 관계, 친밀히 교제하는 관계를 간절히 원하십니다.

20140326

이 스 라 엘 의 회 복 을 위 한 기 도

"목사님, 이스라엘에 가서서 '이스라엘의 회복'을 위하여 헌신하는 분들을 꼭 만나주세요. 그들을 격려해주세요."

"목사님, 정말 이해가 안 되는 것은 유대인들이 예수님을 믿지 않는 것입니다. 예수님이 유대인이셨고, 그 땅에서 사셨고, 그곳에서 십자가에서 죽으셨으며 또 부활하셨고, 그곳에서 교회가 시작되었는데, 어떻게 그들이 아직까지 예수님을 믿지 않을 수 있나요?"

유대인들이 주께 돌아오는 것은 선교 완성을 위해 기도하는 저에게도 중요한 기도 제목입니다. 그러나 유대인 선교는 정말 어려운 과제입니다. 유대인이 복음을 받아들일 때가 되었다면 정말 마지막 때일 것입니다. 그것은 전 세계에서 가장 오(誤) 전도된 종족이 유대인이기 때문입니다. 이 말은 유대인이 예수 믿기가 가장 어렵다는 것입니다.

이스라엘 사람들이 십자가를 얼마나 싫어하는지, 그와 관련한 많은 이야기가 있습니다. 구급차에는 적십자 대신 푸른색 다윗의 별 모양이 그려져 있습니다. 더하기 표시로 십자(+) 표시를 사용하지 않고 십자에서 세로획의 아랫부분이 없는 '⊥'로 표시합니다. 아라비아 숫자 4를 쓸 때도 4의 가로획을 그었다가 그대로 우측 아래로 내려씁니다. 심지어 십자로가 싫어서 교차로마다 로터리로 만들었다고 주장하는 이도 있습니다.

이처럼 유대인들이 십자가를 싫어하는 이유는 오랫동안 교회 역사를 통해 유대인들이 예수님을 죽였다고 잘못 가르쳤기 때문입니다. 초대 교부들도 그러했습니다. 십자가가 그려진 깃발과 방패를 앞세운 십자군들이 예루살렘에 들어왔을 때 모슬렘 교도들만 몰아낸 것이 아니라 유대인들을 회당 안에 몰아넣고 불에 태워 죽였습니다.

1340년대 유럽에서 흑사병이 창궐했을 때에도 흑사병이 유대인들의 소행이라는 소문을 내고 수많은 유대인들을 죽였습니다. 유럽에서 유대인들은 종교적으로 위험한 존재로 인식되었으며, 그들만의 구역에서 살아야 했고, 유대인이라는 표식을 옷에 부착하도록 했습니다. 종교개혁자인 마르틴 루터조차 유대인들에 대한 끔찍한 적개심을 가지고 있었습니다. 그리고 이런 분위기에서 히틀러의 홀로코스트(Holocaust)가 자행되었습니다. 이런 아픔을 겪은 유대인들의 눈에 어떻게 십자가가 좋게 보이겠습니까?

유대인들을 보면서 두려운 마음이 듭니다. 복음이 종교가 되고, 교리가 되고, 권력이 되고, 율법주의, 형식적인 신앙으로 전락하면, 예수님의 이름, 교회의 이름, 십자가의 이름으로 끔찍한 일을 저지를 수 있기 때문입니다. 따라서 우리가 이스라엘의 회복을 위해 기도할 때, 단순히 열심히 전도하고 기도를 많이 하면 되는 문제가 아님을 알아야 합니다. 유대인들에게 필요한 것은 전도와 함께 진정 하나님의 말씀대로 사는 기독교인을 보여주는 것입니다. 십자가의 도(道)가 진정한 복음임을 삶으로 보여줄 수 있어야 합니다. 그렇습니다. 이스라엘의 회복은 진정한 기독교의 회복으로만 가능합니다.

이곳에서 만난 선교사님들을 통해 성지순례 가이드의 애환을 들었습니다. 이곳에서 성지순례 가이드를 하다가 한국으로 돌아가서 교회에 안 나간다는 집사님이 있다는 말도 들었습니다. 목사님 팀을 가이드하기가 가장 어렵다는 말에 할 말이 없었습니다. 어느 팀은 가이드가 마음에 안 든다고 세 번이나 가이드가 바뀐 일도 있었다고 합니다.

예수님을 잘 믿는다는 것이 무엇입니까? 예수님에 대해 많이 아는 것과 예수님에 대해 잘 가르친다는 것이 무엇입니까? 겉으로 보이는 신앙이 신앙이 아닙니다. 겉보기에는 분명히 교인인데, 마음은 악령에 사로잡힌 자, 삶이 무너진 자가 많습니다. 이것부터 해결되어야 전도가 되는 것입니다.

성지순례를 하며 다니다보니 마을마다 분위기가 달랐습니다. 이스라엘 사람들과 팔레스타인 사람들이 사는 동네는 분위기가 달랐습니다. 정치적 상황이나 경제력 차이라고 설명하기에는 무언가 부족했습니다. 며칠 전 예루살렘 북동쪽 고대 에브라임 산지에 소재한 타이베(Taybeh)라는 아랍 기독교 마을에 갔습니다. 이스라엘 - 팔레스타인 전역에서 현재 단 하나 남은 기독교 마을이라고 합니다. 이곳은 요한복음 11장 54절에 나오는 '에브라임'이라는 동네로, 예수님께서 나사로를 다시 살리셨을 때 대제사장의 무리들이 예수님을 죽이려고 모의함으로 예수님이 잠시 피하여 계셨던 곳입니다. 이 마을 사람들은 예수님을 믿는 사람들인데, 유대인 마을처럼 집이나 건물, 거리 등이 매우 깨끗하고 풍족해 보였습니다. 신앙이 삶을 어떻게 바꾸는지 보는 것 같았습니다.

기독교인들은 그 삶이 세상 사람과 구별된 자들입니다. 그래서 거듭난 사람들입니다. 이 말은 진정 하나님의 말씀대로 사는 자들이라는 것입니다. 유대인들도 하나님의 말씀을 알고 그대로 지키려고 애를 쓰지만 불가능하다는 것을 뼈저리게 느낄 뿐입니다. 그러나 기독교인들은 놀랍게도 하나님의 말씀대로 사는 자로서 거룩하고 의롭고 깨끗하고 평화롭고 사랑하며 사는 사람들입니다. '나는 죽고 예수로 사는' 자이며, 성령 하나님을 모시고 살기 때문입니다. 이것만이 유대인들의 마음을 열 수 있으며 진정 이스라엘의 회복을 이룰 것입니다.

그러므로 이스라엘의 회복을 위하여 기도하되 먼저 우리가 하나님의 성전 된 자의 삶을 살아야 할 것입니다. *20140324*

이스라엘에서 저희를 도와주시는 이익상 목사님께서 갑자기 제게 물었습니다.

"목사님은 취미가 무엇인가요?"

아마 목사님 나름대로 최선을 다해 여기저기 안내해주었는데, 제 반응이 영 신통치 않아 보였나 봅니다. 저는 평범한 성지순례를 통해서 볼 수 없는 많은 것들을 보고 들으며 정말 감사하고 있었는데, 제가 생각이 많고 말수가 적다보니 큰 관심이 없다고 느껴진 모양입니다.

제가 목사님께 대답했습니다.

"제 아내 얼굴을 보는 것입니다."

저의 대답을 듣자마자 정말 어이없어 했습니다. 일전에도 어디선가 이런 고백을 했다가 비난 아닌 비난을 받았습니다. 사실 취미가 뭐냐는 질문을 자주 받는 편입니다. 아마 저를 보면 무슨 재미로 사는지 답답해 보이는 모양입니다. 그런데 저는 정말 아내와 함께 지내는 것이 재미가 되었습니다. 저도 한때 이런저런 취미라 할 만한 것들이 있었습니다. 하지만 이제는 사람들이 말하는 취미라 할 만한 것이 없어졌습니다.

제가 이렇게 변한 것은 24시간 주님을 바라보면서부터입니다. 주님을 알고 싶은 갈망, 주님과 친밀히 동행하고자 하는 소원이 워낙 크다보니 다른 것들은 시들합니다. 제가 이처럼 주님을 바라보는 것은 사실 주님이 저를 그렇게 주목하신다는 것을 깨달았기 때문입니다.

지난 금요일, 사마리아와 갈릴리 접경지대에 있는 산 위의 한 마을을 찾아갔습니다. 부르킨(Burqin)이라는 그 마을에는 예수님께서 10명의 나환자를 고쳐주신 곳에 세워진 교회가 있었습니다. 그곳에 가서 알게 된 사실인데, 예수님께서 10명의 나환자를 고치신 일은 예루살렘으로 가시던 길에 우연히 일어난 일이 아니었습니다. 이 마을은 예루살렘으로 가는 길에서 산 쪽으로 멀리 떨어져 있는 동네였습니다. 예수님은 의도적으로 나환자들을 만나기 위해 산 위로 올라가셨던 것입니다.

산비탈에 세워진 그리스정교회 소속 교회에 가보니 예배당 안에 콘스탄티누스 황제의 어머니 헬레나가 방문하여 앉았다는 돌 의자도 있었습니다. 예배당 안에는 물 저장고가 있었습니다. 당시 쓰지 않는 물 저장고에 나환자를 격리 수용했던 것입니다. 예수님께서는 바로 이들에게 직접 다가가신 것입니다.

저는 예배당 앞뜰에 있는 지하 물웅덩이까지 내려가보았습니다. 그곳에 내려가보니 당시 나환자들이 얼마나 끔찍한 생활을 했는지 알 것 같았습니다. 저는 거기서 나환자들이 그들을 찾아오신 예수님을 어떻게 바라보았을지 상상해보았습니다. 그 갈급함은 상상할 수 없는 것이었습니다.

저는 나환자는 아닙니다. 그러나 제 속 깊은 곳에 남들이 알지 못하는 나병과 같은 죄가 있습니다. 나만 아는 죄, 남들에게 나누고 열어 보일 수 없는 것들, 다른 문제는 다 나눌 수 있지만 이건 절대 안 된다고 생각하는 것들, 계속 반복해서 죄짓고 회개하느라 이제 회개하는 것조차 지친 것들, 그 죄책감 때문에 하나님께 나아가 기도도 못하겠고 예배도 드릴 수 없는 그런 죄가 있습니다.

국제 예수전도단(YWAM) 내적 치유 강사이신 크리스 해리슨 목사님은 이것을 "언터처블(untouchable)한 죄들"이라고 했습니다. 마귀는 그것을 놓칠 리가 없습니다. 그것으로 저를 끊임없이 참소합니다. 그러나 예수님께서는 아무도 만질 수도 볼 수도 없는 죄, 아무도 만져서도 보아서도 안 되는 죄, 너무나 고통스럽고 늘 저를 좌절하게 만드는 죄를 더럽다, 보기 싫다고 하지 않으시고 손을 대시며 말씀하셨습니다.

"나는 네가 이 죄 문제를 해결받기를 원한다."

"나는 네가 깨끗하게 되기를 누구보다 더 원한다."

"네가 정결케 되어 나와 대화하고 교제할 수 있게 되기를 원한다."

그리고 정말 깨끗하게 해주셨습니다. 부르킨 마을을 나오면서 주님을 만나 나병에서 깨끗함을 받은 자가 바로 나 자신이라는 것을 깊이 깨달았습니다. 그렇습니다. 예수님께서 직접 저를 찾아주셨고, 저의 흉악하고 더러운 죄, 누구도 만질 수 없는 죄들을 직접 만져주셨고, 깨끗하게 해주셨습니다. 주님은 나의 모든 것이 되셨습니다. 생명이시고 주님이시고 왕이십니다. 그렇기 때문에 제가 오직 주님만을 바라보는 것입니다.

나병이 낫자마자 주님께 나아가 바로 감사드렸던 한 명의 나환자의 심정이 어떠했는지 잘 알 것 같았습니다. 감사한 것은 제 아내도 주님 안에서 동일한 눈이 뜨인 것입니다. 그래서 제 아내에게서 주님을 보고 주님 안에서 아내를 보고 그것이 저를 즐겁게 하는 것입니다. *20140323*

결 과 에 연 연 하 지 않 는 순 종

유대인의 속담에 이런 말이 있다고 합니다.

"하나님을 미소 짓게 하려면 그분께 너의 계획을 말하라."

하늘에 계신 이가 웃으심이여 주께서 그들을 비웃으시리로다 시 2:4

하나님은 천지 만물을 주관하십니다. 그런데 우리가 이런저런 계획을 세우는 것을 보시면 그 어리석음에 웃지 않을 수 없다는 의미입니다. 유대인의 속담이 마음에 와 닿습니다. '그동안 정말 하나님을 많이 웃기고 살았구나!' 생각했습니다. 우리는 순종을 배우고 있습니다. 이것을 항상 기억해야 합니다. 제가 할 일은 어떤 계획을 세우는 것이 아니라 순종을 배우는 것이었습니다.

부목사님 한 분이 어느 명절에 쓰신 일기가 생각납니다.

명절을 보내기 전 주님께서 주신 마음이 있었다.

가급적 TV 앞에 앉지 말고, 아이들과 놀아주거나 아니면 음식 준비하는 것을 도우라는 마음이다. 마음이야 편하게 누워서 그간 보지 못했던 TV를 맘껏 보고 싶었다. 그런데 주님은 그런 모습을 기뻐하지 않으신다는 것을 알려주셨다. 이 악물고 도전하여 아내를 도왔다. 눕고 싶어졌지만 일어나서 상 차리는 것을 돕고, 음식을 나르고, 그렇지 않으면 말썽쟁이 아들 두 녀석을 데리고 놀았다.

연휴를 마치고 올라오면서 아내가 한마디한다.

"이번 명절이 그동안 보낸 어떤 명절보다 훌륭했어요."

이 칭찬은 주님이 받으셔야 하는 것이었다. 난 그저 하라고 하시는 대로 한 것뿐이니까!! 주님의 마음에 순종했더니 칭찬도 받고 좋다.

안식년을 시작하면서 주님께서 제게 주시는 목표가 온전한 순종의 삶을 살라는 것입니다. 주님과 동행하려면 반드시 순종이 있어야 합니다. 두 사람이 끝까지 동행하려면 누군가 한쪽은 자신의 의지와 판단에 대하여 죽어야 합니다. 안식년 6개월을 그렇게 살아보라는 것입니다.

새벽에 큐티 본문을 붙잡고 기도하는데 주님께서 순종의 약속을 다시 생각하게 하셨습니다. 주님께서 특별히 주신 교훈이 있었습니다. 순종하려면 결과에 연연하지 말아야 한다는 것입니다.

다윗은 매사 하나님께 묻고 그대로 순종만 합니다. 그런데 그 순종으로 좋은 일만 생기는 것은 아니었습니다. 억울하고 마음 상하는 일도 생겼습니다. 사무엘상 23장 1절에서 14절까지를 보면 다윗은 도망 다니는 형편에서도 하나님의 말씀에 순종하여 그일라를 도왔지만, 그일라 사람들이 자신을 사울의 손에 넘기려 한다는 것을 알고 다시 피난길을 떠나야 했습니다. 선하게 살았지만 돌아오는 것은 배신이요 고생입니다. 그럼에도 다윗은 오직 하나님께만 순종합니다. 그일라를 구하라 하시면 전쟁터로 나가 싸우고 그일라를 떠나라 하시면 떠날 뿐입니다. 순종은 이처럼 결과에 연연하지 않아야 할 수 있는 것입니다.

다윗은 알 수 없었지만 하나님께서 다윗에게 이렇게 하신 이유가 있었습니다. 다윗을 왕으로 세우고 계셨기 때문입니다. 하나님께서는 온 이스라엘 백성들로부터 마음의 동의를 이끌어내신 다음 다윗을 왕으로 세우시려는 것이었습니다. 하나님께서는 이스라엘 백성들에게 다윗이야말로 이스라엘의 왕이 될 만한 사람임을 보여주고 싶으셨던 것입니다.

"다윗을 보라! 그가 진정 왕이 될 사람이 아니겠느냐?"

다윗은 이런 하나님의 계획을 알 수 없었고, 그래서 하나님께 순종하려고 할 때 혼란스럽고 당황하고 낙심될 때도 있었을 것입니다. 만약 다윗이 자신의 계산, 판단, 기대, 감정을 꺾지 못했다면 하나님께 온전히 순종할 수 없었을 것입니다. 그러나 다윗은 오직 하나님만 믿고 매사에 하나님께 묻고 순종만 하였습니다. 그래서 한순간에 사울의 손에 죽을 수도 있는 상황에서 살 수 있었고, 하나님의 약속대로 이스라엘의 왕이 될 수 있었습니다.

큐티 본문 말씀을 붙잡자 저절로 기도가 나왔습니다.

"오 주여, 오직 다윗처럼 살게 하소서."

제게 필요한 것은 결과에 연연하지 않는 순종임을 깊이 깨달았습니다. 다시 한 번 저의 계산, 판단, 기대, 감정을 십자가에 못 박았습니다. 오직 주님만 바라보며 순종만 하겠다는 고백을 올려드렸습니다. 결과에 연연하지 않고 순종하는 것이 진정한 순종입니다. 사드락, 메삭, 아벳느고처럼 '그리 아니하실지라도' 순종하는 것입니다. *20140325*

05
CHAPTER

주님의 마음을
주소서

그리스도 예수의 마음

잠자리에서 일어나자마자 갈릴리 호숫가로 나갔습니다. 2008년 성지순례 때 주님의 임재를 깊이 체험했던 바로 그 자리였는데, 갈릴리 호수가 보이는 순간 속에서 울음이 터져 나오는 것을 겨우 참았지만 무릎을 꿇자마자 결국 한참을 울었습니다. 그러나 지난번과 다른 것이 있었습니다. 그것은 이런 은혜를 경험하기 위하여 매번 갈릴리 호수로 와야 하는 것은 아니라는 생각이었습니다. 이미 제 안에 함께하시는 주님을 너무나 분명히 알고 있었기 때문입니다.

기도하면서 주님이 주시는 특별한 마음이 있었습니다. 어떠한 것에 대하여 속단하지 말라는 것입니다.

이는 내 생각이 너희의 생각과 다르며 내 길은 너희의 길과 다름이라 여 그 때문인지 종일토록 주님의 마음을 깨닫게 해주시기를 기도하였습니다. 주님이 제게 무언가 말씀하려고 하신다는 것을 느꼈지만, 분명하게 이것이라고 할 만하게 깨달아지는 것은 없었습니다.

그러다가 오후 시간에 예수님께서 걸으신 길을 걸어보는 것이 어떠냐는 이익상 목사님의 제안으로 팔복교회로 갔습니다. 팔복교회가 산 위에 서 있는데, 그 옆으로 난 길을 따라 갈릴리 호수로 내려왔습니다. 이 길이 예수님 당시부터 있던 길이라고 하였습니다. 단체로 성지순례를 왔다면 빠듯한 일정 때문에 걸어볼 엄두가 나지 않았을 길이었습니다.

주님이 걸으셨던 길이라는 생각만으로도 감격스러운데, 내려오면서 보게 된 갈릴리 호수와 주변 산등성이 그리고 펼쳐진 들판의 모습이 정말 아름답고 숨이 멎을 듯이 황홀하였습니다. '주님이 갈릴리에서 사역하실 때 이런 광경을 늘 보셨겠구나!' 생각하면서 산을 내려왔습니다. 성경만 읽을 때는 도무지 알 수 없는 일이기에 마음이 더욱 뿌듯했습니다. 그렇게 주님과 함께 걷는 듯한 행복한 마음으로 갈릴리 호수와 주변 산들을 보며 내려오는데, 갑자기 아침에 주신 말씀이 생각났습니다.

"내 생각은 너희 생각과 다르다."

'주님, 제게 말씀하시려는 것이 무엇입니까?'

이렇게 마음속으로 물으며 내려오는데, 자그마한 굴 하나를 만났습니다. 이익상 목사님이 우리를 굴 가운데 앉게 하더니, 이곳이 예수님께서 열두 제자를 세우기 위해 기도하시고 제자를 세우셨던 곳이라고 알려진 자리라는 것입니다.

> 또 산에 오르사 자기가 원하는 자들을 부르시니 나아온지라 이에 열둘
> 을 세우셨으니 이는 자기와 함께 있게 하시고 또 보내사 전도도 하며 귀
> 신을 내쫓는 권능도 가지게 하려 하심이러라 막 3:13-15

　순간 '주님은 갈릴리 호수를 보지 않으시고 사람을 보셨구나!' 하는
생각이 들었습니다. 예수님께서 기도하시고 제자를 세우셨다는 그 굴에
앉아 보니 정말 아름다운 갈릴리 호수 광경이 마치 TV 화면처럼 펼쳐져
있었습니다. 그러나 복음서 어디에도 눈앞에 펼쳐진 아름다운 경치에 대
해서 기록되어 있지 않다는 생각이 났습니다. 생각해보니 항상 하나님
의 나라를 보시는 분이 이 세상 경치가 눈에 들어오셨겠습니까? 우리 주
예수님의 눈에는 경치가 중요한 것이 아니었던 것입니다. 주님의 눈에
보였던 것은 오직 사람이었습니다. 그래서 제자들을 세우셨고, 모든 민
족을 제자 삼으라고 그들을 파송하신 것입니다.
　주님의 눈에는 지옥으로 가는 수많은 사람들의 영혼이 보였습니다.

> 무리를 보시고 불쌍히 여기시니 이는 그들이 목자 없는 양과 같이 고생
> 하며 기진함이라 마 9:36

　마태복음 24장 1절에서 제자들이 헤롯 성전 건물의 웅장함에 대하여
이야기할 때에도 주님은 오히려 예루살렘의 멸망에 대하여 안타까워하

섰습니다.

예수께서 성전에서 나와서 가실 때에 제자들이 성전 건물들을 가리켜 보이려고 나아오니 대답하여 이르시되 너희가 이 모든 것을 보지 못하느냐 내가 진실로 너희에게 이르노니 돌 하나도 돌 위에 남지 않고 다 무너뜨려지리라 마 24:1,2

제가 예수님에 대하여 모르는 것이 너무 많음을 깨달았습니다. 많은 순간에 눈에 보이는 대로 판단하고 결정하고 진행했다는 것을 깨달았습니다. 부끄럽기도 하고 너무 두려운 일입니다. 그래서 주님은 저를 이스라엘로 이끄신 것 같습니다. 주님의 유적만을 둘러보라는 것이 아니었습니다. 주님의 마음을 더욱 깊이 경험해보라는 뜻임을 깨닫습니다.

그래서 저는 무시로 기도합니다.

"주님의 마음을 주소서!"

너희 안에 이 마음을 품으라 곧 그리스도 예수의 마음이니 빌 2:5   20140327

나를 향한 주님의 눈길

오늘 아침, 갈릴리 호숫가에서 기도하며 저를 향한 주님의 눈길이 사랑스러움을 느꼈습니다. 주님께서 저를 주목하실 뿐만 아니라 저를 사랑스럽게 보신다는 것을 깨닫고 참으로 기뻤습니다.

이스라엘의 최북단, 시리아와의 국경에 있는 헐몬산에 다녀왔습니다. 그곳에 쌓인 눈이 녹아서 갈릴리 호수로 들어가고 요단강으로 흘러 들어갑니다. 눈 덮인 헐몬산이 가까이 보이는 전망대에 오르니 산 아래로 시리아 땅이 보였습니다.

그때 이익상 목사님이 손으로 시리아 땅에 보이는 큰 도시를 가리키며 "저기 보이는 성읍이 다메섹입니다"라고 하였습니다. 또 길 하나를 가리키며 "저 길이 이스라엘에서 다메섹으로 가는 유일한 길입니다. 바울도 저 길로 다메섹에 갔을 것입니다"라고 말했습니다. 다메섹으로 가는 그 길을 보았습니다. 그 길 어디에선가 예수 믿는 사람을 잡으려고 살기등등하여 가던 바울이 강한 빛 가운데 임하신 주 예수님을 만났던 것입니다.

다메섹으로 가는 길을 한참 내려다보았습니다. 주님께서 저에게 무엇인가 말씀하시는 것이 있다는 느낌을 받았기 때문입니다. 그것이 금방 깨달아졌습니다. 오늘 아침에 주신 은혜 때문입니다. 주님께서는 아름다운 자연도 아니고 큰 산도 아니고 큰 성읍도 아니고 오직 다메섹으로 가는 바울만 보셨던 것입니다. 그는 스데반을 죽인 장본인이었고 예수 믿는 자를 무섭게 핍박하는 자였지만 주님의 눈에는 사랑스러운 종이었습니다. 주님의 눈에는 어떤 아름다운 자연보다 사람이 더 아름답게 보인다는 사실이 참으로 놀라웠습니다.

아침 큐티 말씀(삼상 24:15-22)이 생각났습니다. 다윗이 사울 왕을 살려주자 사울 왕이 그에게 복을 비는 장면입니다.

다윗에게 이르되 나는 너를 학대하되 너는 나를 선대하니 너는 나보다 의롭도다… 사람이 그의 원수를 만나면 그를 평안히 가게 하겠느냐 네가 오늘 내게 행한 일로 말미암아 여호와께서 네게 선으로 갚으시기를 원하노라 삼상 24:17,19

우리는 이런 사람을 만날 때 감동을 받습니다. 사람이라는 존재 자체가 사랑스럽고 사는 것이 행복해지는 것입니다. 그러나 하나님께서 사람을 창조하셨을 때 바로 이런 모습으로 창조하셨습니다. 하나님의 형상대로 지으신 것입니다. 그러므로 사람은 원래 누구나 참으로 아름답고 사랑스러운 존재입니다. 이것을 창조의 원형이라고 말합니다. 그 후 사람은 타락했지만 사람의 창조의 원형 그 자체는 여전히 아름답습니다. 하나님께서 스바냐를 통하여 하나님의 눈에 우리가 어떻게 보이는지를 말씀해주셨습니다.

너의 하나님 여호와가 너의 가운데에 계시니 그는 구원을 베푸실 전능자이시라 그가 너로 말미암아 기쁨을 이기지 못하시며 너를 잠잠히 사랑하시며 너로 말미암아 즐거이 부르며 기뻐하시리라 하리라 습 3:17

그리고 예수 그리스도의 십자가로 우리에게서 창조의 원형이 회복되었습니다. 그러므로 주님의 눈에는 사랑스럽지 않은 사람이 없습니다. 보잘것없고 추하고 못나 보이는 자일수록 주님의 눈에는 더욱 사랑스럽게 보입니다. 그래서 수가 성 사마리아 여인도, 삭개오도 그토록 사랑스럽게 보신 것입니다. 주님의 눈에는 여러분이 정말 사랑스런 존재임을 믿으시기 바랍니다.

이 사실이 믿어지지 않는다면 주님께서 여러분을 지켜보고 계심을 믿으시고, 여러분도 잠잠히 주님을 바라보십시오. 그리고 주님이 여러분에게 말을 걸어오시는 것을 믿으시고, 주님께 귀를 기울여보시기 바랍니다. 처음에는 좀 답답할지 모르겠습니다. 그러나 얼마 안 가서 형언할 수 없는 마음의 평안을 경험하실 것입니다. 주님은 정말 여러분을 사랑하는 눈으로 보고 계십니다. 오늘도 주님과 복되게 동행하시기 바랍니다.

20140328

예수님과 함께라면!

갈릴리에 나흘을 머물 수 있었기 때문에 헐몬산에 올라가볼 수 있었습니다. 헐몬산은 다볼산과 함께 예수님이 변형되셨던 산일 것으로 추정되는 산입니다. 성경에는 그저 '높은 산'에 올라가셨다고 할 뿐 정확히 어떤 산인지 언급되어 있지 않습니다. 그런 점에서 헐몬산이나 다볼산이나 다 높고 오르기 쉽지 않은 산입니다.

그런데 높이로 따지면 헐몬산이 비교할 수 없이 높고 험합니다. 헐몬산은 해발 2,815미터나 되는데, 우리가 찾아간 날 이미 30도가 넘는 날씨였는데도 산 정상에는 눈이 약간 덮여 있었습니다. 리프트를 타고 헐몬산 정상으로 올라가는데 정말 추웠습니다. 산의 정상이 시리아와 레바논의 국경이라서 더 을씨년스러웠습니다.

산 정상 부근에서 주님을 묵상하는데, 여기서 베드로가 "여기 있는 것이 좋사오니" 하였다는 것이 어이가 없다는 생각이 들었습니다.

베드로가 예수께 여쭈어 이르되 주여 우리가 여기 있는 것이 좋사오니 만일 주께서 원하시면 내가 여기서 초막 셋을 짓되 하나는 주님을 위하여, 하나는 모세를 위하여, 하나는 엘리야를 위하여 하리이다 마 17:4

눈이 덮여 있고 거칠고 황량한 돌산인데, 어떻게 여기 있는 것이 좋다고 말할 수 있다는 말입니까? 함께 갔던 분 중에 "아마 내려갈 생각을 하니 아찔해서 그렇게 말한 것이 아닐까요?"라고 해서 다들 웃었습니다. 그만큼 산이 높고 황량했습니다.

성경은 베드로가 이 거칠고 황량한 돌산에 있는 것이 좋다고 고백했을 때, "자기가 하는 말을 자기도 알지 못하더라"(눅 9:33)라고 했습니다. 그만큼 제정신이 아니었다는 의미이기도 하고, 말이 안 되는 말을 했다는 의미이기도 합니다. 그러나 베드로의 이 고백은 그가 주님이 정말 메시아이심을 보게 되었을 때, 자기도 모르게 주님과 함께 있을 수만 있다면 어떤 환경, 형편도 상관이 없으며, 주님과 함께 있을 수만 있다면 어디든 좋다는 것이 깨달아졌다는 것입니다.

주님을 바라보는 눈이 뜨인 사람은 누구나 베드로와 같은 마음이 됩니다. 이것이 "예수님 한 분이면 충분합니다"라는 고백입니다. 우리가 예수님을 믿는다면 반드시 이 눈이 뜨여야 할 것입니다. 그래서 24시간 주님을 바라보자는 것이고, 그런 사람은 누구나 베드로와 같은 체험을 하게 되어 삶이 완전히 변화됩니다. 원하는 것이 오직 주님뿐입니다. 예수님 한 분이면 충분한 사람이어야 지식이 많아지고 큰 능력이 나타날 때에도 교만하지 않습니다. 예수님 한 분이면 충분하지 못하니 교만하고 분열하는 것입니다.

다볼산에는 변화산 수도원이 있습니다. 우리가 갔을 때, 아프리카에서 온 합창단이 수도원 뜰에서 찬양을 불렀습니다. 그들이 입고 있는 옷과 차림새는 수도원에 모인 순례객들 중에 가장 초라했습니다. 그러나 그들의 찬양은 참으로 아름다웠습니다. 많은 순례객들이 발걸음을 멈추고 그들의 찬양을 경청하였습니다. 주님은 그 장면을 통하여 제게 외모나 환경, 형편이 아니라, 마음 중심에 주님과 함께하는 것이 가장 중요하다고 말씀하시는 것 같았습니다.

헐몬산은 매우 거칠고 삭막해 보이지만 물을 머금는 산이라 눈이 오고 비가 오면 그 물을 품어 산 밑에서 샘이 되어 솟아오르게 합니다. 거기서 요단강이 시작되는 것입니다. 그리하여 온 산과 들을 푸르게 만듭니다. 그랬습니다. 헐몬산은 영적으로 은혜의 원천이 되는 산입니다. 주 예수님을 바라보는 눈이 뜨인 성도는 마치 헐몬산과 같은 존재가 됩니다. 생수의 강이 흐르고 은혜의 통로가 되는 사람이 되는 것입니다.

예수님 한 분이면 충분하다는 말은 다른 사람들과의 관계가 필요 없다는 것이 아닙니다. 더 이상 다른 사람에게 행복을 요구하지 않게 된다는 말입니다. 도리어 다른 사람들을 섬기는 자가 되며, 화목하게 하는 역할을 하는 것입니다.

그래서 시편 기자가 시편 133편에서 헐몬산을 언급한 것입니다.

보라 형제가 연합하여 동거함이 어찌 그리 선하고 아름다운고 머리에 있는 보배로운 기름이 수염 곧 아론의 수염에 흘러서 그의 옷깃까지 내림 같고 헐몬의 이슬이 시온의 산들에 내림 같도다 거기서 여호와께서 복을 명령하셨나니 곧 영생이로다 시 133:1-3

"주님, 정말 예수님만 함께하신다면 어디나 좋습니다! 주님을 바라보는 눈을 열어주옵소서!"

20140329

하나님의 마음, 하나님의 사랑

갈릴리에서 예루살렘으로 오는 길에 여리고에 들러, 예수님께서 세례 받으신 후 성령에 의하여 광야로 나아가 금식하시고 마귀에게 시험을 받으신 곳이라고 추정되는 곳에 세워진 시험산 수도원에 올라갔습니다.

이 수도원은 그리스정교회 수도원으로 여리고가 한눈에 보이는 광야의 높은 절벽 지대 위에 있었습니다. 이 수도원 안에는 예수님께서 40일 금식기도 하시던 굴도 있었고, 예수님께서 마귀에게 시험을 받으실 때 앉으셨다는 바위도 있었습니다. 시험산에 가기 전에 마음에 그려보던 것과는 달라 약간 실망스러웠습니다. 그 하나가 케이블카였습니다. 많은 순례객들은 케이블카를 타고 수도원 입구까지 갔습니다. 예수님께서 시험받으신 곳에 올라가는 길이 케이블카라니, 어쩐지 너무 어울리지 않는다는 느낌을 받았습니다.

우리는 산 아래에까지 차로 가서 시험산 수도원까지 걸어서 올라갔다가 내려왔습니다. 시험산을 오르고 내려오면서 시험에 대하여 곰곰이 생각해보게 되었습니다. 예수님께서 세례받으신 후 가장 먼저 하신 일이 마귀에게 시험받으신 일이었고, 그것도 성령께서 직접 예수님을 이끌어 가셨습니다. 성경에 '이끌리어'라는 단어를 사용했는데, 이것은 "강제적으로 내몰다"라는 의미입니다.

도대체 성령께서는 왜 예수님이 세례받으신 후 마귀의 시험을 받도록 광야로 내모신 것일까요? 마귀의 시험에 넘어가 죄인으로 전락한 아담과 하와의 실패를 회복하시려는 것이었습니다. 예수님께서 마귀의 세 가지 시험을 이기심으로 모든 그리스도인들에게 마귀의 종노릇하는 데서 자유케 되는 구원의 문을 열어주신 것입니다.

예수님께서도 시험을 받으셨음을 생각하니 제가 시험에서 자유로울 수 없다는 사실이 너무나 당연하게 받아들여졌습니다. 주님은 제게 시험은 계속 다가올 것이라는 마음을 주셨습니다. 그러므로 시험이 없기를 구하지 말고 시험에 들지 않기를 구하라 하셨습니다.

우리를 시험에 들게 하지 마시옵고 다만 악에서 구하시옵소서 마 6:13

또한 주님은 시험을 두려워하지 말라고 하셨습니다. 제가 할 일은 오직 깨어 기도하는 것뿐이라고 하셨습니다.

시험에 들지 않게 깨어 기도하라 마음에는 원이로되 육신이 약하도다 하시고 마 26:41

시험을 이기는 길은 오직 주님을 바라보는 것입니다. 시험당했을 때, 주님을 바라볼 수 있다면 어떤 시험도 이길 수 있을 것입니다. 그러나 주님은 한 걸음 더 나아가 시험이 주는 유익에 대하여 깨우쳐주셨습니다. 성경은 하나님께서 아브라함에게 이삭을 바치라고 하시면서 "아브라함을 시험하셨다"고 하였습니다.

하나님께서 무슨 시험을 하신 것일까요? 믿음 테스트를 하신 것일까요? 순종 테스트였을까요? 사랑 테스트였을까요? 하나님께서는 아브라함이 사랑하는 독자(獨子)까지 바치는 것을 보시고 그 믿음과 순종과 사랑에 만족하고 기뻐하신 것일까요? 그렇다면 너무나 잔인한 하나님이실 것입니다.

하나님은 아브라함의 믿음이나 순종이나 사랑을 테스트하시기 위하여 시험하신 것이 아니었습니다. 독자이신 예수 그리스도를 십자가에 달아 온 인류를 구원하시기로 작정하신 하나님의 마음, 온 인류를 향한 하나님의 절절 끓는 사랑을 아브라함에게 미리 알게 해주시려는 것이었습니다. 그래서 100세가 되어 아들을 주시고, 그 아들에 대한 사랑에 푹 빠지게 하신 다음 그 독자를 바치라고 하신 것입니다.

하나님께서 아브라함에게 "네 아들 네 사랑하는 독자"라고 하신 것은 예수 그리스도를 향한 하나님의 마음을 고백한 것입니다. 아브라함은 독자 이삭을 바치라는 하나님의 시험을 통과함으로 모리아산에서 예수 그리스도를 만나는 놀라운 은혜를 받은 것입니다. 그래서 야고보 사도는 단순히 시험에 들지 않기를 기도하는 것이 아니라 여러 가지 시험을 당하면 온전히 기뻐하라고 한 것입니다.

내 형제들아 너희가 여러 가지 시험을 당하거든 온전히 기쁘게 여기라

약 1:2

시험산에 다녀오면서 시험을 바라보는 눈이 새롭게 열리는 것 같았습니다.

예수님께서도 시험을 받으셨습니다. 시험에 대한 두려움이 사라지는 것을 느꼈습니다. 주 예수님만 바라보면 어떤 시험을 당하더라도 반드시 이길 것이 믿어졌습니다. 시험하는 마귀와 싸우는 자는 제가 아니라 주 예수님이시기 때문입니다.

20140331

06
CHAPTER

주님만
믿고 산다는 것

거 짓 없 는 믿 음

만우절은 참 가증스러운 날입니다. 마치 평소에는 거짓말하지 않고 사는 것 같은 착각을 하게 만들지 않습니까? 거짓말은 흔히 우리가 가장 소홀히 여기는 죄이지만, 마귀에게 속한 자가 되는 무서운 죄입니다.

그가 거짓말쟁이요 거짓의 아비가 되었음이라 요 8:44

성경은 거짓말하는 자가 얼마나 무서운 심판을 받게 되는지 분명히 말씀하고 있습니다.

또 내가 보니 보라 어린양이 시온 산에 섰고 그와 함께 십사만 사천이 서 있는데… 그 입에 거짓말이 없고 흠이 없는 자들이더라 계 14:1,5

… 거짓말하는 모든 자들은 불과 유황으로 타는 못에 던져지리니 이것이
둘째 사망이라 계 21:8

제사드릴 때 절만 안 하면 마귀에게 절하지 않은 것이 아닙니다. 거짓
말을 술술 하고 산다면 마귀에게 절하고 사는 것입니다. 가룟 유다는
예수님을 팔고서도 거짓으로 예수님께 입을 맞추었습니다. 이것이 '유다
의 키스'입니다. 거짓은 본질적으로 이와 같은 것입니다.

하나님의 자녀들도 자기도 모르게 마귀 노릇을 할 때가 있습니다. 아
니, 많이 있습니다. 저희 집에서 성탄절에 산타클로스가 사라진 데는 사
연이 있습니다. 둘째 하영이가 어릴 때, 성탄 선물로 인형을 사서 예쁘게
포장을 한 뒤 크리스마스트리 밑에 두었습니다. 성탄절 아침이 되자 아
이가 일어나서 트리 아래에 있는 선물을 보고 좋아하는 것을 보자 저희
도 기뻤습니다.

그런데 아이가 물었습니다.

"이 선물, 아빠가 사다놓은 거예요?"

저는 웃는 얼굴로 아니라고 했습니다.

"하영이가 착한 일을 많이 해서 산타클로스 할아버지가 선물을 갖다
주신 거야."

그랬더니 하영이가 울상이 되었습니다. 저는 너무 당황했습니다.

"아니, 좋은 선물을 받고 왜 우니?"

그랬더니 한마디로 산타 할아버지는 이렇게 자기에게 선물을 보내주
는데, 아빠 엄마는 뭐하느냐는 것입니다. 얼마나 당황스러웠는지 사실

은 그것이 아빠가 주는 선물이라고 말도 못하고 가게로 데리고 가서 선물을 하나 더 사주어야 했습니다. 이듬해부터 저희 집에 산타 할아버지는 오지 않았습니다. 생각해보니 아빠가 거짓말한 것이라고 말하지 못한 것이 후회가 됩니다.

사도 바울은 디모데에게 외조모와 어머니로부터 물려받은 '거짓 없는 믿음'이 있다고 말했습니다.

이는 네 속에 거짓이 없는 믿음이 있음을 생각함이라 이 믿음은 먼저 네 외조모 로이스와 네 어머니 유니게 속에 있더니 네 속에도 있는 줄을 확신하노라 딤후 1:5

초대 교회를 세우는 데 귀하게 쓰임받은 디모데를 준비시키기 위하여 하나님께서는 '거짓 없는 믿음'을 가진 신실한 두 세대의 어머니를 사용하셨습니다. 믿음도 거짓이 없는 믿음이어야 합니다. 그러나 사람들은 보통 입장이 곤란해지면 거짓말로 어려운 상황을 모면하려고 합니다. 거짓말이 얼마나 무서운 죄인지 모르기 때문에 그렇게 하는 것입니다.

부부 사이에 거짓말이 주는 고통은 상상을 초월합니다. 한 몸인 것을 부인하는 일이기 때문입니다. 친구 사이에 거짓말은 그동안의 모든 관계를 깨뜨려버립니다. 따라서 가정이나 교회에서부터 거짓말하지 않는다는 철저한 원칙을 세워야 합니다.

거짓말을 하지 않으려면 입장 곤란해지는 일이 많습니다. 그러므로 애초부터 거짓말할 일을 만들지 말아야 하는 것입니다. 만우절이라고 장난삼아 하는 거짓말도 너무나 두려운 일임을 명심해야 하겠습니다. 마귀가 거짓말쟁이요 거짓의 아비이기 때문입니다. 20140401

풍요의 시험을 이길 믿음

어제 성지순례팀과 갈멜산에 올라가 엘리야의 제단에 하늘로부터 불이 임했던 곳에서 기도회를 가졌습니다. 기도를 인도할 때 심령의 애통함이 컸습니다. 엘리야 당시의 영적 형편이 지금 한국 교회의 영적 형편과 같다고 느껴졌기 때문입니다.

"주여, 한국 교회 위에도 불로 응답하소서."

저절로 눈물의 기도가 나왔습니다. 그런데 그 순간 주님이 주시는 마음이 있었습니다. 하나님으로부터 불이 임하려면 엘리야처럼 마음에 우상이 없어야 한다는 것이었습니다. 엘리야가 이스라엘 백성들에게 "너희가 어느 때까지 둘 사이에서 머뭇머뭇하려느냐"라고 말했습니다. 하나님을 믿는다고 하지만 마음에 우상을 가지고 있다는 것입니다.

갈멜산에서 본 이스르엘 평야는 참 풍요로웠습니다. 그런데 바로 이 풍요가 이스라엘의 타락을 가져왔음을 생각하니 참으로 안타까웠습니다. 북 이스라엘 지역인 갈릴리 주변과 이스르엘 평야, 요단강의 근원인 단 지파 땅들을 둘러보면서 그 풍요함에 놀랐고, 그 풍요의 축복 때문에 오히려 신앙적으로 타락하고 우상숭배에 빠진 그들이 너무나 안타까웠습니다. 결국 북 이스라엘 10지파는 앗수르에 망한 후 지파의 뿌리마저 흔적도 없이 사라지고 말았습니다.

그리고 오늘 요단강의 근원이 되는 텔단에서 기도회를 가지며, 제 마음에 풍요의 시험을 이길 믿음이 있는지 돌아보았습니다. 안식년을 위하여 이런저런 계획을 세우며 고민할 때, 어느 분이 돈만 있으면 다 해결된다고 했습니다. 정말 그랬습니다. 비교적 긴 여행을 떠난다고 생각하니 고민거리가 한둘이 아니었는데, 결국 돈 문제였습니다.

'돈이 넉넉하면 여행이 얼마나 쉽고 재미있고 편안할까?'

그러나 주님은 즉시 "돈 문제가 아니다, 돈이면 다 해결되는 것이 아니다"라고 하셨습니다. 그 말씀에 정신이 번쩍 들었습니다. 그렇습니다. 한 달 정도 지내고 보니, 돈 문제는 정말 작은 문제였습니다. 돈으로 해결할 수 없는 너무나 많은 문제가 있었습니다. 그리고 '돈이 많은 것이 얼마나 위험한가?' 하는 생각이 들었습니다. 돈이 있기에 기도도 하지 않고 쉽게 결정하기도 하고 주님을 전적으로 의지하지 않게 되는 것입니다. 풍요한 것이 오히려 두려운 일이며, 돈이 넉넉하지 않은 것이 오히려 감사한 일임을 깨달았습니다.

말세에 가장 소용없는 것이 재물이고, 말세에 가장 부담스러운 것이 재물이고, 말세에 가장 고통스러운 것이 하나님의 뜻대로 사용하지 않은 재물입니다. 그러므로 우리는 재물로 인하여 받는 시험을 이기는 훈련을 받고 있다는 것을 명심해야 합니다. 그래서 24시간 주 예수님을 바라보자는 것입니다. 예수님을 바라보는 사람과 예수님을 바라보지 못하는 사람 사이에 있는 큰 차이가 부해지려는 욕심의 차이입니다. 예수님으로 만족하게 되면 돈은 아무것도 아닙니다. 그러나 예수님을 모르면 돈에 대한 욕심을 버릴 수가 없습니다.

어느 집사님이 주일에 장사하는 문제로 갈등을 느끼다가 주일에 가게 문을 닫기로 결단했습니다. 이 교인은 믿음으로 살기 위해서 손해를 본 것입니까, 이익을 얻은 것입니까? 만약 믿음으로 살려다보니 손해를 보았다고 생각한다면 차라리 주일에 계속 장사하는 것이 더 낫습니다. 아직 주님을 인격적으로 알지 못하기 때문에 그렇게 생각하는 것입니다. 주님을 바라보는 사람이라면 주일에 온전히 예배드리는 엄청난 복을 받았다고 생각할 것입니다.

탐심의 문제는 아무리 설교를 듣고 성경을 읽어도 해결되지 않습니다. 오직 돈보다 더 좋은 것을 보아야만 해결됩니다. 그래서 24시간 예수님을 바라보는 자가 탐심을 이기는 것입니다. 돈보다 더 좋은 것이 생긴 것입니다. 예수님입니다. 이번 안식년은 돈보다 더 크신 주님을 바라보는 일부터 철저히 훈련받으려고 합니다.

돈 문제로 염려하지 않기

돈이 어떤 일을 결정하게 하지 않기

돈에 대해 인색하지 말기

작은 지출 하나도 주님의 허락받기

돈 때문에 울고 웃지 않기

돈 때문에 느긋해하지도, 돈 때문에 염려하지도 않기

돈의 노예가 되지 말고 돈을 다스리는 훈련을 계속하기

하나님을 알지 못할 때는 세상에서 가장 크고 중요한 것이 돈이고 하나님은 하찮은 존재입니다. 그러나 하나님의 눈으로 보면 많은 그리스도인들이 세상에서 가장 작은 '돈'을 잃고 가장 귀한 '하나님'을 만났습니다.

얼마 전 팔레스타인 지역을 지나다가 아내가 야채 가게에 들러, 야채와 과일을 샀습니다. 사온 것을 보니 싱싱했지만 볼품이 없고 모양과 크기가 제각각이었습니다. 한국 같으면 팔 수 없어 보이는 것들도 많았습니다.

이익상 목사님께서 말씀하셨습니다.

"무농약으로 재배해서 그렇습니다. 농약을 살 돈이 없기 때문입니다."

농약 없이 기른 과일과 야채를 먹으며 '돈 없는 축복에 이런 것도 있구나!' 생각하니 참 감사하였습니다. 여러분은 풍요함의 시험을 이길 믿음이 있으십니까?

20140404

주 님 만 믿 고 산 다 는 것

지난 주일예배는 성지순례팀과 에돔 광야에서 광야예배를 드렸습니다. 그때의 감동과 영감은 정말 놀라웠습니다.

하나님께서 물으셨습니다.

"이런 광야라도 나만 믿고 살 수 있겠느냐?"

그것이 주일설교였습니다. 이스라엘 백성들의 광야훈련은 '이런 광야에서 하나님만 믿고 살 수 있는 믿음을 갖는 훈련'이었음을 깨달았습니다. 하나님을 믿고 산다는 것이 얼마나 엄청난 능력인지 실감할 수 있었습니다. 말씀을 전하면서도 제 마음이 먹먹했습니다.

'나에게는 정말 그런 믿음이 있는가?'

예배 후 다들 그 광야를 바라보며 기도했고, 침묵 속에 광야를 걸으며 '예수님만 함께하시면 광야라도 상관없습니다' 이렇게 고백할 수 있는지 자신의 믿음을 점검해보았습니다. 광야예배를 드리고 나오면서 갑자기 어떤 처지와 형편에서도 주님만 믿고 산다는 것이 무엇인지 눈이 열리는 것 같았습니다.

주 안에서 여러분을 진심으로 사랑합니다.   *20140408*

내 이름은 크리스천입니다

예루살렘은 3대 유일신 종교가 만나는 전 세계에서 유일한 곳입니다. 그러다보니 "어떤 종교에서 믿는 신이 참 하나님일까?" 하는 묘한 경쟁과 긴장 관계가 있습니다. 이 영적 싸움은 결코 교리 싸움이 아닙니다. 어떤 신이 참 하나님인지 삶으로 증명하는 싸움을 싸우는 것입니다. 저는 유대교나 이슬람교의 교리에 대해 듣고 싶은 마음이 거의 없습니다. 오직 그들의 삶을 유심히 지켜볼 뿐입니다. 그들의 삶을 보면서 그들의 종교를 판단하는 것입니다. 그런데 이것은 유대교인들이나 이슬람교인들도 마찬가지일 것이라는 생각이 들었습니다.

요르단의 가이드는 참 신실한 집사님이셨는데, 아랍인인 운전기사와 철저한 이슬람교도인 현지 가이드와 함께 일하고 계셨습니다. 그런데 집사님은 그들이 자신에게 옆구리에 가시 같은 존재라고 하였습니다. 그들이 자신을 통해 예수님이 누구신지를 보기 때문이라고 했습니다. 또 성지순례를 오는 모든 성도들의 이름이 오직 하나라고 했습니다.

"여러분의 이름은 오직 하나뿐입니다. 한국 크리스천!"

가이드 집사님의 말씀을 들으며 그렇다는 것이 깨달아졌습니다. 이곳에 사는 유대인이나 이슬람교도들에게 한국에서 온 성지순례자들은 단지 크리스천일 뿐이었습니다. 그들은 우리를 보고 예수님이 누구신지를 판단하는 것입니다. 그러므로 예수님으로 사는 것보다 더 놀라운 능력의 전도는 없을 것입니다.

이번에 아랍인 운전기사가 서비스로 특별관광을 시켜주겠다고 제안하여 기쁘게 허락했더니 다이아몬드 가게로 데려간 일이 있었습니다. 그일로 마음이 상한 교인도 계셨고, 가이드이신 목사님도 저도 난감했습니다. 그래서 현지 여행사에 운전기사를 교체해달라고 해야 하나 고민도 했지만 많은 분들이 성숙하게 판단하여 이 아랍인 기사를 계속 받아들이기로 했습니다. 그 역시 전도대상자라고 판단했기 때문입니다. 그런 일이 있고 나서 오히려 그 운전기사에게 더 잘해드리고 있습니다.

이슬람교의 저력은 무서울 만큼 철저한 기도생활에 있음을 매번 느낍니다. 우리가 기도에 있어서 저들보다 못하면 안 될 것입니다. 그래서 24시간 예수님을 바라보는 삶, 무시로 기도하는 삶을 살자는 것입니다. 그러나 주님을 항상 바라보자는 것은 단지 기도만 하자는 것이 아니라 하나님의 말씀대로 사는 기적을 경험하자는 것입니다.

우리가 거룩해서 택함을 받거나 구원받은 것이 아닙니다. 우리가 택함을 받았기에 거룩한 자가 된 것입니다. 주님이 우리 안에 오신 것은 우리가 거룩하게 살았기 때문이 아닙니다. 우리가 정말 마음을 열고 주님을 영접했기 때문에 우리 안에 오신 것입니다. 그리고 우리를 거룩하게 하신 것입니다. 우리 안에 임하시고 우리의 왕이 되심으로 우리가 거룩하게 살도록 해주시는 것입니다. 그래서 우리의 삶이 전도가 되는 것입니다.

가이드 집사님은 성지순례 하는 교인들에게 1달러 때문에 인색하거나 까다롭게 하지 않았으면 한다는 말씀을 하셨습니다. 우리는 성지순례 도중에 많은 아랍 사람들을 만나게 됩니다. 그들은 호텔 벨보이나 순례객을 따라다니며 물건을 파는 아이들, 화장실에서 돈 받는 사람들, 택시 운전기사 등입니다. 그들에게 성지순례 하는 교인들은 오직 '크리스천'일 뿐입니다.

그렇기 때문에 그들을 대할 때 오직 예수님의 마음으로 하자는 것입니다. 좀 더 너그럽게 대해주고, 큰 액수의 돈이 아니면 알고도 속아주는 것은 어떨까 하는 마음이 든다고 했습니다. 어려운 사람들에게 1달러의 위력은 대단하다고 했습니다. 성지순례 하는 크리스천들이 1달러에 인색하지 않고 그들의 영혼을 품을 수 있다면 그것이 말로 전하는 것보다 더 강력한 전도가 될 것이라고 했습니다.

한국에서도 우리의 이름은 오직 하나, 크리스천입니다. 가정에서도 직장에서도 우리 이름은 오직 크리스천입니다. 우리는 그저 교회에 다니는 사람이 아닙니다. 24시간 주님과 동행하며 예수님을 마음에 왕으로 모시고 사는 사람입니다.

20140409

무덤에 있지 않으시는 예수님

새벽에 성지순례팀과 함께 비아 돌로로자(via dolorosa), 십자가의 길을 걸었습니다. 굳이 새벽에 십자가의 길을 걷기로 한 것은 낮에는 십자가의 길을 걷는 것이 너무 힘들 것 같았기 때문입니다. 새벽인데도 호텔 로비에 비아 돌로로자를 순례하려는 팀이 여럿 모인 것을 보니, 우리만 그런 생각을 한 것은 아닌 모양입니다.

성지순례를 올 때마다 느끼는 것이지만 비아 돌로로자에서는 은혜를 받기가 힘듭니다. 온갖 웅장한 예배당과 기념 건물들이 오히려 십자가의 길을 묻어버리고, 주님의 자취를 가려버렸기 때문입니다. 그래서 우리는 예수님의 무덤이 있다는 성당 바깥뜰에서 찬양하고 기도했습니다. 화려하게 지어진 예배당 안에서는 기도도 찬양도 도무지 할 수 없었기 때문입니다. 온갖 종파와 순례자들이 서로 기도하고 예배하겠다고 신경전을 벌이는 모습에서 십자가의 길을 가신 주님의 모습은 어디에 있을까 하는 생각이 들며 마음이 답답했습니다.

예수님 당시에도 성전은 시장터 같았고 보다 못한 예수님이 노끈으로 채찍을 만들어 성전 안에서 매매하는 사람들을 쫓아내셨고, 예루살렘을 보면서 우시기도 하셨습니다. 오히려 정원 무덤(그곳이 더 정확한 골고다와 빈 무덤 자리라는 주장도 있음)에 갔을 때 은혜를 받았습니다. 그곳에는 해골 언덕과 빈 무덤이 있는 그대로 드러나 있었기 때문입니다.

저는 비아 돌로로자에서 한국 교회의 영적 형편을 보는 것 같아 마음이 너무나 안타까웠습니다. 화려한 예배당과 종교적 열심이 오히려 주 예수님을 가리고 있지 않는가 하는 두려움입니다. 느보산 그 어디에도 모세의 무덤은 없었습니다. 성경은 하나님께서 모세의 무덤을 감추어버리셨다고 했습니다. 아마 모세의 무덤이 우상숭배의 대상이 되지 않게 하시려는 배려였을 것입니다. 그래서 느보산에서 그저 모세의 심정만 생각했습니다. 그리고 그것으로 충분했습니다.

예수님의 무덤도 없습니다. 그것은 예수님은 부활의 주님이시기에 더이상 빈 무덤만 바라보지 말라는 의미인 동시에 빈 무덤이라도 숭배의 대상이 되지 않게 하려는 하나님의 뜻이 아닐까 하는 생각이 듭니다. 초대 교회 때에는 예수님의 무덤에 관심이 없었습니다. 그것은 초대 교회 당시의 교인들에게 예수님의 빈 무덤을 잘 관리할 여유가 없었기 때문이 아닙니다. 예수님께서 여전히 그들과 함께하셨기 때문이었을 것입니다.

그런데 언제부터인가 예수님의 무덤 자리가 중요해졌습니다. 어떤 의미일까요? 살아 계신 주님과의 친밀하고 인격적인 관계에 문제가 생겼기 때문은 아니었을까요? 예수님께서는 지금도 살아 계시며, 모든 그리스도인들의 마음에 임하셨습니다. 마음에 임하신 예수님을 모르면 성지순례는 관광이 되고 성지 숭배가 됩니다. 그러나 예수님과 동행하는 사람에게 성지순례는 영적 눈이 뜨이는 놀라운 계기가 됩니다.

이번 성지순례는 많은 곳을 둘러본 것이 아니라 주님을 묵상하고 나누는 시간을 가지려고 했습니다. 그리고 대부분의 교우들이 주님과의 깊은 교제를 경험했습니다. 다메섹 도상에 수많은 사람들이 오고 갔지만 오직 사울만 예수님을 만난 것처럼, 지금도 많은 사람들이 성지순례를 오고 가지만 주님을 만난 사람은 몇 안 되는 것 같습니다. 마음에 오신 주 예수님을 모르기 때문인 것 같습니다.

이번 성지순례에 참여한 교우들이 이구동성으로 고백하기를, 가장 은혜로운 성지는 갈릴리 호수였고 광야였다고 했습니다. 광야는 아브라함 당시부터 지금까지 그대로이고, 갈릴리 호수도 예수님 당시부터 지금까지 그대로입니다. 그 광야에서 예배를 드리고 그 갈릴리 호숫가를 걸으면서 우리는 주님의 말씀을 분명하게 들을 수 있었습니다.

사막의 수도사들이 부흥된 것은 기독교 핍박 시대가 아니라 오히려 기독교 번영 시대였습니다. 기독교가 번성할 때 오히려 영적으로는 메말라가기 시작했다는 의미입니다. 광야는 살기에 너무나 열악한 환경이지만 하나님을 가까이 느낄 수 있어서 좋은 곳입니다.

어느 수도사가 "왜 광야로 들어가서 수도생활을 하는가?"라는 질문에 이렇게 대답하였습니다.

"세상에서는 하나님을 가까이 느낄 자신이 없기 때문입니다."

예수님의 무덤은 빈 무덤입니다. 그 의미는 예수님의 무덤이 어디인지는 중요하지 않다는 말입니다. 그것이 중요했다면 성경에 분명히 밝혀 놓았을 것입니다. 중요한 것은 예수님은 무덤에 계시지 않는다는 것입니다. 주 예수님은 지금 우리 마음에 와 계십니다. 그런 뜻에서 우리 마음이 가장 큰 성지입니다.

지금 한국 교회가 여러 가지 문제로 실망을 주는데도 여전히 교회를 떠나지 않으며, 오히려 애통하는 마음으로 하나님의 부흥을 위하여 기도하며 기다릴 수 있다는 것이 신기하고 감사합니다. 얼마든지 믿음을 버리고 복음을 거부하고 교회를 비난할 수 있는데 말입니다. 바로 우리 마음에 임하신 주님 때문입니다.

성지순례를 마치고 귀국하는 교우들이나 성지순례 한 번 와보지 못한 분들이라도 마음에 임하신 주님을 바라보시기 바랍니다. 예수님의 빈 무덤 자리에 가보지 못했다고 해도 신앙생활하는 데 전혀 문제가 없습니다. 그러나 예수님을 바라보지 못하면 신앙생활을 바로 하는 것이 불가능합니다.

20140411

24시간 주님을 바라보는 마음

때때로 이런 질문을 받습니다.

"정말 24시간 주님을 바라볼 수 있을까요?"

"24시간 주님을 바라보면 일상생활은 어떻게 하라는 말입니까?"

어떤 분은 24시간 주님을 바라보라는 말을 들으면 숨이 막힌다고 합니다. 그러나 우리가 24시간 어떤 것을 바라보고 사는 것은 이상한 일이 아닙니다. 몸에 암이 생긴 사람이 늘 자신이 암환자라는 것을 의식하는 것이 이상한 일입니까? 잠자리에서 일어났을 때, 무언가를 먹을 때, 누군가를 만날 때, 어떤 일을 하려고 할 때, 기쁜 일, 슬픈 일, 화나는 일이 생길 때, 그는 늘 자신이 암환자임을 생각합니다. 사랑에 빠진 사람, 자녀나 손주를 얻은 사람, 주식에 전 재산을 투자한 사람, 월드컵 중계만 기다리는 사람 등 우리 주위에는 24시간 무언가를 생각하며 사는 사람들을 쉽게 볼 수 있습니다.

성지순례팀과 10일간 지내면서 그리스도인들이 24시간 주님을 바라보는 것은 특별한 일이 아니라 지극히 자연스러운 것이라는 사실을 더욱 분명히 깨달았습니다. 성지순례 중 교우들과 함께 유대 광야를 바라보면서 "이 광야를 걸으셨던 주님을 바라보자"고 했습니다.

그러나 주님을 바라보는 것을 힘들어하는 이들이 있었습니다. 특별한 느낌이 들지 않는다는 것입니다. 그래서 저는 자녀가 부모와 함께 있을 때 어떤 느낌일까 생각해보라고 했습니다. 자녀가 부모와 함께 있는 것은 전혀 놀랍거나 충격적이거나 흥분되는 일이 아닙니다. 일상적이고 아주 평범한 느낌입니다. 부모가 곁에 있다는 느낌은 평안입니다. 그것이 자녀들에게 생명이고 능력이고 자유함이고 구원입니다. 부모가 곁에 있지 않을 때와 비교해보면 분명히 알 수 있습니다.

부모와 함께 있다고 느끼면 자녀들은 주위를 뛰어다니고 장난도 치고 투정도 부립니다. 그리고 피곤하면 어디서든지 잠을 잡니다. 다 부모와 함께 있기 때문에 누리는 축복입니다. 그래서 아이들은 천방지축 뛰어놀다가도 수시로 엄마 아빠가 함께 있는지 확인합니다. 24시간 주님을 바라보는 것은 어린아이가 엄마 아빠를 늘 확인하며 지내듯이 주님을 늘 확인하고 사는 것입니다. 그것은 마음의 평안으로 확인됩니다. 따라서 마음이 평안하다는 것은 주님을 바라보는 그리스도인이 누리는 엄청난 체험입니다.

성지순례 중에는 늘 가이드와 함께 다녔습니다. 그런데 이스라엘에서 요르단 국경을 건너가는 사이, 잠깐 가이드가 없던 시간이 있었습니다. 이스라엘에서 함께한 가이드가 더 이상 동행하지 않고 국경을 넘어 요르단의 가이드와는 아직 만나기 전인 매우 짧은 순간이었습니다. 그런데 그때 가이드가 없다는 사실 때문에 다들 약간 불안해한다는 것을 느꼈습니다. 바로 이 느낌입니다. 만약 마음에 불안감이 있다면 하던 모든 일을 내려놓고 주님 앞에 나아가는 시간을 가져야 하는 것입니다. 이것이 24시간 주님을 바라보며 사는 것입니다.

성지순례를 할 때 우리는 항상 자신이 순례팀 안에 있는지 여부를 확인하고 다녔습니다. 계속 인원을 점검하고 대열 맨 마지막에 목사님이 계셔서 한 사람도 팀에서 이탈하는 일이 없도록 확인하며 순례 일정을 모두 마쳤습니다. 아무리 좋은 성지라도, 아무리 멋진 건물과 경관이 눈앞에 펼쳐지더라도 주위에 순례팀의 교우가 눈에 보이지 않으면 심각한 문제에 빠진 것입니다. 무엇보다 먼저 동료들을 찾아 그 대열에 합류시켜야 하는 것입니다. 성지순례팀 안에 있다고 느낄 때의 평안함, 그것이 24시간 주님을 바라보는 마음입니다.

성지순례 일정을 마무리하는 모임에서 우리가 결단한 것이 있었습니다. 성지순례 중 항상 가이드를 따라 살았고 항상 팀 안에 거했던 것처럼, 한국에 돌아가서도 삶의 가이드인 예수님을 24시간 바라보며, 자신이 교회 안에 있는지 항상 확인하며 살겠다는 것입니다. 그러면 어떤 처지와 형편에서도 우리의 마음이 평안합니다.

어젯밤, 잠을 자려고 눈을 감았는데 정말 놀라운 것이 마음에 느껴졌습니다. '주님 안에 거하는 평안'이었습니다. 황홀할 정도로 행복했습니다. 여러분의 마음은 평안하십니까? 평안은 본질적으로 예수님과의 관계가 바로 되었을 때 우리 마음 가운데 임합니다. 그래서 "예수를 바라보자"고 한 말씀에 '24시간'이라는 말을 덧붙였습니다. "예수의 마음을 품으라"고 한 말씀에 '계속'이라는 말을 덧붙였습니다. 예수님을 믿는 것은 성경 지식이나 교리를 받아들이는 것이 아니라 주 예수님과 인격적이고 친밀히 동행하는 관계이기 때문입니다.

20140412

나는 오직
주님 안에 있다

내 마음에 주님이 계신 증거

이스라엘에 와서 지내던 어느 날 잠에서 깨어나면서 제 마음이 매우 기쁘고 자유하다는 느낌이 들었습니다. 아직 잠결인데도 제가 주님을 생각하고 있다는 것을 깨달았기 때문입니다. 제 안에 '이거면 충분해!' 하는 마음이 들었습니다. 이것 하나만 분명하다면 어떤 형편에도 다 감사할 수 있었습니다. 제 마음에 주님이 계신 분명한 증거였기 때문입니다.

잠자리에서 일어날 때마다 주님을 생각할 수 있다는 것은 누구나 누리는 은혜가 아닙니다. 앞으로 제 삶이 어떻게 진행될지 알지 못하지만 제가 늘 주님을 바라보고 있다는 그 하나만으로 충분합니다. 그다음은 주님이 하실 것이기 때문입니다. 제가 너무 부족하고 미련하고 무능하지만 주님께서 깨우쳐주시고 인도해주실 것을 믿습니다.

여전히 순간순간 시달리던 몇 가지 두려움과 염려가 사라졌습니다.

남은 안식년 일정을 어디서 어떻게 보내느냐 하는 문제도 주님이 적절한 때 적절한 사람을 통해 인도하실 것이 믿어졌습니다. 저는 오직 매 순간 주님께 감사하며 주님을 기뻐하며 주님만 사랑하며 순종하고 살면 되는 것입니다.

한번은 꿈을 꾸었는데, 아주 유력한 사람들이 모인 자리에 제가 참석하고 있었습니다. 모임을 진행하는 사람이 참석한 사람들을 소개했는데, 다들 자랑할 만한 것들이 많은 사람들이었습니다. 그런데 진행하는 사람이 저를 소개하면서 제가 목사라는 것 외에 아무것도 소개할 것이 없어서 당황스러워했습니다. 저 역시 그 자리에 앉아 있을 자격이 없는 사람이라는 느낌 때문에 머쓱해진 순간, 잠에서 깼습니다.

저는 꿈에 대해 생각했습니다. 정말 제 자신이 초라하게 느껴졌습니다. 나이는 많이 들었는데 아무것도 내세울 것이 없는 사람처럼 느껴졌습니다. 그러다가 감사한 마음이 일어났습니다. 제 형편이 예수님 한 분 외에 아무것도 아닌 존재가 된 것 같았기 때문입니다. 목사인 것 외에는 소개할 것이 없다는 것에 감사했습니다. 주님을 가리는 것이 그만큼 없다는 의미이기 때문입니다. 교만하려 해도 교만할 것이 없는 자입니다. 예수님이 제 마음에 계시고 왕 되신 것으로 충분합니다.

갈릴리 호수에서 선상 예배를 드릴 때, 성령의 강력한 만지심이 있었습니다. 성찬식을 집례하는데, 주님의 임재하심을 느낀 교우들 가운데 애통함이 뜨겁게 일어났습니다. 지켜보는 선원들이 우리를 이상하게 보지 않을까 걱정이 될 정도였습니다.

베드로 수위권교회에서 또 한 번 성령의 만지심이 있었습니다. 그것은 저에게 일어났습니다. 교회 앞뜰에서 기도회를 마치고 갈릴리 호숫가로 가서 "네가 나를 사랑하느냐?"라고 물으시는 주님의 말씀을 묵상하며 침묵의 기도 시간을 갖는 동안 너무나 강력한 성령의 만지심이 느껴졌습니다. 주님께서 제 마음에 계심이 분명히 느껴져서 통곡하며 울고 싶을 뿐이었습니다. 그러나 주변 여건상 도무지 그렇게 할 수 없어서 한동안 갈릴리 호숫가에 앉아 마음을 다스려야 했습니다.

그때 제게 가장 복된 일은 오직 하나뿐임을 알았습니다. 바로 주님이 지시하시는 것을 행하는 것이었습니다. 정말 그랬습니다. 정말 단순한 삶이었습니다. 주님이 지시하시고 저는 순종하는 것, 그것이면 충분했고 그것이 주님의 종 된 저의 삶의 이유요 기쁨이요 감사 제목이었습니다.

제 마음에 어두움이 싹 사라진 듯 느껴졌습니다. *20140414*

더 깊어진 은혜

지난 며칠간 이스라엘 한인교회 봄 수련회에서 말씀을 전하였습니다. 한 달 이상 이스라엘 한인교회 게스트하우스에서 지내는 특별한 배려를 받고 있기 때문이기도 하지만 주님께서 받은 은혜를 나누라는 마음을 주신 것에 순종하였습니다.

말씀을 전하는 것은 제게 가장 중요한 사역이며 가장 보람된 사역이지만, 집회를 인도할 때마다 크고 작은 어려움을 겪습니다. 가장 큰 어려움은 저의 부족함입니다. 주님의 말씀을 온전히 전하지 못하는 것 때문에 늘 애통합니다. 그다음의 어려움은 익숙함 때문에 오는 메마름입니다. 같은 내용을 몇 번 전하다보면 전하는 말씀을 통해 제 자신은 더이상 신선함과 놀라움, 감동을 느끼지 못하는 것입니다. 다들 은혜를 사모하며 집회를 기다리지만 정작 나는 무슨 은혜를 받을 것인지가 답답했습니다. 그래서 집회를 위해 기도하면서 익숙함을 극복하게 해주시기를 간절히 기도하였습니다. 주님은 그런 제 마음의 소원에 응답해주셨습니다.

말씀을 전하면서 이전에는 명확하지 않았던 것들이 명확해졌습니다. 그런 것이 한 가지만 있어도 말씀을 전하느라 겪는 모든 피곤함이 다 보상받는 기분이 됩니다. 말씀을 전하지 않았다면 깨닫지 못했을 것이기에 말씀을 전하게 해준 것에 대해 감사한 마음이 들 정도입니다. 그러나 가장 놀라운 은혜는 제게 은혜가 되었던 말씀이 듣는 이들에게도 동일한 은혜로 역사하는 것을 보는 것입니다.

이번 수련회를 위하여 기도했을 때, 주님께서는 제게 말씀을 전하는 자가 받을 가장 큰 은혜는 성령의 역사하심을 보는 것이라는 마음을 주셨습니다. 그래서 정말 그런 역사가 있기를 간절히 기도했습니다. 그런데 말씀을 전하는 3일 동안 말씀을 전한 후 애통함과 간절함의 기도가 계속 이어졌습니다. 주님께서 제게 허락하신 은혜를 모두에게 부어주신 것입니다. 24시간 주님을 바라보려고 애를 쓰면서 제게 일어난 가장 큰 변화는 말씀 사역이 달라진 것입니다. 같은 주제의 말씀을 전하지만 익숙해지기보다 좀 더 깊어진 은혜를 누리는 것입니다.

전에는 설교하면서 오히려 주님을 생각하지 못한 적이 많았습니다. 전해야 하는 설교 내용과 회중들의 반응에 마음을 다 빼앗긴 것입니다.

그래서 설교하고 난 다음, 오히려 설명하기 어려운 허탈감을 경험할 때가 많았습니다. 그러나 이제는 설교하면서 주님을 바라보는 일이 자연스러워졌습니다. 그러다보니 설교하면서도 주님의 인도하심을 받을 때가 많아졌습니다.

말씀 사역자로서 가장 두려운 것은 전하는 말씀에 대하여 익숙해지는 것입니다. 소위 프로가 되는 것입니다. 아무리 좋은 말씀도 전하는 자의 마음에 익숙해져버린 말씀은 생명을 잃어버린 말씀이 되고 맙니다. 그래서 말씀을 전할 때마다 언제나 주님을 바라보게 해주시기를 구하는 것입니다.

고난주간이 시작되었습니다. 그런데 고난주간이지만 주 예수님의 십자가 은혜가 뜨겁게 느껴지지 않는다는 그리스도인들이 많습니다. 고난주간 메시지가 익숙해진 것입니다. 우리는 은혜에 익숙해지는 것을 조심해야 합니다. 정말 두려운 일입니다. 우리는 은혜를 받을 때마다 익숙해지는 것이 아니라 깊어져야 합니다. 그러려면 주 예수님과의 인격적이고 친밀한 교제가 반드시 필요합니다. 사랑하는 사람의 기념일이 매번 새롭게 느껴지고 감동이 되는 것은 사랑하는 사람과 함께 있기 때문입니다. 들어서 아는 지식은 항상 새로운 감동을 줄 수 없습니다. 그러나 살아 계신 주님을 바라보면 항상 새롭고 더 깊은 은혜의 세계를 경험하게 됩니다.

고난주간과 부활절을 맞아 늘 듣던 말씀을 또 듣게 되겠지만 살아 계신 주님을 바라보는 사람은 그 말씀의 은혜가 익숙함에서 깊어짐으로 나아가게 될 것입니다.

20140415

주님만 바라보기를 힘쓰면서 제게 일어나는 난감한 일 중의 하나가 지나친 주목을 받는 것입니다.

이스라엘 한인교회를 담임하시는 윤덕재 목사님 댁에 초청을 받아 사모님께서 준비하신 정성 어린 식사 대접을 받았습니다. 참 귀하고 존경스런 목사님이십니다. 이스라엘 한인교회 교우들이 윤덕재 목사님을 얼마나 존경하고 사랑하는지 보기만 해도 흐뭇했습니다. 40일 정도 게스트하우스를 빌려 신세를 지고 있는 저희 가족에게도 넘치는 사랑과 관심을 베풀어주셨습니다.

제가 이곳에 도착한 첫 주에 교회에서 예배드린 날, 윤덕재 목사님께서 저를 '예수님을 닮은 목사'라고 소개하셔서 가슴이 쿵 내려앉았습니다. 정말 그런 목사가 있다면 만나보고 싶은 마음이 간절하지만 저는 결코 그렇지 않으니 난감하였습니다. 슬그머니 걱정이 되는 것은 예수님을 닮은 목사라고 소개를 받았으니, 앞으로 여기 교인들이 저를 어떻게 보겠느냐 하는 것입니다. '예수 닮은 목사'는 어떤가 하고 제 일거수일투족을 지켜보지 않겠습니까? 만약 제 허물이 드러나기라도 하면 어떻게 하느냐 말입니다. 말 한마디도 조심스럽고 행동 하나도 조심스러우니 불편해서 어떻게 지내야 합니까?

이렇게 분에 넘치는 소개를 받는 일이 종종 있습니다. 그때마다 손사래를 치고 부인하며 저는 그런 사람이 아니라고 변명도 했습니다만 이제는 그런 일을 만나도 웃기만 하기로 했습니다. 제가 강하게 부인할수록 분위기만 썰렁해질 뿐이기에 그저 주님만 바라보기로 한 것입니다.

제가 이렇게 하는 것은 제 허물이 드러나는 것에 대하여 더 이상 두려워하지 않게 되었기 때문입니다. 제 허물은 드러나야 하고, 그로 인한 실망과 지적이 있다면 당연한 것이며 오히려 감사할 일입니다. 그것이 저를 제 자리로 가게 해줄 것이기 때문입니다.

한때 저는 제 자신에 대한 깊은 좌절과 실망, 열등감에 빠질 때가 있었습니다.

"나는 왜 이 모양 이 꼴일까?"

"나는 언제나 변할까?"

그런데 24시간 주님을 바라보면서 이 생각이 매우 잘못된 생각임을 알게 되었습니다.

우리가 이 보배를 질그릇에 가졌으니 이는 심히 큰 능력은 하나님께 있고 우리에게 있지 아니함을 알게 하려 함이라 고후 4:7

이 말씀대로 저는 오직 질그릇일 뿐이기 때문입니다. 자신이 질그릇이라는 사실을 깨닫게 된 것은 안타까운 일이지만 좌절할 일은 아닙니다. 이는 하루가 지나고 몸이 더러워졌다고 해서 아무도 괴로워하지 않는 것과 같습니다. 우리의 문제는 우리가 질그릇 같기 때문이 아닙니다. 우리 안에 보배이신 주 예수님께서 임하셨음을 모르기 때문입니다.

자신이 질그릇 같은 존재임을 깨닫는 것은 축복입니다. 자신이 질그릇 같음을 아는 자가 오직 주님만 바라보게 되기 때문입니다. 주님은 제게 보기 좋은 사기그릇이 되라고 하지 않으셨습니다. 오직 그리스도를 담은 질그릇이 되라고 하셨습니다. 그러니까 저는 그저 질그릇으로 살면 되는 것입니다. 예수님은 저를 구원하시려고 저 대신 십자가 위에서 죽으셨습니다. 그리고 제 생명이 되시려고 제 안에 오셨습니다. 제가 할 일은 보배이신 예수님께서 제 안에 계신 것을 정말 믿고 사는 것입니다.

때때로 이유 없이 저를 비난하거나 근거 없이 저를 공격하는 이들을 만날 때도 있습니다. 그럴 때면 정말 고통스럽습니다. 그때마다 밤잠을 설치고 울분을 토하기도 했습니다. 그러나 오히려 감사하게 되었습니다. 저를 교만하지 않게 하시려는 하나님의 선물임을 깨닫게 되었기 때문입니다.

> 여러 계시를 받은 것이 지극히 크므로 너무 자만하지 않게 하시려고 내 육체에 가시 곧 사탄의 사자를 주셨으니 이는 나를 쳐서 너무 자만하지 않게 하려 하심이라 고후 12:7

저의 실상과 달리 예수님 닮은 목사라고 높임을 받았으니, 근거 없는 비난을 통해 저를 낮추시는 일이 왜 필요하지 않겠습니까? 사람의 칭찬이나 비난으로부터 구원받는 길은 오직 주님을 바라보는 것입니다.

_20140416_

너희 자신을 위하여 울라

마음이 너무 아픕니다. 한국에서 들려오는 소식이 믿어지지 않습니다. 마음이 너무 아파서 아무 생각도 나지 않습니다. 제가 섬겼던 안산

광림교회 학생들도 실종자들 가운데 있다는 소식에 더욱 할 말을 잃었습니다. 예루살렘에서 고난주간을 보내며 이런 아픔을 경험하게 될 줄은 상상도 하지 못하였습니다. 어디 가서 소리 지르며 울고 싶을 뿐입니다.

오늘 낮 일정을 취소하고 숙소에서 주님만 바라보며 기도하였습니다. 누가복음을 읽었습니다. 말씀을 통해서 주님은 "너희 자신을 위하여 울라"고 하셨습니다.

가까이 오사 성을 보시고 우시며 눅 19:41

예수께서 돌이켜 그들을 향하여 이르시되 예루살렘의 딸들아 나를 위하여 울지 말고 너희와 너희 자녀를 위하여 울라 눅 23:28

그렇습니다. 눈물의 기도밖에 드릴 것이 없었습니다. 그런데 기도하면 자꾸 세월호 선장 생각이 났습니다.

'그는 왜 선장이 되었을까? 선장의 자리가 얼마나 두려운 자리인가?'

준비되지 못한 선장, 이 얼마나 위험하며 두려운 일입니까? 우리가 그동안 진정한 지도자를 길러내는 데 너무나 소홀했음을 깨닫습니다. 지금 각계각층에서 그 배를 안전하게 다룰 줄 아는 선장, 위기 상황에 대처하여 책임을 다하는 선장이 얼마나 될까요?

교회의 현실도 답답하기만 합니다. 세월호의 선장이 꼭 저 같습니다. 저야말로 준비되지 못한, 미숙하고 무책임한 선장 같다고 생각되었습니다. 그 생각을 하니 자꾸 눈물이 납니다. '나는 과연 잘할 수 있을까?'

두려운 마음뿐입니다. 담임목사의 자리에서 내려서고 싶습니다. 그러나 내려설 수도 없게 되었습니다. 많은 사람들이 제 뒤를 따라옵니다. 저는 계속 나아가야만 합니다.

하루 종일 마음이 너무 눌리고 우울하였습니다. 이렇게 속이 터질 것 같은 답답함을 이전에는 경험해보지 못하였습니다. 밤에는 숙소를 나와 예수님께서 십자가를 지시기 전 기도하셨던 겟세마네교회와 베드로 통곡교회에 다녀왔습니다. 1년 중 밤에 문을 여는 날은 오늘뿐이라고 합니다.

전 세계에서 수많은 순례객들이 밀려들었습니다. 겟세마네교회 뜰 안에서, 십자가 지시기 전 밤을 새며 기도하셨던 주님을 묵상하고, 대제사장과 장로들이 보낸 무리에게 붙잡혀 끌려가시던 기드론 골짜기를 따라 대제사장 가야바의 법정 앞에 서신 그 베드로 통곡교회까지 걸어갔습니다. 꽤 깊은 골짜기와 가파른 언덕이었습니다. 주님께서 친히 끌려가시던 길이라 생각하니 마음이 더욱 무거웠습니다.

베드로 통곡교회 아래에는 가야바 대제사장 당시의 지하 감옥이 있었습니다. 예수님께서 목요일 밤에 그곳에 계셨던 것입니다. 감옥에 내려가볼 수 있다고 해서 들어가보니, 신부 한 사람이 성경 낭독대에서 성경을 읽고 있었습니다. 그가 성경 낭독을 마치자 함께 간 이익상 목사님께서 한글로 된 성경도 있으니 읽어보라 하셔서 펼쳐보니 시편 88편이었습니다.

낭독대에서 조용히 성경을 읽어내려가다가 목이 메었습니다. 하루 종일 기도하던 제 마음이 구구절절 그대로 씌어 있는 것 같았기 때문입니다. 낭독하다가 울음을 참느라 몇 번을 멈추어야 했습니다.

여호와여, 나를 구원하시는 하나님이여, 내가 밤낮으로 주께 부르짖습니다. 내 기도가 주 앞에 이르기를 바랍니다. 내 부르짖음에 귀를 기울여주소서. 내 영혼이 괴로움으로 심히 지쳐 내가 거의 죽을 지경에 이르렀습니다. 사람들도 내가 곧 죽게 되었다고 생각합니다. 나는 아무 힘이 없는 사람같이 되었습니다. 사람들은 나를 죽은 사람처럼 취급합니다. 무덤에 묻힌 사람처럼 쳐다봅니다. 주께서 더 이상 기억하지도 않는 자가 되었습니다. 더 이상 주의 보호를 받지 못하는 자가 되었습니다. 주께서 나를 깊은 구렁 속에 처넣었습니다. 가장 어둡고 음침한 곳에 던져넣었습니다. 주의 분노가 나를 짓누르며, 주의 파도가 나를 덮쳐 괴롭게 합니다. (셀라) 주께서 내 친구들을 내게서 떼어놓으시니 그들이 나를 싫어합니다. 내가 덫에 걸려 갇힌 몸이 되었습니다. 내 눈이 눈물에 젖어 흐려졌습니다. 오 여호와여, 내가 매일같이 주께 부르짖습니다. 내가 주를 향해 손을 들고 간구합니다. 죽은 자에게 주의 기적을 보이시겠습니까? 죽은 자들이 일어나 주를 찬송할 수 있겠습니까? (셀라) 무덤 속에서 주의 사랑을 어떻게 외치겠습니까? 죽은 자가 주의 신실하심을 어떻게 알리겠습니까? 주의 기적이 무덤 속에서 알려지겠습니까? 주의 신실하심이 잊혀진 땅에서 드러나겠습니까? 여호와여, 내가 주께 부르짖으며 도움을 청합니다. 아침마다 주께 기도를 드립니다. 여호와여, 어찌하여 나를 버리십니까? 어찌하여 내게서 숨으십니까? 어려서부터 나는 약하여 여러 번 죽을 뻔하였습니다. 주가 무서워 앞이 캄캄합니다. 주의 분노가 나를 휩

쓸고, 주의 두려움에 내가 죽을 것 같습니다. 매일같이 주의 분노가 홍수처럼 내게 밀어닥쳐 나를 덮쳤습니다. 주께서 나의 사랑하는 사람들과 친구들을 다 앗아가시니 어둠만이 나의 가까운 친구가 되었습니다.

시 88:1-18 쉬운성경

베드로 통곡교회 옆에 있는 옛 돌계단, 예수님께서 가야바 법정까지 끌려가셨을 것이라고 여겨지는 그 계단을 오르며 계속 기도했습니다.

"주님, 저는 더욱 주님만 붙잡습니다. 오직 주님께만 매달립니다. 주님만 바라봅니다."

20140418

어찌하여 나를 버리셨나이까?

성(聖) 금요일에는 실제 주님께서 십자가를 지고 가신 길을 걸어보고 싶었습니다. 그래서 아침 일찍 서둘러 비아 돌로로자, 십자가의 길을 걸었습니다. 사람들이 많을 것을 예상했지만, 올해가 가톨릭교회와 정교회의 부활절 날짜가 일치하는 해여서 그런지 사람들이 더 많았습니다. 길목 곳곳에 경찰들이 바리케이드를 치고 출입을 막아놓은지라 일찍 나섰지만 숨 막힐 듯 복잡한 거리와 인파 속에서 십자가의 길을 따라 걸었습니다. 그러면서 예수님 당시도 이와 크게 다를 바 없었다는 생각이 들었습니다.

십자가의 길을 걸어갈 때 제 마음을 사로잡는 것이 있었습니다. 죽음! 그렇습니다. 오늘은 죽음을 경험하였습니다. 마음은 끝도 없는 어두움의 심연으로 빠져듭니다. 눈에도, 코에도, 입에도 깊은 어둠이 덮였습니다. 아무것도 느껴지지 않고 아무 생각도 나지 않습니다. 허우적거려보지만 손에 잡히는 것이 없습니다.

지금 온 나라가 깊은 죽음을 경험하고 있습니다. 자녀를 둔 부모들은 더욱 그럴 것입니다.

"이삭을 바칠 때 아브라함이 이러했습니까?"

"독생자가 십자가에 달리는 것을 보시는 하나님의 마음이 이러하셨습니까?"

주님께서도 "나의 하나님, 나의 하나님 어찌하여 나를 버리셨나이까?"라고 부르짖으셨던 것을 기억합니다. 십자가! 십자가가 진정 이것입니까?

저녁이 되면서, 완전한 절망 가운데서도 믿음으로 주님을 붙잡습니다. 여전히 아무것도 보이지 않고 아무것도 들리지 않고 아무것도 느껴지지 않지만 주님은 여전히 나를 보실 것이고, 여전히 나를 들으실 것입니다. 그리고 결국 나를 일으키실 것입니다.

저는 오직 주님 안에 있으렵니다.

20140419

08

CHAPTER

세상에서 주님을
바라보는 훈련

마음을 열고 빛 가운데서 살라

영성일기를 쓰시라고 도전하면 일기를 공개해야 하는 것 때문에 머뭇거리는 분들이 많습니다. 그 마음은 충분히 이해하지만 머뭇거릴 문제가 아닙니다. 엘리야는 "너희가 어느 때까지 둘 사이에서 머뭇머뭇하려느냐"(왕상 18:21) 하고 책망하였습니다.

오늘 아침 요한복음을 묵상하다가 3장에서 크게 깨달은 것이 있었습니다. 흔히 중요한 요절로 요한복음 3장 16절을 꼽습니다.

하나님이 세상을 이처럼 사랑하사 독생자를 주셨으니 이는 그를 믿는 자마다 멸망하지 않고 영생을 얻게 하려 하심이라 하나님이 그 아들을 세상에 보내신 것은 세상을 심판하려 하심이 아니요 그로 말미암아 세상이구원을 받게 하려 하심이라 그를 믿는 자는 심판을 받지 아니하는 것이요 믿지 아니하는 자는 하나님의 독생자의 이름을 믿지 아니하므로 벌써 심판을 받은 것이니라 요 3:16-18

그런데 그다음에 하신 말씀을 기억하는 그리스도인들은 드뭅니다.

그 정죄는 이것이니 곧 빛이 세상에 왔으되 사람들이 자기 행위가 악하므로 빛보다 어둠을 더 사랑한 것이니라 악을 행하는 자마다 빛을 미워하여 빛으로 오지 아니하나니 이는 그 행위가 드러날까 함이요 진리를 따르는 자는 빛으로 오나니 이는 그 행위가 하나님 안에서 행한 것임을 나타내려 함이라 하시니라 요 3:19-21

예수님을 믿고 영생을 얻은 사람은 빛 가운데 사는 자이며, 멸망당할 자는 빛을 미워하고 어둠 속에 숨으려 하는 자라는 말입니다. 그러므로 예수님을 믿고 영생을 얻으려는 자는 항상 빛 가운데 살아야 함을 명심해야 합니다. 주님이 빛이시기 때문입니다.

빛 가운데 사는 것은 대단한 결단이 아닐 수 없습니다. 처음부터 완벽한 삶을 살라는 말이 아닙니다. 그것은 불가능한 일입니다. 우리가 할 수 있는 것은 자신의 모든 것이 다 드러나는 것을 감수하는 것입니다. 빛 가운데 나아가려면 허물과 죄까지도 감추거나 숨기지 않고 드러내야 하는 것입니다.

그런 점에서 우리는 본능적으로 빛보다 어둠을 더 사랑합니다. 수시로 어두운 곳에 있고 싶은 유혹을 느낍니다. 아무도 보지 않는 곳에 숨고 싶어 합니다. 육신으로 인해 악을 행하고자 하는 유혹이 늘 있고 자주 죄에 넘어지기 때문입니다. 그러나 빛으로 나아가기를 싫어하고 어둠 가운데 머물고 싶은 마음, 이것이 마귀의 덫이고 멸망할 자의 마음 상태임을 알아야 합니다. 빛 가운데 나서기 싫어하는 사람은 아직 예수님을 진정으로 주님이요 왕으로 영접하지 않는 사람입니다.

예수님을 믿고 영생을 얻은 우리는 어둠에 숨으려 하지 말고 빛 가운데로 나아가야 합니다. 그러면 어떻게 하는 것이 항상 빛 되신 주님 앞에 나아가는 것입니까? 저는 마음을 여는 것이 가장 중요하다고 생각합니다. 우리 마음에 빛이신 주님이 오시는 것입니다. 마음이 드러나면 완전히 드러난 것입니다. 저는 영성일기를 쓰고 그것을 지체들과 나누고 사는 것이 빛 가운데 사는 가장 놀랍고 효과적인 방법임을 깨달았습니다.

영성일기는 주님께 마음을 여는 것입니다. 마음을 여는데 왜 일기를 쓰냐 하면 자신의 마음을 자기도 잘 알지 못할 때가 많은데, 일기를 써 보면 자신의 마음이 어떤 상태인지 분명히 드러나기 때문입니다. 때론 괴롭기도 합니다. 갈등도 됩니다. 그러나 여기서 어둠 속에 숨어버리면 큰일입니다.

중요한 것은 주님께 마음을 열었다면 교회 지체들에게도 마음을 열어야 한다는 것입니다. 이미 주님께 연 마음을 지체들에게 열지 못할 이유가 없는 것입니다. 예수님께 마음을 열었지만 교회 지체들에게는 마음을 열지 못한다면 그것은 여전히 어둠 속에 숨으려고 하는 태도입니다. 그리고 그것은 그가 목사이든 중직자이든 그에게는 진정한 의미의 교회가 없다는 것을 의미합니다. 성령의 교통함으로 마음으로 연합한 지체가 없는 것이기 때문입니다.

예수님은 이와 같이 어둠 속에 숨으려 하는 태도를 엄히 경계하셨습니다.

> 사람들이 자기 행위가 악하므로 빛보다 어둠을 더 사랑한 것이니라 악을 행하는 자마다 빛을 미워하여 빛으로 오지 아니하나니 이는 그 행위가 드러날까 함이요 요 3:19,20

영성일기를 지체들과 나누는 것이 두렵다면 자신의 영적 상태가 어둠에 숨어 있다는 것을 깨달아야 합니다. 그것이 무엇인지 먼저 살펴야 합니다. 그것을 그대로 마음에 숨기고 살 것인지, 아니면 마음을 열어서 마음에서 내버릴 것인지 결단해야 합니다.

마음을 여는 것은 처음이 가장 어렵습니다. 마치 정리 안하고 살던 방을 공개하기로 결단하고 정리하려고 할 때 힘든 것과 같습니다. 그러나 한번 결단하고 마음을 정리하고 나면 그다음에는 결코 힘들지만은 않습니다. 오히려 정리하고 사는 것이 편안하고 기쁘다는 것을 알게 됩니다. 무엇보다 어둠이 수시로 들어오지만 결코 마음에 자리를 잡지 못하게 됩니다.

우리는 어둠 속에서 나와 빛 가운데 나아가기를 힘써야 합니다. 그것은 마음을 열고 또 열고 사는 것입니다. 영성일기를 나누다보면 나눔용 일기가 되는 유혹도 받습니다. 그러나 저는 나눔용이라도 긍정적으로

봅니다. 마음의 문을 조금만 열어도 빛은 그 안으로 들어가기 때문입니다. 그렇게 마음을 여는 데 익숙해지고 용기를 갖게 되는 것입니다.

항상 빛 가운데 살면 육신의 욕구대로 살지 않습니다. 이것이 처음에는 힘들지만 점차 놀라운 기쁨과 담대함을 얻게 됩니다. 점점 빛 가운데 사는 것이 편해지고 기뻐지고 더욱 빛 가운데로 나아가게 됩니다.

진리를 따르는 자는 빛으로 오나니 이는 그 행위가 하나님 안에서 행한 것임을 나타내려 함이라 하시니라 요 3:21

이것이 우리 영혼이 살길이며 주님과 동행하는 비결입니다.

이렇게 살라고 권하면 많은 반발을 자초할지도 모르겠습니다. 많은 그리스도인들이 제가 너무 지나치다고 할지도 모르겠습니다. 그러나 어둠에서 나오는 것은 그만큼 힘들고 두려운 일입니다. 더 이상 머뭇거려서는 안 됩니다. 때가 너무나 악합니다. 부작용의 문제, 방법의 문제, 지혜의 문제 등이 다루어져야 할 것입니다. 그러나 근본은 변함이 없습니다. 어둠을 사랑하지 말고 빛 가운데서 살아야 한다는 것입니다.

오늘도 간절히 기도합니다.

"주여, 제 안에 성령님으로 충만하게 하셔서 주신 사명을 온전히 감당하게 하소서. 저는 빛 가운데 살기를 원합니다. 제 마음에 빛으로 임하소서. 그래서 제 마음을 다 드러내소서. 그리하여 어두운 것이 제 마음에 자리 잡지 못하게 하소서. 저는 도저히 육신대로 살 수 없는 삶, 빛이신 주님과 동행하는 그 기쁨을 택하겠습니다." *20140423*

맛사다 근처 광야에서 하루를 보내고 예루살렘으로 돌아왔습니다. 광야에 있는 베두인 천막에서 하룻밤을 자고 아침에 일어나자마자 광야로 나갔습니다. 아침 해가 떠오르는 것이 장관이었습니다. 광야로 한참을 걸어나가 제가 지를 수 있는 가장 큰 목소리로 주 예수님을 불렀습니다. 제 마음은 정말 속이 다 뒤집어졌으면 하는 갈망으로 가득하였습니다.

해가 떠오르는 광야를 걸을 때 주님은 제게 지난번 광야에서 주일예배를 드렸을 때 하신 말씀을 다시 말씀하시는 것 같았습니다. 한마디로 이 광야에서 주님만 바라보고 살 수 있겠느냐는 것입니다.

잠시 묵상을 하였습니다.

'정말 광야에서 주님만 바라보고 살아?'

모든 것에서 떠나 주님만 바라보고 사는 것이 마음이 더 편하지 않을까 하는 생각도 들었습니다. 광야로 나간 수도사들을 이해할 수 있을 것 같았습니다. 주님만 바라보기에 아무것도 방해하는 것이 없으니 말입니다.

그러나 주님께서 말씀하신 의도는 광야에서 살라는 것이 아님을 깨달았습니다. 광야에서도 주님만 바라보고 사는 것은 대단히 어려운 일일 수 있다는 것입니다. 아무것도 없고 유혹받을 일이나 시험당할 일이 없어도 주님만 바라보아지는 것은 아니라는 것입니다. 예수님은 광야에서 마귀에게 세 번이나 시험을 받으셨습니다. 결국은 마음의 중심에서 주님을 항상 만나고 살 수 있느냐에 달린 것임을 깨닫습니다. 주님을 바라보지 못한다면 광야는 세상보다 더 큰 시험당할 곳임을 깨달았습니다. 이스라엘 백성들은 광야에서 끊임없이 하나님을 원망하고 시험하다가 다 죽고 말았습니다.

주님의 말씀은 광야에서 주님만 바라보는 심정으로 세상을 살라는 것 같았습니다. 세상에서 살아가야 하는 많은 그리스도인들에게 세상 속에서도 주님을 바라보고 살도록 도와야 할 일이 매우 중요하고 시급합니다. 주님만 바라보기에 너무나 힘든 세상입니다. 그렇기 때문에 세상에서 주님을 바라볼 수 있는 훈련이 더욱 필요합니다.

주님은 저부터 그렇게 살아야 한다는 마음을 주셨습니다. 세상에 살면서도 세상에 함몰되지 않고 주님만 바라보며 사는 것입니다. 그리고 그 열매를 많은 그리스도인들과 나누라는 것입니다.

광야에서 베두인 천막을 향하여 보니 광야 속에 오아시스입니다. 그곳에만 푸른 나무가 있고 풀이 있었습니다. 물이 있다는 말입니다. 광야에서도 물이 솟으니 사람 살 곳이 되었습니다. 그렇습니다. 아무리 광야라도 물이 있으면 사람이 살 수 있습니다. 그렇습니다. 생명의 물이신 주님이 마음에 계시면 비록 광야보다 더 광야 같은 세상이라 하더라도 생명이 충만한 삶을 살 수 있다는 것이 믿어졌습니다.

그래서 간절히 기도했습니다.

"주님, 저는 광야든 세상이든 상관하지 않겠습니다. 주님만 바라보며 사는 일을 계속할 것입니다. 어디에서 살든지 광야에서 주님만 바라보는 마음으로 살 것입니다. 제가 이렇게 하겠다 저렇게 하겠다는 것을 완전히 내려놓겠습니다. 주께서 제게 띠를 띠우시고 저를 이끄소서! 그것이 제 소원입니다."

　예루살렘으로 오는 길에 이스라엘 초대 총리 벤 구리온 생가(生家)가 있는 스데 보케르 키부츠를 방문하였습니다. 이 키부츠는 이스라엘 남부 네게브 지역에 있습니다. 1948년 이스라엘이 독립한 후 그들이 가장 주력했던 일 가운데 하나는 네게브 황무지를 개간하는 일이었습니다. 광야를 개간하면 살고 광야를 개간하지 못하면 죽는 것입니다. 이스라엘 땅의 90퍼센트 이상이 네게브처럼 황량한 황무지, 메마른 광야이기 때문입니다.

　송수관을 만들어 갈릴리 호수의 물을 끌어들이기도 했고 깊은 수맥을 찾아 지하수를 끌어올리기도 했으며, 바닷물을 담수화하기도 했습니다. 그 결과는 모든 사람을 놀라게 했습니다. 오늘날 네게브 황무지에서 밀과 같은 농작물을 비롯해 각종 과일이 생산되고 있으며 거기서 재배된 여러 가지 꽃들이 유럽 꽃시장을 석권하고 있습니다.

　이 역사는 벤 구리온 전 총리의 식견과 지도력 때문이었습니다. 그는 "이스라엘의 미래는 광야에 있다"라고 외쳤습니다. 그가 초대 총리직을 마무리할 즈음 에일랏에서 예루살렘으로 가는 길에 네게브 사막에 있는 이 키부츠 자리를 지나게 되었습니다. 그곳에 몇 명의 청년들과 몇 개의 천막이 있었기에 차에서 내려 청년들에게 무엇을 하느냐고 물었습니다. 그러자 그들은 2천 년 전에 이곳에 마을이 있었다는 이야기를 듣고 거기에 마을을 세우기로 했다고 대답했습니다.

　벤 구리온은 청년들의 말에 무척 감동을 받았습니다. 땅은 있지만 엄분이 너무 많고 그곳에 정착하기 위해서는 모든 것을 다시 시작해야 하는 네게브 지역의 사정을 잘 알고 있었기 때문입니다. 그는 그 자리에서 청년들에게 말하지 않았지만 스데 보케르 키부츠로 편지를 보냈습니다.

"저는 이전에 재물이나 학위 등으로 인하여 어떤 개인이나 단체를 부러워해본 적이 없습니다. 그러나 제가 여러분을 방문했을 때, 제 마음속에 생긴 일종의 부러움 같은 것을 극복하기 어려웠습니다. 나는 왜 그와 같은 일에 참여할 행운을 얻지 못했을까? ….."

약 6개월 후 그는 초대 총리직에서 물러나 스데 보케르 키부츠의 일원이 되었습니다. 그때 그의 나이는 이미 77세의 고령이었습니다. 그는 그곳에서 일체의 특별대우를 거부하고 손에 흙을 묻혀가며 땅을 일구는 일에 그의 여생을 바쳤습니다. 벤 구리온이 87세의 나이로 죽었을 때 그는 한 푼도, 단 하나의 저금통장도, 한 평의 땅도 자신의 소유로 남긴 것이 없었다고 합니다.

그러나 그는 말할 수 없는 정신적 유산을 남겨주었습니다. 그가 마지막 10년 동안 살던 집은 오늘날 '벤 구리온 기념관'으로 이름만 바꾸어서 그대로 보존되고 있었습니다. 그런데 막상 그곳에 가보니 제 눈에는 집이라기보다 초라한 조립식 오두막이었습니다. 그가 그곳에 살면서 황무지를 개간할 때 그를 찾아오는 세계적인 지도자들이 너무 많아 키부츠 측에서 할 수 없이 4평 정도 되는 손님맞이 방을 만들어주었다고 합니다. 그것이 그가 받은 유일한 특별대우였습니다. 그의 방에는 간디의 초상화가 걸려 있었습니다. 위대한 정신적 지도자는 서로 존경하게 되는 모양입니다.

벤 구리온이 살던 집을 둘러보고 나오는데, 아침에 광야에서 "나만 믿고 광야에서 살 수 있느냐?"고 하신 주님의 말씀이 생각났습니다. 벤 구리온은 이미 시도했다는 것을 알았습니다. 그리고 그렇게 할 수 있음을 증명하였습니다. 제 마음이 뛰는 것을 느꼈습니다. 주님께서 제게 원하시는 것이 무엇인지 지금은 알 수 없지만 광야에서 주님만 믿고 사는 믿음이 필요한 것만은 분명해 보입니다.

20140424

주님을 바라보는 일에 연합하라

24시간 주님을 바라보는 일에는 연합이 필요합니다. 모든 사람들에게는 주님과의 친밀함에 대한 갈망이 있습니다. 하지만 작심삼일 수준으로 계속 무너졌다 일어섰다를 반복합니다. 그러므로 서로 손을 잡고 함께 주님을 바라보며 나아가야 하는 것입니다. 지금 한국 교회는 주님과 온전히 동행하는 목회자들과 평신도 리더들이 필요합니다. 한두 사람으로는 안 됩니다. 거룩한 무리로 일어나야 합니다.

이번 세월호 사고를 지켜보는 마음은 비참함 그 자체였습니다. 어른 세대가 지도자답지 못해서 다음 세대가 엄청난 희생을 당했습니다. 희생할 줄 아는 사람만이 지도자가 될 수 있습니다. 이것을 모르는 지도자는 없을 것입니다. 문제는 죽느냐 사느냐 갈림길에 섰을 때, 많은 지도자들이 자신의 목숨 지키는 길을 택한다는 것입니다. 자신도 모르게 본능에 따라서 움직이는 것입니다. 지도자가 되었지만 지도자로서의 삶은 훈련받지 못했기 때문입니다. 세월호 선장과 선원들에게 위기 상황에 대처하는 매뉴얼이 없었던 것도 아니고 몰랐던 것도 아닙니다. 단지 위기 상황에서의 판단과 행동이 매뉴얼대로 움직여지는 훈련이 턱없이 부족했던 것입니다.

한국 교회도 마찬가지입니다. 예수님께서 우리에게 가르쳐주신 리더십은 참회의 리더십, 겸손의 리더십, 섬기는 리더십, 양을 위하여 생명을 버리는 리더십입니다. 그것이 모두가 사는 길이고 열매가 풍성해지는 열쇠입니다.

> 내가 진실로 진실로 너희에게 이르노니 한 알의 밀이 땅에 떨어져 죽지 아니하면 한 알 그대로 있고 죽으면 많은 열매를 맺느니라 요 12:24

이것을 모르는 교회 지도자는 없을 것입니다. 그러나 문제는 안다고 해서 그대로 사는 것이 아니라는 것입니다. 한국 교회는 부끄러운 과거를 가지고 있습니다. 일제 시대 때 많은 교회 지도자들이 신사참배에 앞장섰습니다. 신사참배가 우상숭배라는 것을 몰라서가 아니었습니다. 핍박이 무서웠고 순교가 두려웠던 것입니다. 어린 자식의 우는 소리에 순교의 길에서 돌아서고 변절의 길을 걸은 이들이 많았습니다. 몰라서 그런 것이 아니었습니다. 일상의 삶에서 주님 말씀대로, 주님의 인도함을 받아 살지 않았기 때문에 위기 상황에서 말씀대로 살아지지 않았던 것입니다.

자신의 생명을 버리는 일이 어떻게 배워서 가능하겠습니까? 자신의 생명보다 더 귀한 주님을 매일 바라보며 살았던 사람만이 자신의 생명을 버릴 수 있는 것입니다. 광야보다 더 광야 같은 세상에서 살아가기 위해 우리에게 필요한 것은 24시간 주님을 바라보며 사는 훈련, 훈련 그리고 훈련입니다. 24시간 주님을 바라보는 훈련의 궁극적 목표는 결정적으로 주님의 인도하심을 받아야 할 순간에 주님께 자동 반응하도록 몸이 익숙해지는 것입니다.

아브라함은 정말 대단한 사람입니다. 사랑하는 독자(獨子) 이삭을 바치라는 하나님의 음성을 들을 수 있었던 사람입니다. 그 말씀에 순종하여 아침 일찍 하나님이 지시한 산으로 떠날 수 있었던 사람입니다. 아들에게 칼을 내리칠 수 있었던 사람입니다. 하나님께서 다급히 아브라함을 막으실 때 하나님께 반응할 수 있었던 사람입니다. 이것이 어떻게 결심만으로 가능했겠습니까? 매일 매 순간 하나님을 바라보며 살지 않았다면 어떻게 이렇게 할 수 있었겠습니까? 그래서 24시간 주님과 동행하는 삶을 살자고 호소하는 것입니다.

군인이나 항해사나 항공기 조종사나 우주인은 악천후, 조난, 화재 같은 극한 상황을 체험하는 시뮬레이션 훈련을 합니다. 극도의 스트레스를 받는 상황에 몰아넣고 배나 항공기 그리고 부하들을 지휘하고 명령하는 법을 실전처럼 익히게 합니다. 교회 지도자들이야말로 그렇게 해야 합니다. 잘 알던 말씀이고 사랑한다던 주님이지만, 결정적인 순간에 주시는 다급한 말씀에 반응하지 못하고 육신을 따라 행동하게 된다면 이 얼마나 통탄할 일입니까? 평소 주님과 동행하지 않다가 당황스러운 일이 일어났을 때 주님의 인도를 받으려고 하면 그것이 어떻게 가능하겠습니까?

더 늦기 전에 24시간 주님을 바라보며 살기 위하여 서로 손을 잡기를 호소합니다. 혼자서는 못합니다. 조용히 결심했다가 조용히 그만두고 맙니다. 24시간 주님을 바라보는 자가 되어야 한다는 것을 명심해야 합니다. 서로 격려하고 붙들어주면서 함께 주님을 바라보며 나아가야 합니다. 그러면 누구나 일상적인 삶에서 주님을 바라보는 눈이 열리게 될 것입니다.

오직 오늘이라 일컫는 동안에 매일 피차 권면하여 너희 중에 누구든지 죄의 유혹으로 완고하게 되지 않도록 하라 히 3:13   *20140424*

부활의 주님과 동행하라

부활절 예배를 드렸던 예루살렘에 있는 정원 무덤에는 예수님의 빈 무덤이라고 추정되는 무덤이 있습니다. 그 무덤 문에는 다음과 같이 씌어 있습니다.

"He is not here, for he is risen."

이곳이 비록 예수님이 묻히셨던 곳일지라도 예수님은 지금 이 무덤에 계시지 않는다는 것입니다. 빈 무덤을 돌아 나오며 이런 생각을 하였습니다.

'그러면 부활하신 예수님께서는 지금 어디 계신다는 말인가?'

예수님의 부활의 현장인 빈 무덤이 실제 어디냐 하는 것은 아직도 논란 중에 있습니다. 이것은 역설적으로 "예수님의 빈 무덤이 어디냐?" 하는 것이 별로 중요하지 않다는 것을 말해주는 것입니다. 초대 교회 교인들에게 빈 무덤이 어디냐 하는 문제는 중요하지 않았음이 분명합니다. 부활의 주님이 자신들과 함께하셨기 때문일 것입니다.

예수님께서 부활하신 것을 확인하기 위해서 빈 무덤을 찾아가는 것은 의미가 있을 것입니다. 그러나 부활하신 예수님을 만나기 위해서 빈 무덤을 찾아가는 것은 어리석은 일입니다. 부활하신 주님은 우리 마음에 임하셨기 때문입니다. 하나님 보좌 우편에 계시지만 모든 그리스도인의 마음에도 임하셨습니다.

너희가 아들이므로 하나님이 그 아들의 영을 우리 마음 가운데 보내사 아빠 아버지라 부르게 하셨느니라 갈 4:6

그렇습니다. 부활의 주님은 지금 우리 안에 계십니다.

너희는 믿음 안에 있는가 너희 자신을 시험하고 너희 자신을 확증하라 예수 그리스도께서 너희 안에 계신 줄을 너희가 스스로 알지 못하느냐 그렇지 않으면 너희는 버림 받은 자니라 고후 13:5

수많은 그리스도인들이 부활의 주님을 믿으면서도 죽음도 두렵지 않은 부활 신앙으로 살지 못하는 이유는 마음에 임하신 부활하신 주님을 보는 눈이 가려져 있기 때문입니다. 엠마오로 가는 두 제자도 예수님께서 부활하셨다는 소식을 분명히 들었고 부활하신 주님을 만나 동행하면서 대화도 하였지만 예수님을 알아보지 못하였습니다. 슬픔 때문에 영적인 눈이 가려졌기 때문입니다.

"무엇이 여러분을 힘들게 하고 있습니까?"

두려움과 불안, 실망과 분노 등 우리를 힘들게 하는 것은 다양하지만 원인은 오직 하나입니다. 부활하셔서 지금 마음에 임하신 주님을 바라보는 눈이 뜨이지 않았기 때문입니다.

베드로에게 물어봅시다.

"예수님을 세 번이나 부인하던 당신이 어떻게 위대한 사도가 되었습니까?"

"부활하신 예수님이 나와 함께하시기 때문입니다!"

사도 바울에게 물어봅시다.

"예수 믿는 자를 핍박하던 당신이 어떻게 예수 때문에 순교하는 자가 되었습니까?"

"부활하신 예수님이 나와 함께하시기 때문입니다."

도마에게 물어봅시다.

"당신은 그렇게 의심이 많았는데, 어떻게 충성스런 종이 되었으며 순교자가 될 수 있었습니까?"

"부활하신 예수님이 내 마음에 계시기 때문입니다."

우리는 예수님이 부활하셨음을 아는 자가 아니라 부활의 주님과 동행하는 자입니다! 부활의 예수님을 모시고 사는 자, 보배를 질그릇에 간직한 자들입니다. 그것 하나면 충분합니다!

'잔디밭'이라는 제목의 시 하나를 소개해드리고 싶습니다.

너무 작게 태어나 혼자서는 아무것도 할 수 없어,
우리 서로 모아본 정성이 주님 쉬어갈 자리가 되었습니다.
꽃잎이 아니라면 향기라도 주시지, 밟혀서 살아나는 모진 목숨,
그러나 주님 앉았다 가시는 흰 옷자락 더럽혀서는 안 될 까닭이었다면,
주님의 뜻은 내 하늘이요, 내 땅입니다.
겸손으로 거듭나는 이 계절, 모두 다 아름다운 옷으로 갈아입고 있을 때,
우리는 단 한 벌 있는 푸른 가슴을 주님, 당신께 드리겠습니다.

한국 교회와 민족과 열방 앞에서 우리는 잔디처럼 너무나 미미한 존재입니다. 그러나 미미한 존재 가운데 주님이 오시면 너무나 소중한 자가 됩니다. 때로 나는 꽃잎도 없고 향기도 없다고 불평하지만, 꽃밭이라면 어떻게 주님이 앉으셨겠습니까? 미미하고 화려하지도 않은 잔디밭이기에 주님께서 앉았다 가실 수 있었던 것입니다. 주님이 편히 앉으실 수 있다면 차라리 꽃이기보다 잔디가 되고 싶습니다.

잔디는 미미한 존재이지만 여럿이 모이면 아름답고 편안한 잔디밭이 됩니다. 약한 자라 할지라도 손에 손을 잡고 연합하는 것이 이렇게 중요합니다. 한 사람 한 사람은 미미할지라도 오직 주님을 바라보는 자가 되기 위하여 연합한다면 주님이 앉으셔서 천국 복음을 전하실 잔디밭이 될 것입니다.

부활절 절기는 지나갔지만 제 마음은 언제나 부활절입니다. *20140425*

PART 2

마음에 임하는 말씀의 역사

09
CHAPTER

모든 문제의
해답이신 예수님

잠시 한국을 들렀을 때 느낀 답답함은 이스라엘에서와 엄청나게 달랐습니다.

"주님의 뜻은 무엇인가요?"

"……."

오랫동안 주님의 말씀을 알아듣지 못하는 답답함이 계속됩니다.

무엇이라 할까요? 희생자 가족들에게, 너무나 무책임했던 선장과 선원들 그리고 정부 당국자들에게, 여전히 이기적인 계산만 하는 많은 사람들에게, 분노하고 좌절하는 국민들에게, 그리고 한국 교회에…. 너무나 처지가 다릅니다. 이 말을 하면 저들에게는 부족하고, 저 말을 하면 이들에게는 아쉽습니다. 말씀의 부재입니다. 이것이 주님의 뜻이라고 선명하게 전할 말씀이 없는 것이 저를 좌절시킵니다.

세월호는 저의 영적 상태를 그대로 드러내준 사고였습니다. 오늘 새벽 기도 자리에서 제가 지금 겪는 이 답답함으로 인하여 눈물이 쏟아졌습니다.

'그동안 24시간 주님을 바라본다고 했던 것이 다 허사였다는 말인가?'

주님께 어찌 답이 없겠습니까? 그러나 저는 주님이 가지신 답을 알지 못합니다. 그만큼 제 안에 영적으로 주님과의 사이를 가로막고 있는 어두운 것들이 많다는 증거겠지요! 제 마음에 드리워진 영적 어두움은 정말 끔찍한 것입니다. 선악과를 따 먹은 후 아담과 하와의 마음이 이러했을까요? 그러나 눈물의 기도 중에 주시는 위로가 있었습니다. 가슴이 터질 듯이 답답하면서도 예배를 드릴 때마다 누리는 은혜가 있습니다. 성경을 읽다가 받는 놀라운 깨달음이 동일합니다. 수시로 마음이 뜨거워져 눈물로 부르짖게 됩니다. 은혜의 샘은 여전하다는 것을 깨닫습니다.

저는 비록 주님의 뜻을 온전히 깨닫지 못하는 연약한 상태에 있지만, 주님이 저와 함께하시는 것이 분명하다는 것은 얼마나 큰 위로가 되는지 모릅니다. 그러면서 또 깨달아졌습니다. '말씀의 부재'에 대하여 부끄러워하지 말라는 것입니다. 오히려 주님으로부터 말씀을 듣지 않고도 자기 말을 주의 말씀처럼 전하는 것을 두려워해야 한다는 것입니다. 얼마나 많은 설교자들이 이 함정에 빠져 있는지, 생각만 해도 두렵습니다.

욥의 세 친구들이 생각났습니다.

'사람이 아는 것이 얼마나 한계가 있으며 사람의 지혜가 얼마나 하찮은 것인가?'

그동안 제가 가진 얄팍한 지식과 일천한 경험으로 지혜자인 체했던 것들이 부끄러웠습니다. 저는 답을 가진 사람이 아닙니다. 모든 문제의 답은 주 예수님뿐입니다. 주님께서 분명히 알게 하시면 목숨도 걸어야 하겠지만 주님의 뜻을 분명히 알지 못할 때는 입을 닫고 눈물로 기도하는 것이 종이 취할 마땅한 자세입니다.

24시간 주님을 바라본다면서 주님의 말씀 하나 분명히 깨닫지 못하느냐는 조롱을 받는 것보다 주님께서 주시는 말씀을 바로 알아듣지 못했으면서 자신의 생각을 주님의 말씀처럼 전하는 것이 더 두렵습니다.

> 그때에 이스라엘에 왕이 없으므로 사람이 각기 자기의 소견에 옳은 대로 행하였더라 삿 21:25

말씀의 부재, 참으로 부끄럽고 답답하지만 솔직히 고백할 수밖에 없습니다. 그리고 눈물로 말씀이신 주님만 바라봅니다. *20140429*

선 명 한 답 이 없 을 지 라 도

목사로서 가장 힘든 점은 교인들이 항상 제가 답을 가지고 있을 거라고 여기는 것입니다. 솔직히 말해서 저도 답을 몰라 답답할 때가 훨씬 많습니다. 세월호 사고로 인하여 제가 겪는 고통은 명확한 답을 찾기 어렵다는 것입니다.

"하나님께서는 왜 이런 비참한 일을 막아주지 않으신 것일까?", "구하라 그리하면 주실 것이라 하셨는데, 정말 기도하면 다 응답받는 것인가?", "항상 기뻐하라 하셨는데, 정말 항상 기뻐할 수 있는 것인가?", "사랑이 제일이라 했는데, 정말 사랑만 하며 살 수 있는 것인가?" 이런 초신자 수준의 질문 앞에서 저도 쩔쩔매고 있습니다. 머리로 아는 대답이 대답이 되지 못하는 것을 느끼기 때문입니다.

"너도 나도 분노를 토해내고 있는데, 도대체 이 나라는 어디서부터 어떻게 고쳐가야 하는 것인가?", "성숙하고 존경받는 지도자의 부재가 안타깝지만 대안은 어디에서 찾아야 하는가?", "회개해야 한다는 것은 알겠는데, 우리가 회개해야 할 진정한 죄는 무엇인가?", "재앙보다 더 무서운 것은 서로 정죄하고 분열하는 것인데, 어디에서 하나 됨의 실마리를 찾아야 하는가?", 이런 질문 앞에서 저는 더 초라해지기만 할 뿐입니다. 질문하기는 쉽지만 대답하기는 정말 어려운 것이 많습니다.

톰 라이트(Tom Wright, 영국의 신약학자)가 강연 후 질문 시간을 가지면, 청중 중에 "아주 단순한 질문이 하나 있습니다"라고 말하는 이들이 꼭 있다고 했습니다. 질문은 대략 "하나님은 정확히 누구입니까?", "창조 전에는 무엇이 있었습니까?", "하나님이 선하시다면 왜 악이 존재합니까?" 이런 것이었다고 했습니다.

그러면 그는 말했습니다.

"질문은 정말 단순할지 몰라도 답변은 그렇지 않습니다."

우리는 주님께 간단명료한 질문을 수도 없이 드립니다. 그런데 주님의 대답이 언제나 간단명료하지 않아 보입니다. 그래서 당황하게 됩니다. 한동안 저는 정답을 제시해야 한다는 강박관념이 있었습니다. 그것이 목사의 자격이고 목사다운 태도라고 생각하였습니다. 그러나 24시간 주님을 바라보면서 배운 것이 있다면, 어떤 문제에 섣불리 답을 내리지 말아야 한다는 것입니다. 정답이라고 제시한 것이 오히려 기독교나 주님의 뜻을 왜곡할 때가 많았고 오히려 침묵이 답일 경우가 많았습니다.

독일의 유태인 말살정책에 의해 아우슈비츠 수용소에 끌려갔다가 구사일생으로 살아 돌아온 엘리 비젤(Elie Wiesel)은 열다섯 살에 유태인 수용소로 가게 되었습니다. 어머니와 누이들은 산 채로 소각로에 던져져 죽임을 당했고, 그는 아버지와 수많은 사람들과 함께 기차의 한 화물칸에 실려 다른 수용소로 수송되었습니다. 그러나 도중에 추위와 굶주림과 질병으로 대부분이 죽고 그와 아버지를 포함해 10명만이 겨우 살아남았습니다. 하지만 쇠약할 대로 쇠약해진 아버지도 결국 산 채로 화장장에 넣어져 죽임을 당했습니다.

엘리 비젤은 열여섯 살이 되던 해 전쟁이 끝나서 자유의 몸이 되었고 1986년에는 인권 운동가로서 노벨 평화상을 받았습니다. 그의 회고록 《밤》(Night)은 바로 이런 자신의 체험을 바탕으로 해서 쓴 것입니다. 수용소 화장장에서는 화부로 뽑힌 건장한 유태인들이, 살아 있지만 건강이 악화된 유태인들을 화덕에 집어넣는 일을 해야만 했습니다. 아들이 아버지를 화덕에 던져야만 하는 일도 있었습니다.

그렇게 죽이고 죽어가는 장면이 이제는 예사로워 감정이 마비된 줄 알았던 어느 날, 수용소 안에는 두 남자와 한 어린아이의 교수형 집행이 있었습니다. 그때 장면이 이렇게 묘사되어 있습니다.

제물 세 사람은 의자 위로 올라갔다. 세 사람의 목은 똑같은 순간에 올가미에 끼워졌다. "자유 만세!" 어른 두 사람이 소리를 질렀다. 그러나 아이는 말이 없었다.

"하나님은 어디 있는가? 그는 어디에 있는가?"

내 뒤에서 누군가 물음을 던졌다. 질문은 간단했지만 답은 너무나 힘들었다.

수용소 소장의 신호가 있자 세 의자가 쓰러졌다. 수용소 전역에 정적이 끼쳤다. 지평선 위로 해가 넘어가고 있었다. 얼마 후 두 어른은 이미 살아 있지 않았다. 그들의 늘어진 혀는 부어 오른 채, 푸른 색깔로 변해 있었다. 그러나 세 번째 줄은 아직 움직이고 있었다. 몸이 너무 가벼웠기 때문에 아이가 아직 살아 있었던 것이다. 아이는 반 시간 이상이나 거기에 그대로 두어져 생과 사의 갈림길에서 버둥거렸고, 우리 눈앞에서 단말마의 고통을 당하면서 서서히 죽어갔다.

우리는 소년의 얼굴을 똑바로 쳐다봐야 했다. 내가 그 앞을 통과했을 때에도 소년은 아직 살아 있었다. 그의 혀는 여전히 붉었고 두 눈도 아직 흐려지지 않았다.

내 뒤에 있는 사람이 또 물음을 던지는 소리가 들렸다.

"하나님은 지금 어디에 있는가?"

그때 나는 나의 내면에서 그에게 대답하는 어떤 음성을 들었다.

"그분이 어디 있느냐고? 그분은 여기 있어. 여기 저 교수대에 매달려 있어."

독일의 신학자 위르겐 몰트만이 이를 소재로 《십자가에 달리신 하나님》이라는 책을 썼습니다. 그러나 이것이 답이 되었을까요? 이 말을 듣고 수용소에 있던 사람들의 마음이 풀어졌으리라 믿어지지 않습니다. 그렇지만 하나님을 바라볼 힘은 얻었을 것입니다. 주님을 믿고 살려면 답이 없이 사는 것을 배워야 합니다. 답이 없지만 주님을 바라보고 살 수 있다면 그는 놀라운 기독교인의 삶을 살게 됩니다.

제가 신학생 때 어머니가 갑작스레 돌아가셨습니다. 눈앞이 캄캄했고, 우리 가정에 짙은 먹구름이 드리워지는 것을 느꼈습니다. 하지만 장례를 치르고 나서도 저는 주님으로부터 아무런 대답을 들을 수 없었습니다. 그것은 지금도 마찬가지입니다. 지난 30여 년을 돌아보면 답이 없었지만 계속 주님을 바라보고 더욱 갈망하며 살아왔음을 깨닫습니다. 그리고 어느 순간 제 마음의 먹구름이 사라졌습니다.

가정은 명쾌하고 선명한 답을 붙잡고 사는 공동체가 아닙니다. 가족이라는 인격적인 관계 안에서 사는 믿음의 공동체입니다. 교회도 마찬가지입니다. 믿음이라는 것은 답을 모르는 상황에도 계속 주님을 바라보며 살아가는 것입니다. 명쾌하고 선명한 답을 따라 사는 것이 믿음이 아닙니다. 믿음은 인격이신 주 예수님을 따라 사는 것입니다.

십자가의 죽음 이후 예수님이 묻히신 무덤을 찾아갔던 여인들은 선명한 답이 있어서 그리했을까요? 초대 교회의 무서운 핍박의 현실에서 여전히 믿음을 지켰던 이들은 선명한 답이 있어서 그리했을까요? 그러므로 선명한 답이 없는 가운데서도 함께하시는 주님을 더욱 바라보고 한 걸음씩 나아가는 태도가 정말 중요합니다.

이런 삶에 익숙하지 않은 사람은 신앙에 대해 회의하고 방황하게 됩니다. 신앙을 교리나 지식으로만 여겼지 주 예수님을 바라보고 순종하는 훈련이 없었기 때문입니다.

안식년 일정에 따라 오늘 다시 미국으로 떠납니다. 안식년을 시작했던 2개월 전과 비교하면 오히려 마음이 더 혼란스러워졌습니다. 그렇기 때문에 더욱 주 예수님을 바라보려고 합니다. 선명하고 분명한 답이 없는 중에 오히려 24시간 주 예수님을 바라보려고 합니다.

저는 선명한 답을 붙잡고 사는 자가 아닙니다. 주 예수님을 바라보고 사는 자입니다. 그러면 주 예수님은 결국 제 마음을 시원케 해주실 것을 믿습니다.

예수께서 이르시되 내가 곧 길이요 진리요 생명이니 나로 말미암지 않고는 아버지께로 올 자가 없느니라 요 14:6

아멘입니다. 주님!   20140430

나 는 왜 살 아 있 는 가 ?

안식년 중 이스라엘에서의 일정을 마치고 미국으로 오기 전 항공권 때문에 잠깐 한국에 들렀을 때, 부목사님들과 가볍게 차를 마시는 시간을 가졌습니다. 제가 없는 교회의 이런저런 형편에 대해 대화하려던 것이 어쩔 수 없이 세월호 참사에 대한 슬픔과 분노를 나누는 자리가 되고 말았습니다. 대화는 하였지만 이 상황에서 주님의 뜻이 무엇인지 누구도 선뜻 답을 제시하지 못했고 시간이 꽤 오래 흘렀지만 마음만 더 답답해졌습니다.

그때 엄재현 목사님이 존 맥아더 목사님이 9·11 테러가 났던 주일, 교회에서 하셨던 설교에 대해 말씀하셨는데, 모두들 마음에 깊은 도전을 받았습니다. 존 맥아더 목사님은 훌륭한 성경교사요 설교자로 정평이 나 있는 분입니다(물론 제가 모든 면에서 그 분에게 동의하는 것은 아니지만 성경에 대한 그의 단호한 태도와 성경의 기본으로 돌아가자는 강조에 깊이 공감하며 그 분의 책을 읽고 있습니다).

미국으로 오는 길에 존 맥아더 목사님의 설교를 찾아 읽어보았습니다. 그 설교는 존 맥아더 목사님이 목회 40년을 맞아, 1969년부터 2008년까지 하신 2,000회가 넘는 주일설교 중 교인들이 'Best of Best'라고 뽑은 12편의 설교를 담아 출간한 《최고의 설교》(국제제자훈련원, 2012) 중 10장에 실려 있었습니다.

저는 이 설교를 통해 제 마음이 깊은 어두움의 터널에서 벗어나 한 줄기 빛을 발견한 기쁨을 얻었습니다. 존 맥아더 목사님은 9·11 테러로 인한 충격에서 벗어나지 못한 채 "왜 하나님은 이런 일이 일어나게 놔두십니까?" 하고 묻는 이에게 대답하였습니다.

"'이런 일'은 누구에게나 일어납니다. 우리의 원수인 마귀는 창세 이후부터 지금까지 쉬지 않고 끊임없이 미혹과 거짓으로 우리를 넘어뜨리려하고 있습니다. …그러므로 세상이 어지럽습니다. 미래에 대한 불안감은 좀처럼 수그러들지 않습니다. …원인을 알 수 없고 납득이 가지 않는 일들이 눈앞에 버젓이 펼쳐집니다. …생각하면 할수록 고통스럽고 불편하여 실상을 또렷이 보고 싶지 않지만, 이는 우리가 살아가는 이 시대의 '민낯'입니다."

그러면서 맥아더 목사님은 이런 상황에서 우리가 던져야 할 근본적인 질문이 있다고 하였습니다. 세상은 원수 마귀가 쉬지 않고 역사하고 있으며 억울하고 불의한 죽음을 맞이하는 이들이 너무나 많은데, 그럼 우리는 왜 살아 있느냐는 것입니다.

그러면서 도전하였습니다.

"이제 삶과 죽음을 좀 더 진지하게 생각할 때입니다. 파티와 게임은 그만하면 됐습니다."

안식년이 시작되면서 마음을 힘들게 하는 일들이 연속적으로 일어났습니다. 이스라엘에서 머물던 중 이집트에서 있었던 폭탄 테러의 진상에 대하여 생생한 증언을 들을 수 있었습니다. 너무나 마음이 아팠습니다. 경주의 한 리조트에서 일어난 대학생들의 죽음 그리고 세월호 참사. 그 밖에 갑작스레 이해할 수 없는 죽음을 맞이한 주변 사람들의 사연들도 마음 아프기는 매한가지였습니다.

"하나님, 도대체 왜 이런 일들이 일어나며, 왜 하필 그들이 그런 억울하고 비참한 죽음을 당해야 하는 것입니까?"

이렇게 기도할 때 주님의 대답을 선명하게 듣지 못하는 답답함은 견디기 어려운 일이었습니다. 그러나 질문이 바뀌기 시작하였습니다.

"여전히 악이 득세하는 세상인데 나는 왜 여전히 살아 있는 것입니까?"

질문이 달라지니 많은 것이 정리되기 시작하였습니다. 기도가 힘을 얻기 시작했습니다. 말씀 묵상이 깊어지기 시작하였습니다. 존 맥아더 목사님의 말씀처럼 삶과 죽음을 좀 더 진지하게 생각하게 되었습니다.

"파티와 게임은 그만하면 됐습니다."

이번에 미국을 방문한 목적 중 하나가 90세가 되신 양아버지를 찾아뵙는 것이었습니다. 연로하신 아버지 어머니와 며칠을 함께 지내면서 아내와 함께 무릎을 꿇고 안수기도를 받았습니다. 아버지는 힘이 없고 떨리는 목소리로 기도하셨지만 기도의 내용은 강력한 것이었습니다. 제가 가야 할 길이 분명해집니다. 덤으로 사는 삶임을 알게 됩니다. 그러니 피곤하다, 힘들다, 괴롭다 하고 있을 수만은 없습니다.

존 맥아더 목사님은 "그리스도의 복음은, 지금도 여전히 힘이 있습니까?" 하고 묻는 이에게 도리어 되물었습니다.

"그런데 당신은 정말 복음을 가졌습니까? 그저 입맛에 맞는 '기분 좋은 소식'이 아닌 그리스도의 십자가 참 복음을, 당신은 가졌습니까?"

이제 제가 이 질문에 대답할 차례가 된 것입니다.

오늘 "나는 왜 살아 있는 것입니까?" 하고 주님께 진지하게 질문해보시기 바랍니다. 그리고 선명한 답을 얻게 되시기를 축복합니다. *20140507*

마음과 생각을 지키는 훈련

요즘처럼 사람에 대한 좌절이 큰 적이 없고 저 자신에 대하여 두려운 적이 없었습니다. 아마 다른 사람들은 제 심정을 이해하기 어려울 것입니다.

예수님께서 영생의 말씀을 하실 때 많은 무리들이 떠나고 제자들만 남아 있었습니다. 그때 예수님께서 폭탄선언을 하셨습니다.

> 내가 너희 열둘을 택하지 아니하였느냐 그러나 너희 중의 한 사람은 마귀니라 하시니 요 6:70

예수님께서 가룟 유다를 염두에 두고 이 말씀을 하신 것이 분명한데, 왜 가룟 유다만을 따로 불러 꾸짖으시지, 모든 제자들 앞에서 이 말씀을 하셨을까요? 나머지 제자들이 얼마나 놀라고 충격을 받았겠습니까? 그러나 예수님께서 의도적으로 그리하신 것 같다는 생각이 듭니다. 다른 제자들도 명심해야 한다는 것입니다.

"나의 제자라고 하는 너희도 마귀가 될 수 있다!"

실제로 베드로도 마귀 역할을 했던 적이 있었습니다. 마태복음 16장에서 예수님께서 십자가의 길을 가실 것에 대해 말씀하셨을 때, "주여 그리 마옵소서. 이 일이 결코 주께 미치지 아니하리이다" 하며 강하게 가로막는 베드로에게 예수님은 "사탄아, 내 뒤로 물러가라 너는 나를 넘어지게 하는 자로다"라고 말씀하셨습니다. 베드로도 그럴 수 있다면 우리도 그럴 수 있다는 말입니다.

마귀는 심지어 예수님께도 "내게 절하면 세상을 다 주겠다"고 유혹했습니다. 이것이 저를 두렵게 하는 것입니다.

몇 주간, 계속해서 저 자신을 깊이 점검하는 시간을 보내고 있습니다.

그것은 마음과 생각을 지키는 훈련이기도 합니다. 마귀가 우리를 지배할 때, 먼저 '생각'을 통해 역사하기 때문입니다. 예수님도 베드로에게 이렇게 말씀하셨습니다.

사탄아 내 뒤로 물러 가라 너는 나를 넘어지게 하는 자로다 네가 하나님의 일을 생각하지 아니하고 도리어 사람의 일을 생각하는도다 마 16:23

마귀가 벌써 시몬의 아들 가룟 유다의 마음에 예수를 팔려는 생각을 넣었더라 요 13:2

그러니 마음을 지킬 줄 모르면서 어떻게 주의 종의 일을 하겠다고 나서겠습니까? 결국 수많은 사람들을 실족시키는 자가 되지 않겠습니까?

마음을 지키는 것이 가장 힘들 때가 감정이 섞일 때입니다. 어제 유홍수 장로님을 비롯해서 한국에서 온 교인들을 만났습니다. 공항에서 교우들을 한 분 한 분 만날 때마다 마음이 들뜨는 것 같았습니다. 정말 반갑고 사랑스러웠습니다. 교우들과 밀린 이야기도 나누고 식사도 하면서 행복했습니다. 그러면서 세월호 참사로 온 국민이 힘들어하는 이때에 '내가 이렇게 행복해도 되나?' 하는 생각이 자꾸 들었습니다. 지금은 행복한 것도 죄요, 웃는 것도 죄인 시절입니다.

솔직히 지난 두 주간, 여행을 하면서 자꾸 우울해지고 침묵하게 되는 것이 무척 힘이 들었습니다. 저뿐만 아니라 함께한 가족들과, 만나는 사람들까지 힘들게 한 것 같습니다. 언제 마음껏 웃을 수 있을까요? 그래서 기도했습니다.

"교인들을 만나 그들이 사랑스럽고 그들과 대화하는 것이 행복한 것을 어떻게 합니까?"

그때 주님도 십자가를 지시기 전 그 기가 막힌 상황 속에서 제자들을 사랑하시되 끝까지 사랑하셨다는 말씀이 기억났습니다. 결국 사랑만 하며 사는 자로 세우기 위해 예수님께서 십자가를 지신 것이니 사랑하지 못해서 문제이지 사랑하는 것이 죄이겠습니까?

앞으로 저를 기다리는 상황이 어떤 것인지 저는 알 수 없습니다. 그러나 한 가지 분명한 것은 아직 마음을 다스리고 마음을 지키는 일에 받을 훈련이 많다는 것입니다. 주님이 가시면 나도 가고 주님이 멈추시면 나도 멈추고, 주님이 좌(左)하시면 나도 좌하고 주님이 우(右)하시면 저도 우할 수 있어야 할 텐데 말입니다.

많은 사명자들이 겪는 가장 큰 어려움은 사역 현장이 힘든 것이 아닙니다. 일상생활에서 주님과 동행하는 훈련이 되지 못한 것입니다. 사역의 길에서 잠시 물러났고, 살던 집에서도 떠나 나그네의 삶을 살며 "나는 왜 여기 있는가?"라는 질문을 자주 하게 됩니다. 때로는 바쁜 사역 현장보다 매일 반복되는 단순한 일상이 더 힘들 때가 있습니다. 준비 과정은 언제나 지루하고 훈련은 반복적입니다. 그러나 결코 소홀히 할 수 없습니다. 요셉도 다윗도 지루할 만큼 일상생활에서 주님과 동행하는 훈련을 받았습니다.

이번처럼 단체 여행을 할 때면 언제든지 단체 여행 자체가 매우 어려운 제자훈련임을 깨닫게 됩니다. 제게 필요한 것은 매사에 마귀가 심어주는 생각을 거부하고 마음과 생각과 감정까지 주님께 순종하는 훈련을 받는 것입니다. 익숙한 환경에서 떠나고 안정된 상황에서 벗어나니 주님을 바라보는 마음이 달라집니다. 중요한 것은 이 마음이 얼마나 기복이 없이 한결같은가 하는 것입니다. 그래서 오늘도 잠잠히 주님 앞에 무릎을 꿇습니다.

마음에 부글부글 끓어오르던 많은 생각들이 다시 잠잠해졌습니다.

20140509

CHAPTER

10

살아 계신 하나님으로
만나라

진화론이라는 독

저는 목사 아들로 자랐기에 어려서부터 하나님이 온 세상을 창조하셨다고 의심 없이 믿었습니다. 그 확신이 무너진 것은 중학교 1학년 생물 시간이었습니다.

선생님께서 갑자기 "아직도 하나님이 세상을 창조했다고 믿는 바보 같은 놈이 있냐?"라고 하셨습니다. 그 말이 떨어지자마자 반 아이들은 일제히 저를 쳐다보았습니다. 저는 얼굴만 빨개진 채 아무 말도 하지 못하였습니다. 마음은 억울함과 분노, 수치심으로 뒤죽박죽이었습니다. 마음속으로 '아니야! 절대 그렇지 않을 거야!'라고 외쳤지만 입으로는 한마디도 할 수 없었습니다. 교과서와 선생님의 가르침, 당시에 그것은 진리를 대변하는 것이었습니다. 그러니 성경은 거짓말을 가르치는 책이었던 것입니다.

'성경이 사실이 아닐 수 있다!'

처음으로 그 생각을 하게 되었습니다. 목사의 아들인 것이 무슨 죄인 것처럼 저는 한동안 친구들을 쳐다보지 못할 정도로 힘들었습니다. 그 후 저는 친한 친구 하나 전도하지 못했습니다. 그 고통스런 경험 이후 45년의 세월이 흘렀습니다.

오늘 저는 교우들과 함께하는 창조과학 탐사단에 합류하게 됩니다. "진화냐? 창조냐?" 하는 것은 매우 심각한 문제입니다. 많은 교인들이 창조에 대한 확신이 없습니다. 진화가 과학적인 진리일 거라 생각하고 성경은 영적인 진리로 받아들이자는 입장입니다. 청년 학생은 더욱 그렇습니다. 학교에서 진화론을 배웠기 때문입니다. 이런 신앙이기에 오늘날 기독교가 무기력하게 무너져 가는 것입니다.

코스타 때, 한 청년이 흥분하여 찾아왔습니다. '창조과학' 선택 강의 때문이었습니다.

"목사님, 교회가 너무 고지식하다고 생각하지 않습니까? 저는 창조과학을 주장하는 것이 맹신자들이나 하는 아주 수준 낮은 일이라고 생각합니다. 세상의 지식인들이 그런 기독교를 얼마나 조롱하는지 아세요? 통 크게 진화론을 받아들이면 안 될까요? 어차피 사실이잖아요. 그래도 하나님을 믿는 데 지장이 없다고 생각합니다!"

이런 청년들이 의외로 많습니다. 저는 그 청년에게 물었습니다.

"진화론을 인정하는 것이 멋있고 통 큰 태도처럼 보이지만, 진화론을 받아들이면 어떤 결과가 되는지 아시나요?"

그 청년이 약간 당황해하였습니다. 과학이라는 학문 분야에서의 논쟁 이상의 의미가 있겠느냐는 식으로 그다지 심각하게 여기지 않았던 것입니다. 저는 그 청년에게 제가 진화론에 대해 가지고 있는 심각한 우려를 설명해주었습니다.

"만약 진화가 진리라면 하나님이 천지를 창조하셨다고 기록된 성경은 거짓말 책이 됩니다. 그것은 성경의 모든 진리를 부정하는 엄청난 결과를 가져옵니다. 곧 예수님의 십자가와 부활의 복음도 거짓이 되고 마는 것입니다.

그리고 인류 사회는 무서운 재앙을 맞이하게 될 것입니다. 크고 강한 민족이 작고 약한 민족을 다스리는 것이 오히려 선한 일이고, 약육강식과 전쟁 등은 인류 발전을 위하여 오히려 장려해야 할 일이 되고 맙니다. 열등한 사람이나 약한 이들은 인류의 진화를 위하여 제거되어야 할 악이 됩니다. 실제 공산주의나 독일의 나치, 일본의 제국주의 등이 다 진화론 사상을 배경으로 일어났습니다.

진화론에서는 인간의 존엄함을 말할 근거가 없습니다. 사람은 그저 진화된 동물일 뿐입니다. 게다가 광대한 우주의 티끌에 불과한 존재입니다. 사람의 진정한 가치는 어디에서도 찾을 수 없습니다. 진화론은 정말 아닙니다. 마귀가 인류를 멸망으로 이끌어가려고 심어준 무서운 독입니다."

제 설명을 들은 청년은 잠잠해졌습니다. 비로소 사태의 심각함을 깨달은 것입니다. 중학생 때 진화론으로 인해 제 마음에 심겨진 성경에 대한 의심은 그 후 제 영적 성장에 심각한 장애가 되었습니다. 고등학교 때 주 예수님이 제 마음에 계신다는 말씀을 들었지만 믿어지지 않았습니다. 주 예수님이 눈에 보이고 귀로 들리고 몸으로 느껴지지 않았기 때문입니다. 더 심각한 것은 성경도 틀릴 수 있다는 의심이었습니다. 주 예수님과의 인격적인 교제가 시작됨으로 이 문제가 해결되기까지 너무나 오랜 시간을 허비하였습니다.

"하나님께서 만물을 창조하셨다"는 확신은 우리의 신앙생활과 삶에 엄청난 영향을 미치는 것입니다. 들어서 아는 것과 확신은 다른 것입니다. 창조주 하나님이 정말 믿어질 때 성경의 모든 약속이 이루어질 것이라는 확신이 생기게 됩니다. 이 확신은 결국 우리로 하여금 성경의 모든 약속이 이루어지기까지 흔들리지 않고 나아갈 수 있게 해주는 것입니다.

그동안 '진화는 아니다! 진화여서는 안 된다. 그러면 인류는 절망이다. 결코 진화가 진리일 수 없다!'라는 내적인 확신을 가지고 있었지만 그것을 설득력 있게 주장하거나 가르칠 수 없었습니다. 제 지식의 한계 때문이었습니다. 그래서 이번 창조과학 탐사단에 거는 기대가 큰 것입니다. 이번 탐사단 일정 중에 깨닫게 하시는 은혜를 칼럼을 통해 함께 나누고 싶습니다.

20140508

하 나 님 을 왜 믿 습 니 까 ?

창조과학 탐사단 일정을 시작하면서 이재만 선교사님이 불쑥 던진 질문이 있었습니다.

"여러분은 하나님을 왜 믿습니까?"

무엇이라 대답해야 할지 잠시 머릿속이 복잡했습니다.

그때 이재만 선교사님이 대답하셨습니다.

"하나님의 존재하심이 사실이기 때문에 믿는 것입니다!"

그랬습니다. 성경이 증언하는 하나님이 계신 것이 사실이기에 우리가 하나님을 믿는 것입니다.

"사실이 무엇입니까? 믿는 자에게는 사실이고 믿지 않는 자에게는 사실이 아닌 것은, 이미 사실이 아닙니다. 내가 안 믿어도 사실인 것이 사실입니다."

"창조면 어떻고 진화면 어떻겠느냐? 하나님만 믿으면 되는 것 아닌가?"라고 할 수도 있습니다. 그렇지 않아도 골치 아픈 일이 많은데, 창조냐 진화냐로 고민할 여유도 없어 보입니다. 그러나 문제는 그렇게 간단하지 않습니다. 만약 창조가 아니고 진화라면 성경이 말하는 창조주 하나님은 거짓이 됩니다. 그러면서도 믿는다는 그 하나님은 대체 어떤 하나님이겠습니까?

기독교인 중에도 성경이 다 사실은 아닐 수 있다고 생각하는 사람이 있습니다. 아니, 많습니다. 이처럼 기독교인들조차 성경의 사실성에 대하여 의심을 갖게 한 결정적인 계기가 진화론입니다. 성경은 사실이 아닐 수 있다고 생각하고 진화는 분명한 과학적 사실이라고 믿는 기독교인이 많습니다. 목회자나 신학자들도 마찬가지입니다. 여기서 기독교가 무너지고 있는 것입니다. 성경이 증거하는 그 하나님에 대한 확신이 무너졌기 때문입니다. 이렇게 된 이유는 교과서에 진화론이 기록되어 있고 학교에서 진화론을 가르치고 있기 때문입니다.

이재만 선교사님은 《창조주 하나님》(두란노, 2014)에서 이렇게 말했습니다.

"진화론이 처음 등장했을 때, 교회뿐 아니라 당대의 많은 과학자들도 적극 반대했습니다. 하지만 진화론이 결국 교과서에까지 실리게 되자 상황이 달라졌습니다. 이때 대부분의 유럽 교회는 진화론을 맥없이 수용해버렸습니다. 오히려 신학자들은 성경과 진화론을 함께 믿어보려는 타협 이론을 재빨리 만들기도 했습니다."

저는 당시 교회가 이렇게 할 수밖에 없었던 상황을 충분히 이해할 수 있을 것 같았습니다. 이미 진화론은 과학적 증거에 입각한 사실로 검증된 것처럼 보였기 때문입니다. 그래서 교과서에도 실린 것이 아니겠습니까? 만약 교회가 진화론을 수용하지 않으면 시대에 뒤떨어질 수 있다고 생각했을 것입니다. 진화론을 받아들이지 않으면 전도와 다음 세대의 신앙 전수에 어려움이 있을지 모른다는 두려움도 있었을 것입니다. 그러나 진화론을 수용한 결과 오히려 다음 세대는 물밀듯이 교회를 떠나버리게 되었습니다.

이재만 선교사님은 말했습니다.

"진화론이 등장했을 때 유럽 교회가 '진화론은 틀렸다'고 말했기 때문에 다음 세대를 잃어버린 것이 아닙니다. 진화론을 수용했고 침묵했기 때문에 다음 세대를 잃어버렸습니다. 이는 곧 성경이 틀렸다고 말한 것과 마찬가지였던 것입니다. 진화론이 무서운 것은 성경이 사실이 아니라는 증거처럼 보이기 때문입니다. 진화론은 창조와 하나님의 존재만을 반대하는 것이 아닙니다. 성경을 부정하는 것입니다. 그러므로 진화를 믿으면 성경을 믿지 못하게 되는 것입니다."

창조과학 탐사 일정을 통하여 우리는 진화론이 얼마나 거짓에 기초한 믿음인가에 대해 듣고 '충격'을 받았습니다. 그렇습니다. 충격입니다. 교과서에서 분명히 배웠던 그 모든 이론과 증거가 거짓이라니, 화석과 지층과 화산을 돌아보면서 상식이라고 여겼던 것들이 뒤집어지는 것이 많았습니다. 지질 연대표, 표준화석이 얼마나 허구인가? 지구의 역사가 얼마나 짧은가에 대하여 들으며 지적인 시원함과 충격, 혼란이 뒤범벅된 하루였습니다.

진화론이 과학적 증거가 분명한 사실이라고 여겼기에 교회가 허둥지둥했었다면 한편으로 이해해줄 만도 합니다. 그러나 이제 진화론이 거짓에 기초한 황당한 믿음임이 과학적으로 입증될 때에는 교회의 태도가 달라져야 할 것입니다.

창조과학 탐사단 일정이 하루하루 진행되면서 분위기가 많이 달라졌습니다. 계속 질문이 쏟아졌습니다. 저녁 모임과 나눔 시간은 정말 뜨겁고 간절하였습니다.

"성경이 증거하는 그 하나님이 분명히 천지를 창조하셨다!"

이것이 선명히 드러나는데, 왜 기도가 그토록 뜨거워지며 우리 안에 뜨거운 영적 회복이 일어나는지 신기하기만 합니다. 다들 이번 여행에 참가하게 된 것에 정말 감사했습니다. 우리는 지금 긴 버스 여행 끝에 애리조나 고원에 올라와 그랜드캐니언 길목인 윌리엄스라는 작은 마을에서 이틀을 묵으며 탐사 여행을 계속하고 있습니다.

내일 우리 눈앞에 펼쳐질 하나님의 영광을 생각하니 마음이 설렙니다.

20140511

이번 창조과학 탐사 여행은 여러 가지 면에서 제게 영향을 크게 줄 것 같습니다. 탐사 여행에 참가한다고 할 때 제 주변에서 이런저런 충고를 하시는 분들이 있었습니다. 페이스북 댓글을 보며 "창조냐 진화냐?" 하는 문제가 얼마나 논란이 큰 주제인지 실감하게 됩니다. 그래서 탐사 여행 중 가장 신경을 쓴 것이 고정관념에 매이지 않으려고 애를 쓴 것입니다. 이번 탐사단에는 서울 모 대학교의 과학 전공 교수도 있고, 현직 의사도 있고, 미국 명문대 박사과정 중인 이도 있습니다. 목사가 둘, 장로가 넷, 대학생이 둘입니다. 연령도 다양하고 직업도 다양합니다. 제가 보기에는 나름 균형 잡힌 시각을 갖춘 탐사팀인 것 같습니다.

창조에 대한 논란 중에 "창세기 1장의 '하루'가 정말 지금의 하루냐, 아니면 상징적인 의미에서의 하루냐" 하는 논란이 있습니다. 이 문제로 고민하던 중 지난 이스라엘에서 지내면서 가장 인상 깊게 경험했던 안식일이 생각났습니다. 하나님께서는 안식일 규정을 너무나 엄격히 명령하셨습니다. 십계명에도 넣으셨고 심지어 안식일을 어기면 죽이라고까지 하실 정도였습니다.

만약 창세기의 '하루'가 '1년'도 되고 '1억 년'도 되는 것이라면 하나님께서 이처럼 하셨다는 것이 도저히 이해하기 어려운 일입니다. 하나님께서 천지창조를 정말 6일 만에 이루셨음을 강조하시려고 이렇게 하신 것이 아닐까 생각하면 지나친 해석일까요? 그리고 보니 '한 주'라는 주기도 의미심장합니다. 하루나 한 달이나 한 해는 다 자연현상에 근거하고 있습니다. 그러면 한 주라는 주기는 도대체 어디에 근거한 주기입니까?

바로 하나님의 천지창조에서 나온 주기입니다.

저는 창조과학 탐사에 참여하기 전에도 성경에서 말하는 하나님의 창조를 굳게 믿었던 사람입니다. 그러나 하나님의 창조에 대한 제 믿음은 소극적인 믿음, 위축된 믿음이었다고 해야 정직할 것입니다. 그것은 진화론이 더 과학적일지도 모른다는 일말의 불안함이 있었기 때문입니다. 그래서 진화론의 공격에 대해 성경적인 진리를 어떻게 변호해야 하나 하는 것이 저의 고민이었고 솔직히 자신이 없었습니다. 그래서 창조과학에 헌신한 이들이 반가웠고 그로부터 많은 도움을 받았습니다. 하지만 그것도 '하나님의 창조에 대해 얼마든지 과학적으로 설명할 수 있구나!' 하는 정도였습니다.

그러나 이번 창조과학 탐사 여행을 통해 변화된 것은 진화론이 매우 혼란스럽고 오류투성이이며 심지어 거짓으로 조작되기도 한 이론이라는 사실을 알게 되었다는 것입니다. 중고등학교 교과서에서 보았던 많은 진화론의 증거들이 거짓이거나 조작된 것이었습니다. 이미 거짓으로 판명이 났는데도 여전히 교과서에 실려 있는 것도 많습니다. 정말 어처구니없는 일입니다. 이것이 어떻게 과학일 수 있습니까? 이런 진리는 없는 것입니다.

하나님께서 창조하셨다는 믿음은 지나칠 정도로 단순하고 명확하며 성경에 기록된 이후에 한 구절도 수정된 것이 없습니다. 그래서 조롱도 당하고 무식하다는 소리도 들었습니다. 그렇지만 한 가지 분명한 것은 만약 성경의 어느 한 구절이라도 조작이나 거짓임이 드러난다면 성경은 전체가 부정되고 폐기될 것이라는 사실입니다.

그래서 진화론이 과학적으로 옳다고 주장되어 교과서에까지 실리게 되었을 때, 교회가 신속히 진화론적으로 하나님의 창조를 설명하려고 애를 썼던 것입니다. 잘못하면 성경 전체가 부정되고 기독교 전체가 무너질지 모른다는 위기감 때문이었습니다. 그러나 이제는 진화론이 오류나 거짓이 많은 이론임이 드러나고 있습니다. 성경에서 말하는 하나님의 창조가 옳다는 증거가 속속 드러나고 있습니다.

그중에 하나가 노아 홍수의 실재에 대한 증거입니다. 그랜드캐니언을 둘러보면서 정말 많은 생각을 하였습니다. 그동안은 오랜 세월 깎이고 깎여서 이루어진 자연의 작품인 줄 알았습니다. 그것이 과학적인 설명이라고 배웠기 때문입니다. 그런데 아니었습니다. 오랜 세월이 아니었습니다. 엄청난 홍수로 인해 너무나 짧은 기간에 이루어진 결과물이었습니다. 보고도 보지 못하는 것이 사람이 가진 한계인 것 같습니다. 보이는 것만 가지고 보는 모든 것을 설명하려는 것이 얼마나 교만한 태도인지도 깨달았습니다.

오늘도 24시간 주님을 바라보려고 합니다. 그분만이 제 삶과 제 주변의 모든 것을 완벽하게 깨닫게 해주실 분이기 때문입니다. *20140513*

다 윗 과   미 갈   사 이

이번 여행 중에 사무엘하 말씀으로 큐티를 하고 있습니다. 사무엘하 6장을 묵상하다가 여호와의 법궤가 예루살렘 성으로 들어올 때 다윗이 너무 기뻐서 힘을 다하여 춤을 추었던 장면이 유난히 마음에 오래 남습니다.

　　다윗이 여호와 앞에서 힘을 다하여 춤을 추는데 삼하 6:14

　그런데 그 모습을 창으로 내다본 아내 미갈은 그런 다윗의 모습이 몹시 못마땅했던 것 같습니다. 그래서 마음으로 다윗을 업신여기고 만나서는 다윗을 비난하였습니다. 이때 미갈이 한 말은 다윗에게 심한 모욕감을 줄 정도였습니다.

　다윗과 미갈은 분명 하나님을 믿는 자들입니다. 그런데 하나님을 믿는다고 다 같은 믿음은 아니라는 것이 드러났습니다. 예배가 다른 것입니다. 다 같은 하나님을 예배하는데 왜 다윗과 미갈 같은 차이가 생기는 것일까요?

　다윗은 하나님을 믿되 눈앞에 계신 하나님을 바라보는 믿음이었습니다.

　　다윗이 미갈에게 이르되 이는 여호와 앞에서 한 것이니라 … 내가 여호와 앞에서 뛰놀리라 삼하 6:21

　하나님을 믿는 자 중에 하나님 앞에 섰을 때, 다윗처럼 뛰며 소리 높여 하나님을 찬양하지 않을 자가 있을까요? 그러나 하나님 앞에 눈이 열리지 않은 사람은 이렇게 예배할 수 없습니다. 그런 예배자를 이해할 수 없고 심지어 불쾌할 수도 있는 것입니다. 여러분은 다윗과 같은 편입니까? 미갈과 같은 편입니까? '나는 다윗과 미갈 사이에 어디쯤 있을까?' 한번 대답해보시기 바랍니다.

주님을 믿되 인격적이고 친밀하게 교제하며 동행하는 것이 너무나 중요합니다. 저는 24시간 주님을 바라보면서 하나님의 영광을 경험하는 순간이 많아지고 깊어졌습니다. 이번 여행에서도 성경 그대로 창조주 하나님에 대하여 알아가면서 마음에 느껴지는 감동이 이전과 달랐습니다. 물론 하나님께서 천지를 창조하셨음을 알았다고 해서 다윗과 같은 예배자가 되는 것은 아닐 것입니다. 미갈이 창조주 하나님을 믿지 않았을까요? 그녀는 이스라엘의 왕이었던 사울의 딸이었습니다. 미갈이 창조주 하나님을 안 믿었을 리 없습니다. 그녀가 하나님께 찬양하지 말라고 한 것도 아닙니다. 춤을 추며 예배하는 다윗이 너무 지나치다고 업신여긴 것뿐입니다. 그녀의 문제는 창조주 하나님을 믿었지만 인격적인 교제는 없었다는 것입니다.

그렇습니다. 창조주 하나님을 믿어야 하지만 살아 계신 하나님으로 만나져야 합니다. 그리고 인격적으로 주님과 동행하는 사람은 눈이 열려 온 세상에 널려 있는 하나님의 창조의 증거들을 보게 될 것입니다.

그때 다윗과 같은 진정한 예배자가 되는 것입니다.   _20140514_

주님을 놓치지 말라

요세미티 국립공원으로 올라가는 길에 들른 휴게소에서 커피를 쏟는 사고를 쳤습니다. 국립공원 입구에 있는 휴게소에서는 여러 가지 편리한 등산용품들을 팔고 있었습니다. 커피를 사들고 매장을 둘러보다 보니 눈에 띄고 관심이 가는 것들이 여럿 있었습니다. 그중에 하나를 집어 보려고 하다가 그만 손에 든 커피 잔을 놓쳐서 커피가 바닥에 쏟아졌습니다. 순간 손을 당겼기에 그나마 커피가 매장에 있는 물건들 위가 아니라 바닥에 쏟아져서 다행이었고, 주위에 있던 사람들이 도와주었기에 급히 수습도 되었습니다만, 참 난감하고 창피한 일이었습니다.

화장실에서 옷에 묻은 커피 자국을 씻는데 '오직 주님만 바라보라'는 생각이 매우 강하게 들었습니다. 한마디로 한눈팔지 말라는 것입니다. 그러고 보니 이것저것 매장에 보이는 물건들을 보느라 잠깐 정신을 놓은 것 같았습니다. 다시 버스에 올라 요세미티 국립공원으로 올라가면서 이 일을 생각하며 묵상하다보니 주님만 바라보려는 제게 이것저것 관심을 끄는 것이 너무나 많음을 깨달았습니다. 그래서 웅장하고 아름다운 요세미티 국립공원을 둘러보고 오면서도 내내 주님을 묵상할 수 있었습니다.

저녁에 영성일기를 쓰면서 묵상하는데 주님은 아주 사소한 것 같은 일을 통해서도 제 마음을 준비시키시는 것 같았습니다. 앞으로 LA 드림교회 부흥회 인도와 많은 분들과 만날 약속이 되어 있습니다. 주님은 마음을 잘 지키며 오직 주님을 바라보아야 한다고 하시는 것 같았습니다. 오직 주님만 바라보는 것은 때때로 너무나 답답한 삶을 살라는 것 같은 느낌이 듭니다. 그래서 많은 분들이 도전을 받아도 선뜻 실행하지 못합니다. 주님 외에 좋은 것들을 다 포기해야 하는 것 같기 때문입니다.

그러나 그것은 주님과의 친밀함이 얼마나 좋은지 아직도 모르기 때문입니다. 또 주님만 바라보는 것이 가장 안전하고 풍성한 삶임을 모르기 때문입니다. 주님을 놓치고 주위에 눈이 돌아가면 언제나 예상치 못한 낭패를 만나게 됩니다. 너무 지나치다고 할지도 모르지만 사실은 더 큰 것을 놓치지 않도록 주님이 배려하시는 것입니다. 모든 것보다 오직 주님만 바라보면 가장 기쁘고 만족스러운 결과를 가져옵니다.

요세미티 국립공원을 다녀오면서 깨달아지는 것은 경치가 웅장하고 아름다워서 행복했던 것이 아니라 사랑하는 아내와 교우들과 함께해서 행복했다는 것입니다. 사랑하는 주님과 교제가 깊어지면 모든 형편과 환경은 어찌되어도 좋습니다. 어디서나 천국이기 때문입니다. 주님은 저의 가장 탁월한 선택입니다.

그래서 "저는 주님이면 충분합니다. 주님과 함께라면 어디든 좋습니다. 오직 주님만 바라보겠습니다. 주여, 제 마음에 충만하소서"라고 고백하였습니다.

20140515

세미한 음성으로
말씀하시는 하나님

주 님 과 행 복 하 게 동 행 하 는 삶

　LA 드림교회(담임 이성현 목사)에서 부흥회를 인도했습니다. 제가 종교교회 청년부 전도사로 섬기던 시절, 청년이었던 박은호 장로와 박현주 권사 부부가 이곳에서 충성스럽게 섬기고 있습니다. 두 사람을 만난 것은 정말 반가웠지만 한편 너무나 미안하였습니다. 제가 그때 정말 엉터리 같은 전도사였기 때문입니다. 십자가의 복음도 정확히 모르고 예수님도 제대로 믿지 않던 때였으니 무슨 목회를 제대로 했겠습니까?

　그때는 들어서 아는 것이 믿음이고, 착하면 믿음 좋은 줄 알고, 신학교만 다니면 누구나 목회할 수 있는 줄로 알았습니다. 성실하고 최선을 다하면 목회 잘하는 것인 줄 알았습니다. 실제로 목회 잘한다는 말도 들었습니다. 그것이 제 자신을 속이는 것임을 깨닫지 못했습니다. 좋은 평가는 받았지만 솔직히 진정한 열매나 부흥이 무엇인지 경험하지 못했습니다. 저 나름대로 열심히 목회하였지만 주님은 아무것도 하실 수 없었습니다. 그때는 '나는 죽고 예수로 사는 십자가 복음'이 무엇인지 알지 못했으며, 제 마음에서 진정 주님이 왕이 되시지 못했고, 하나님과 화목케 된 복음은 알았지만 실제로 주님과 행복하게 동행하는 삶을 살지는 못하였습니다. 그래서 최선을 다했지만 결과는 좌절과 낙심이었습니다.

그렇기에 이번 집회는 회개하는 마음, 속죄하는 마음으로 말씀을 전했습니다. 진작 주님과 동행하는 삶을 살았다면 지금쯤 온전히 주님의 인도하심을 받는 자가 되었을 텐데, 뒤늦게 주님과 동행하는 삶을 훈련하고 있는 것이 너무 안타깝습니다. 하지만 늦게라도 깨달은 것이 주님의 은혜라 믿고 24시간 주님을 바라보려고 애를 쓰고 있습니다.

지난 4월 성지순례 중 요르단 에돔 광야에서 드렸던 주일예배가 생각났습니다. 에돔 광야 가운데로 걸어 들어가 나지막한 산 위에 올랐는데, 길지 않아 보이는 길이 꽤 힘이 들었습니다. 그런데 다 올라보니 눈앞에 펼쳐진 광야의 전경이 숨이 멎을 듯 펼쳐졌습니다.

그곳에서 기도하는데 주님이 말씀을 주셨습니다.

"이런 광야라도 나만 믿고 살 수 있겠느냐?"

이스라엘 백성들은 바로 이 광야에서 하나님만 믿고 사는 훈련을 받았음을 알았습니다. 그런데 막상 그 광야를 보고 있노라니 마음이 너무나 답답하였습니다. 내가 정말 이 광야에서 하나님만 믿고 살 수 있을지 자신이 없었습니다. 주님께 감히 그리하겠다고 대답하지 못했습니다.

그때 주님이 제게 말씀하셨습니다.

"이제 돌아갈 한국, 집도 있고 교회도 있고 생활하기에 편리한 한국이 실제로는 여기보다 더 광야인 것을 모르느냐?"

광야에 서보니 저절로 "오, 주님!" 하게 되었습니다. 정말 오직 주님만 바라보게 되었습니다. 그러나 한국은 모든 것이 다 갖추어져 있는 것처럼 보여서 주님을 바라보는 것을 잊어버린다는 것입니다. 한국도 광야인데 광야인 것을 알지 못하니 더 위험한 것입니다. 그제야 비로소 "주님, 광야라도 좋습니다. 오직 주님만 바라보고 살겠습니다"라고 고백하였습니다. 이스라엘 백성들은 광야에서 죽어라 하고 불기둥과 구름기둥만 따라갔습니다. 아침에 만나를 먹고 바위에서 물을 마셨습니다. 어디서든지 이렇게 살아야 한다는 것입니다. 그러면 살고 그렇지 않으면 죽는 것입니다.

창조과학 탐사단 여행 중 버스에서 드린 주일예배 때 주신 말씀도 생각이 났습니다. 하나님께서 천지를 창조하신 증거를 보면서 너무나 감격하였습니다. 그러나 그보다 더 중요한 것은 그 하나님께서 우리 마음에 임하신 것을 아는 것입니다. 하나님이 지금 내 마음에 임하셨다는 것은 하나님께서 천지를 창조하셨다는 것보다 더 믿기 어려운 일인지 모릅니다. 그래서 24시간 주님을 바라보자는 것입니다. 주님은 믿음의 주요 또 온전케 하시는 이시라고 하였기 때문입니다.

드림교회 부흥회를 마친 후 운영위원들과 저녁식사를 하며 부흥회 때 주신 주님의 은혜를 나누는 시간을 가졌습니다. 많은 분들이 말씀을 통하여 주님을 바라보는 눈이 열렸음을 고백하셨습니다. 참 감사한 일이 아닐 수 없습니다. 은혜받은 것을 나누시는 것을 들으면서 잠잠히 주님을 바라보았습니다. 다시 한 번 주님과 행복하게 동행하는 이 놀라운 축복에 대해 너무 늦게 깨달은 것이 정말 안타까웠습니다. *20140519*

정말 두려운 말씀

사무엘하 11장을 묵상하며 밧세바와 간음하고 우리야를 살인 교사한 다윗의 죄에 가슴을 쳤습니다. 다윗처럼 항상 하나님을 바라보고 살았던 사람도 한순간 엄청난 죄를 지을 수 있다는 사실에 전율하였습니다.

육신의 본성은 변하지 않는 것입니다. 주변에서 저를 지나치게 생각하는 것이 당황스럽습니다. 저를 아주 경건하고 의로운 사람으로 여깁니다. 그러나 저는 제 자신이 얼마나 더럽고 추한 죄인인지 압니다. 24시간 주님을 바라보면서 주님의 임재하심을 더 깊이 느끼고 주님과 동행하는 삶이 많이 익숙해진 것이 사실이지만 제 육신은 변한 것이 없음을 느낍니다. 제 육신은 언제나 육신의 정욕, 안목의 정욕, 이생의 자랑으로 부글부글 끓습니다.

때로 이 육신을 다스리기가 힘들어 고통스럽고, 순간순간 낙심이 될 때도 있습니다. 그때마다 주님께서 제가 여전히 죄인의 본성을 가지고 있음을 깨우쳐주신다는 것을 깨닫습니다. 그래서 더욱 십자가를 의지하며 주님을 바라보려고 하는 것입니다. 그것만이 제가 육신의 종노릇 하지 않는 유일한 길이기 때문입니다.

우리가 알거니와 우리의 옛 사람이 예수와 함께 십자가에 못 박힌 것은

죄의 몸이 죽어 다시는 우리가 죄에게 종노릇하지 아니하려 함이니

롬 6:6

이따금 "나는 의인이다!"라고 외치는 이들을 봅니다. 그 담대함이 귀하기도 하지만 민망할 때도 많습니다. 주위 사람들이 그들을 보고 "당신은 우리와 똑같은 죄인이요, 아니 우리보다 더 죄인이요!" 하며 비난하는 것을 볼 때입니다. 진정 복음으로 사는 자는 자신이 여전히 죄인임을 모르지 않습니다. 단, 십자가의 능력으로 성령님께서 우리 안에 임하시고 주 예수님을 바라보게 하시기에 육신대로 살지 않을 뿐입니다. 그래서 주위 사람들로부터 "당신은 참으로 우리와 다른 의인입니다"라고 인정받는 것뿐입니다.

지금 시대에 그리스도인들이 "나는 의인입니다" 하고 외치는데, 세상 사람들은 "당신은 죄인이요"라고 말하는 것이 안타깝습니다. 그리스도인들이 "나는 죄인입니다" 하는데도 세상 사람들이 "당신은 의인이요" 해야 정상적일 것입니다.

하나님께서 다윗을 향하여 "내 마음에 합한 사람"이라고 말씀하셨던 것은 다윗이 항상 하나님을 바라보며 살려고 애를 썼기 때문입니다. 그때는 육신의 종노릇하지 않을 수 있었습니다. 그러나 하나님을 바라보지 않는 순간 영락없이 육신이 이끄는 대로 살게 되었습니다.

사무엘하 11장 마지막 절이 유난히 제 눈에 들어왔습니다.

그 장례를 마치매 다윗이 사람을 보내 그를 왕궁으로 데려오니 그가 그

의 아내가 되어 그에게 아들을 낳으니라 다윗이 행한 그 일이 여호와 보시기에 악하였더라 _{삼하 11:27}

"다윗이 행한 그 일이 여호와 보시기에 악하였더라."
하나님께서 다윗이 행한 일을 다 보고 계셨다는 것입니다.
허다한 증인들이 우리를 보고 있습니다.

그러므로 이렇게 구름 떼와 같이 수많은 증인이 우리를 둘러싸고 있으니, 우리도 갖가지 무거운 짐과 얽매는 죄를 벗어버리고, 우리 앞에 놓인 달음질을 참으면서 달려갑시다. _{히 12:1 새번역}

우리를 둘러싼 허다한 증인들을 바라보면 얽매는 죄를 벗어버리게 됩니다. 사람들의 보는 눈이 무섭습니다. 그러나 그보다 더욱 주님을 바라보아야 합니다.

믿음의 창시자요 완성자이신 예수를 바라봅시다. 그는 자기 앞에 놓여 있는 기쁨을 내다보고서, 부끄러움을 마음에 두지 않으시고, 십자가를 참으셨습니다. 그리하여 그는 하나님의 보좌 오른쪽에 앉으셨습니다.
_{히 12:2 새번역}

영성일기를 쓰면서 24시간 주님을 바라보는 훈련을 하는 것은 다윗처럼 한순간에 죄의 종노릇하게 되는 비참한 사람이 되지 않으려는 것입니다.

내가 너희를 도무지 알지 못하니 불법을 행하는 자들아 내게서 떠나가라 하리라 마 7:23

정말 두려운 말씀입니다. 불법을 행하는 것을 결코 작게 여기면 안 됩니다. 허다한 증인들은 하늘에 있지만 주님은 우리 안에 계십니다. 우리는 이 사실을 명심해야 합니다. 그러면 육신 자체가 변하는 것이 아니더라도 육신의 종노릇, 죄의 종노릇을 하지 않게 됩니다. *2014.05.20*

조용한데 강한 메시지?

드림교회 부흥회 후 교회 사역원장들과 식사하는 자리에서 여러 분이 제 설교에 대해 말하기를, 조용조용하게 설교하는데 메시지가 매우 강하다고 하였습니다. 그러면서 많은 분들이 자신의 신앙을 근본적으로 점검하고 회개하게 되었다고 고백하셨습니다.

"한쪽 발을 세상에 두고 살았는데, 주님의 경고였습니다!"

"잊고 산 것이 많았구나, 머리를 한 대 크게 얻어맞은 것 같았습니다!"

제 설교에 대하여 잔잔하다, 조용조용 말씀한다는 평은 전부터 많이 들었지만 메시지가 강하다는 말은 최근 들어 듣습니다.

'조용한데 어째서 강한가?'

언제부터인가 설교하는 제 마음이 너무나 간절해지고 설교 내용은 점점 더 단순하고 명확해지는 것이, 듣기에는 강하게 느껴지는 모양입니다. 매번 설교할 때마다 느끼는 것이지만 주님께서 저에게 주시는 말씀임을 느낍니다. 설교는 주님이 하시는 것이고 저는 단지 주님의 마음을 전달하는 자입니다. 그러므로 저는 주님의 말씀에 은혜받는 첫 번째 사람일 뿐입니다.

사역원장들과의 모임이 끝난 후 한동안 '조용한데 강한 메시지'라는 말이 제 마음에서 떠나지 않았습니다. 그런데 오늘 사무엘하 12장 큐티를 하면서 주님은 다시 그 교훈을 되새겨주셨습니다. 나단 선지자가 충신의 아내와 간음하고 충신을 죽였던 다윗의 죄를 공개 책망하는데, 처음에는 가난한 이웃의 어린 암양을 빼앗은 불의한 부자 이야기로 시작합니다. 그 이야기에 다윗은 흥분하여 불같이 화를 내며 "여호와의 살아계심을 두고 맹세하노니 이 일을 행한 그 사람은 마땅히 죽을 자라"고 그 부자를 정죄합니다. 그런데 나단으로부터 "당신이 그 사람이라"는 청천벽력 같은 선언을 듣습니다.

나단은 계속해서 하나님의 말씀을 대언했습니다.

"어찌하여 네가 여호와의 말씀을 업신여기고 나 보기에 악을 행하였느냐."

이런 무서운 말씀이 또 어디 있겠습니까? 그나마 다윗이 즉시 무릎을 꿇고 "내가 여호와께 죄를 범하였노라!" 하고 회개했기에 살 수 있었습니다. 다윗은 자신의 죄를 솔직히 인정하였습니다. 그는 울었습니다. 일체의 변명이나 책임 회피를 하지 않았습니다.

유대 랍비들 중에는 밧세바가 유혹했다고 가르치는 이도 있습니다. 그렇게 말할 수 있는 근거가 충분히 있습니다. 밧세바가 의도적으로 다윗을 유혹했을지도 모릅니다. 그러나 다윗의 회개 속에는 밧세바의 이야기가 나오지 않습니다. 그는 모든 것이 자신의 죄임을 고백합니다. 이런 회개 때문에 다윗은 죄에서 건짐받을 수 있었습니다. 비록 하나님의 징계가 뒤따랐지만 영원히 버림받지는 않았습니다.

그러나 안타까운 일이 있습니다. 하나님께서 이처럼 무섭게 말씀하시기 전, 조용히 말씀하실 때 다윗이 듣지 못하였다는 것입니다. 다윗은 나단이 가난한 이웃의 어린 암양을 빼앗은 불의한 부자 이야기를 할 때 그것을 남의 이야기로만 들었습니다. 이것이 문제입니다. 하나님께서 돌려서 말씀하실 때 알아들었더라면 "당신이 바로 그 사람이요!" 하는 무서운 소리를 듣지 않았을지 모릅니다. 많은 교인들이 직접 말하기에 부담스러워 돌려서 말하면 남의 이야기인 줄로 압니다. 그래서 자기 이야기인 줄도 모르고 흥분하고 정죄합니다. 정말 안타까운 일입니다.

다윗이 밧세바를 바라보는 순간, 음욕이 일어날 때, 밧세바를 불러올 때, 그때도 하나님은 말씀하지 않으셨을까요? 그때 하나님의 소리를 들었다면 이런 고통스런 일은 없었을 것입니다. 어쩌면 그 이전에, 전쟁 중에 낮잠을 자려고 할 때부터 주님은 경고하셨을지 모릅니다. 그러나 그때는 들리지 않았습니다. 너무 세미한 소리로 말씀하시는 것 같았기 때문입니다.

우리는 하나님께서 세미한 음성으로 조용히 말씀하실 때 들을 수 있어야 합니다. 그때 순종하고 회개해야 합니다. 그러면 삽니다. 하나님께서 큰 소리로 말씀해주시기를 바라는 이들이 있습니다. 하나님께서 큰 소리로 말씀하셔야만 알아듣는 이들도 있습니다. 그러나 이것은 상상할 수 없이 두려운 일임을 알아야 합니다.

요한계시록 6장에 보면 하나님의 심판의 때, 사람들이 산들과 바위가 자기들 위에 떨어져 죽기를 갈망할 것이라고 하였습니다.

> 땅의 임금들과 왕족들과 장군들과 부자들과 강한 자들과 모든 종과 자유인이 굴과 산들의 바위 틈에 숨어 산들과 바위에게 말하되 우리 위에 떨어져 보좌에 앉으신 이의 얼굴에서와 그 어린양의 진노에서 우리를 가리라 계 6:15,16

보좌에 앉으신 이의 얼굴을 보는 것이 얼마나 무서웠으면, 어린양의 진노를 직면하는 것이 얼마나 무서웠으면 그리하였을까요?

'조용하지만 강한 메시지', 저는 그 음성 듣기를 원합니다.   *20140521*

주님의 뜻을 정확히 분별하는 자

다윗은 성전을 짓고자 갈망하였지만 하나님께서는 그것을 허락하지 않으셨습니다. 나단도 다윗도 그러시는 하나님의 뜻을 선뜻 이해하기 어려웠던 것 같습니다. 그러나 하나님의 말씀을 듣고 다윗은 자신의 뜻을 꺾고 순종하였습니다. 옳고 선하고 감동적이라고 해서 다 하나님의 뜻은 아닙니다. 다윗은 늘 하나님을 바라보는 자였지만 그가 소원하는 것이 항상 하나님의 생각과 같지는 않았던 것입니다.

댈러스에서 만난 어느 목사님은 주님의 음성을 들었다는 교인이 교회를 어렵게 하는 경우가 많다는 말씀을 하였습니다. 옳은 말씀이고 흔히 겪는 일입니다. 주님을 바라보려는 마음은 귀하지만 결코 자기만 하나님의 뜻을 깨달았다고 교만해서는 안 됩니다. 열심과 열정, 선한 의도만 가지고는 충분하지 않습니다.

복음적으로 은혜롭게 설교하시는 목사님이 계셨습니다. 그런데 교인 중 한 명이 매주 예배를 드리고 나서 그 목사님의 설교를 조목조목 비판하는 글을 교회 인터넷 게시판에 올렸습니다. 그렇게 하는 것을 하나님께로부터 받은 사명으로 여기는 것 같았습니다. 목사님은 그 일에 대하여 일절 대응하지 않았지만 무척 괴로워하였고 결국 몇 년 후에 교회를 옮겼습니다. 목사의 설교도 당연히 비판받아야 하겠기에, 그 교인의 글을 읽어보았습니다. 그러나 아무리 좋게 생각하려 해도 비판을 위한 비판이었지 주님께로부터 온 마음이라고 생각하기 어려웠습니다.

우리는 쉽게 하나님의 뜻이 무엇이냐 하는 문제로 싸웁니다. 세계관이 다르고, 신학적인 전제가 다르고, 진리가 무엇인가 하는 문제로 논쟁할 때처럼 치열하고 두려운 일은 없습니다. 왜냐하면 진지하게 진리를 찾으려는 자세가 아니라 자신이 옳다고 생각하는 것을 주장하여 상대방을 굴복시키려는 태도 때문입니다. 급기야 인신 공격성 발언도 서슴지 않습니다. 역사는 이런 일로 죽고 죽이는 끔찍한 일도 있었음을 보여줍니다.

그러나 정말 두려운 것은 나중에 자신이 잘못된 판단에 대하여 옳다고 확신하고 고집했음을 깨달았을 때일 것입니다. 대부분의 사람들은 시간이 지나서 자신의 주장을 돌아볼 때 '내가 왜 그런 태도로 그런 말을 했을까?' 하고 부끄러움을 느낍니다. 위대한 신학자나 사상가들도 분명히 옳다고 확신했지만 나중에 잘못된 판단으로 드러난 일이 한둘이 아닙니다. 저도 그럴 가능성이 있기에 더욱 조심스러운 것입니다. 그래서 하나님의 뜻을 정확히 분별하는 일은 어려운 일입니다.

정말 조심해야 할 것이 있습니다. 우리에게는 보고 싶은 대로 보고, 듣고 싶은 대로 듣는 성향이 있다는 것입니다. 미워하면 미운 것밖에 안 보이고 사랑하면 모든 것이 사랑스럽게 보입니다. 머릿속에 한 번 옳다고 입력되면 그것을 좀처럼 바꾸지 못합니다. 그러므로 우리의 보고 듣는 것이 거듭나야 합니다. 하나님의 뜻에 대하여 결코 교만하지도 속단하지도 말아야 합니다. 어떤 주장에 대하여 옳다는 확신을 갖게 되어 논쟁에 휘말렸다면 자신은 다른 하나님의 뜻에 대해 얼마나 정확히 분별할 수 있는지 정직하게 점검해보아야 합니다. 만약 자신이 없다면 자신이 하나님의 뜻을 분별하는 데 미숙하다는 것을 인정하는 자세를 가져야 합니다.

다윗은 직접 하나님의 응답을 받았으면서도 나단 선지자를 세우고 그를 통하여 하나님의 말씀을 들으려 했습니다. 다윗이 겸손하기 때문이기도 했지만 하나님의 음성을 정확히 듣고자 하는 갈망 때문이었다고 봅니다. 아브라함은 하나님께서 100세에 주신 독자 이삭을 바치라는 음성도 들었고, 칼을 내리치는 순간 그만하라는 음성도 들었습니다. 하나님의 음성을 이처럼 구체적으로 정확히 듣는다는 것은 정말 대단한 일입니다.

그러나 우리도 아브라함처럼 주님과 동행하는 삶을 살게 하려고 예수님께서 십자가에서 죽으셨음을 알아야 합니다. 이것이 예수 그리스도 안에서 우리에게 주신 가장 큰 축복입니다. 우리는 예수 그리스도 안에서 아브라함처럼 주님의 음성을 들을 수 있다는 믿음을 가져야 합니다. 물론 주님의 음성을 바로 들으려면 꾸준한 훈련이 필요합니다. 그러나 주님의 음성을 듣는 것이 힘들고 미숙하다고 여겨져서 낙심이 될 때 계속해서 주님께 귀 기울이게 되는 것은, 결국 주님의 음성을 듣고 주님과 동행하게 되리라는 믿음이 있어야만 가능한 것입니다.

안식년을 시작한 지 벌써 석 달이 되어갑니다. 그동안 많은 경험을 하였고 참 귀한 하나님의 사람들을 많이 만났습니다. 댈러스에서 주님은 제게 또 어떤 훈련을 시키시려는 걸까 궁금합니다. 이곳에서 온전히 주님 안에 거하고 싶습니다. 주님께서도 제 안에 충만하셨으면 좋겠습니다.

그렇게 되기를 갈망하는 것은 이제부터라도 보고 듣는 것이 거듭나 주님의 뜻을 정확히 분별하는 자가 되고 싶기 때문입니다. *20140523*

십 자 가 앞 에 더 머 물 라

댈러스에서 첫 날을 보내고 아침에 숙소 주변을 걸었는데, 바로 옆이 교회였습니다. NewLife community Church. 넓은 공간에 자리 잡은 교회 건물이 부러웠습니다. 그런데 주차장 너머 넓은 잔디밭 쪽을 보니 3개의 십자가가 보였습니다. 아내와 함께 가까이 가보니 뒤편에는 멋진 연못도 있었습니다. 연못에서 십자가를 바라보고 있는데, 이스라엘에서 40여 일을 지냈을 때가 생각나며 마치 미니 갈릴리 호수와 골고다 십자가를 보는 것 같았습니다. 그러면서 한국에 있을 때나 이스라엘에 있을 때나 지금 미국에 와 있을 때나 저는 오직 한 곳에 있음을 알았습니다. 바로 주님의 십자가 앞입니다.

주님께서 댈러스에 도착한 제게 분명한 메시지를 주신 것 같았습니다.

"십자가 앞에 더 머물라!"

그러나 제 마음 깊은 곳에서는 '언제까지 십자가 앞에서 머물러야만 하나요?' 하는 어리석고 교만한 생각이 잠깐 스쳐 지나갔습니다.

주님은 아직 아니라고 하셨습니다. 야고보와 요한이 "주의 영광 중에서 우리를 하나는 주의 우편에, 하나는 좌편에 앉게 하여 주옵소서"라고 요청하였을 때, 예수님께서는 "너희는 너희가 구하는 것을 알지 못하는도다 내가 마시는 잔을 너희가 마실 수 있으며 내가 받는 세례를 너희가 받을 수 있느냐"(막 10:38)라고 되물으셨습니다. 주님의 눈에는 아직 준비되지 못했는데도 크고 멋진 사명만 구하는 제자들이 답답하셨던 것 같습니다. 우리의 문제는 자신이 얼마나 준비된 사람인지 알지 못한다는 것입니다. 그래서 준비되지 못했으면서 큰 사명만 탐내는 어리석음을 범하는 것입니다.

미국에서 얼마간 지내면서 다른 나라에서 산다는 것이 무엇인지 깊이 생각하게 됩니다. 언어가 다르고 관습이 다르고 음식이 다르고 가치관이 다릅니다. 시차를 적응하는 것도 쉽지만은 않습니다. 하나님나라 백성으로 사는 훈련도 그러하다는 것을 깨닫습니다. 그리고 보면 저는 아직 십자가 앞에 더 머물러야 할 사람임이 분명합니다.

그러나 무엇이든지 내게 유익하던 것을 내가 그리스도를 위하여 다 해로 여길뿐더러 또한 모든 것을 해로 여김은 내 주 그리스도 예수를 아는 지식이 가장 고상하기 때문이라 내가 그를 위하여 모든 것을 잃어버리고 배설물로 여김은 그리스도를 얻고 그 안에서 발견되려 함이니… 빌 3:7-9

세상의 유익한 것들을 겨우 버려도, 마지못해 버려도, 울면서 버려도 존경스러울 정도인데, 어떻게 배설물로 여겨질 수 있을까요? 사도 바울은 "내 주 그리스도 예수를 아는 지식이 가장 고상하기 때문이라", "그리스도를 얻고 그 안에서 발견되려 함이니"라고 말합니다. 세상 유익하던 것이 배설물로 보일 만큼 그가 주 예수님을 인격적으로 알았다는 말입니다. 저는 아직 이 눈이 열리지는 못했습니다. 재물이나 명예에는 연연하지 않게 되었지만 그것이 아직까지 배설물처럼 보이지는 않습니다.

또한 사도 바울은 자신이 가난하게 사는 법, 부유하게 사는 법을 다 배웠다고 합니다.

어떠한 형편에든지 나는 자족하기를 배웠노니 나는 비천에 처할 줄도 알고 풍부에 처할 줄도 알아 모든 일 곧 배부름과 배고픔과 풍부와 궁핍에도 처할 줄 아는 일체의 비결을 배웠노라 빌 4:11,12

'나도 그런가?' 하고 생각해보니 그저 부끄럽기만 합니다. 때때로 십자가 지는 사명의 길보다 편안한 일상생활에 머무르고 싶은 유혹도 옵니다. 사도 바울은 어떤 형편에도 처할 줄 아는 일체의 비결을 배운 비밀을 공개하였는데, 그것이 바로 주 예수님 안에 거하는 것입니다.

내게 능력 주시는 자 안에서 내가 모든 것을 할 수 있느니라 빌 4:13

이 은혜는 저도 받았는데 아직까지 "나도 어떤 형편에서든지 사는 법을 배웠다"라고 말할 자신이 없습니다. 그래서 십자가 앞에 더 머물러야 하는 모양입니다.

신학생들이 "신학생 때 무엇을 준비해야 하나요? 목사님이 다시 신학생이 되었다면 무엇을 가장 중요하게 준비하시겠습니까?"라고 물었던 적이 있었습니다. 그때 저는 "일상생활에서 주님과 동행하는 사람이 되는 것", "일상생활에서 주의 종이 되는 것"이라고 대답하였습니다. 교인들에게 좋은 목사가 되기 전에 가족들에게 좋은 남편과 아버지가 되어야 하고, 성령충만한 목회를 하기 전에 일상생활에서 성령충만해야 한다는 말이었습니다. 그렇게 말은 하면서 저 자신도 실천하지 못하고 있는 것입니다.

찰스 스펄전은 그의 저서 《목회자 후보생들에게》(크리스챤다이제스트사, 2009)에서 "설교자 가운데 가짜 목사들이 많은데 그들은 교인들에게 지옥을 피하라고 소리쳐놓고 자신은 지금 지옥에 있다"라고 했습니다. D. L. 무디는 18살 때 거듭나는 체험을 한 뒤 수십 년 동안 미국과 유럽을 복음으로 뒤흔들었던 전도자였지만 목사는 아니었습니다. 그는 '무디 목사'로 소개받을 때마다 "나는 목사가 아니고 구원받은 여러분의 형제입니다"라고 고쳐 말했습니다. 그는 목사나 신학 박사들에게 종종

"그대여, 오늘 당신의 영혼은 어떤 상태입니까?"라고 질문하여 상대방을 당황하게 만들곤 했습니다.

우리에게 정말 부족한 것은 목회 현장이 어려운 것이 아닙니다. 십자가의 예수님을 잘 모른다는 것입니다. 그래서 안식년 동안 십자가 앞에 더 머물러야 합니다. 매일, 매 순간, 주님을 바라보며, 주님의 뜻이 깨달아지는 대로 말하고 행동하며 그 결과를 지켜보려고 합니다. *2014.05.24*

CHAPTER 12

말씀이
이루어지는 삶

미국에서 요구르트 아이스크림 가게를 여신 분으로부터 우스우면서도 서글픈 이야기를 들었습니다.

한번은 어떤 남자가 가게에 오더니 그릇에 아이스크림을 가득 담고 그 위에 여러 가지 과일 토핑을 얹었습니다. 그런데 계산하면서 제일 위에 얹은 앵두가 바닥에 떨어지고 말았습니다. 보통 그런 경우에는 떨어진 그대로 두거나 깨끗한 앵두를 새로 얹고 싶을 텐데 그 남자는 떨어진 앵두를 집어서 얼른 다시 아이스크림 위에 얹더랍니다. 사람들은 그 모습을 보고 놀랐지만 남자는 어깨를 들썩이면서 이렇게 말했습니다.

"제 아내가 먹을 거예요!"

그 말을 들은 사람들이 다들 어이없어 했다고 합니다. 그 사람이 어떤 사람인지는 평소의 삶이 말해줍니다. 평범한 일상이 의외로 힘듭니다.

요 며칠 사무엘하 말씀으로 큐티하면서 다윗의 자녀들 사이에 일어나는 끔찍한 성폭력과 살인의 사건들을 보며 다윗이 전쟁에서는 용사였지만 가정에서는 고전하였음을 보았습니다. 알고 보면 일상생활, 가정생활이 전쟁보다 더 힘들고 무서운 현장입니다. 크고 중요해 보이는 길은 분별하기 쉽지만 일상적인 삶, 가정사 등에서는 의외로 길을 잃어버리기 쉽습니다.

이곳에서 교회 관리를 전문으로 하는 집사님이 계십니다. 여러 큰 교회들을 관리하는데, 교회마다 분위기가 정말 다르다고 하셨습니다. 어느 교회 담임목사님은 너무나 소탈하셔서 교회의 모든 스태프들과 격의 없이 지내시고, 그 교회는 이 지역에서 가고 싶은 직장 순위 TOP 10에 오르기도 했다고 합니다. 또 어떤 큰 교회의 담임목사님은 설교를 들으면 너무나 은혜로운데, 목사님을 만나면 대단히 권위적이라 힘들다고 하셨습니다. 그 교회는 모든 스태프들이 목사님의 영향을 받아서인지 분위기가 무서울 정도라고 하셨습니다. 그러면서 "왜 목사님은 자신이 설교한 대로 살지 않는지 모르겠습니다"라고 하셨습니다.

집사님의 말을 들으며 저를 돌아보았습니다. 그렇습니다. 설교가 아무리 어려워도 일상생활보다는 차라리 쉬운지도 모릅니다. 어느 집사님은 경제적으로 어려운 형편은 아니지만 일하는 것이 좋아서 배달하는 일을 하신 적이 있었는데, 교회에 갈 때마다 아쉬움을 느낀다고 안타까워하셨습니다. 배달하러 교회에 가서 환대를 받아본 적이 거의 없었다는 것입니다. 배달하러 온 사람은 따뜻하게 맞아주고 구원해야 할 이웃으로 여겨지지 않는 모양이라고 했습니다. 배달하고 돈 한 번 받기도 힘들다고 합니다. 그저 손짓으로 "저기로 가보세요" 하고는 싹 돌아선답니다. 그럴 때마다 예수를 믿지 않는 사람이라면 교회나 교인들이 얼마나 차갑다고 느낄까 생각하며 씁쓸한 마음으로 돌아섰다고 합니다. 그런데 한번은 절에 배달하러 갔다가 그곳 사람들이 오히려 푸근하게 느껴져서 정말 속상했답니다.

우리는 구원받은 자이지만 구원받은 자처럼 살지 못하는 안타까움이 있습니다. 혹시 교리적으로만 아는 것으로 구원받았다고 착각하는 것은 아닌지 두렵기도 합니다. 그 열매로 나무를 안다고 했습니다. 그러므로 우리는 우리가 어떤 열매를 맺고 사는지 돌아보아야 합니다.

훈련소에서는 오랜 시간 군인의 기본자세를 반복 훈련합니다. 치열한 전투가 벌어지는 현장에서 "앞으로가", "뒤로돌아가" 명령만 떨어지면 즉각 행동으로 옮겨지는 군인을 만들기 위해서입니다. 저도 제 자신을 돌아보았습니다. "기뻐하라", "감사하라", "사랑하라" 설교는 할 수 있지만 그대로 사는 것은 아니었습니다.

"나는 어떤 처지에서도 기뻐하고 감사하고 사랑하는가?"

"저절로 그대로 살아지는가?"

저는 안식년 기간, 평범한 일생생활에서 주님의 말씀대로 살아지는 훈련을 받고 있습니다. 주님은 오늘 여러 사람을 통하여 제게 일상생활에서의 삶이 얼마나 중요한지를 교훈해주셨습니다.

여러분의 삶은 어떤 열매를 맺고 있습니까?

20140525

삶은 변화된다

그리스도인으로서의 삶을 강조하다보니 정죄하는 분위기가 되는 것이 곤혹스럽습니다. 그리스도인으로서 바른 삶을 사는 것은 정말 중요하고 옳은 일입니다. 그러나 정죄하는 분위기가 되어서는 안 됩니다. 그것은 그리스도인으로서 바른 삶을 살게 하는 데 아무 소용이 없기 때문입니다.

깨닫지 못하는 사람에게 비난만 한다고 깨달아지는 것이 아닙니다. 또 몰라서 바로 살지 못하는 것도 아닙니다. 알지만 그대로 살아지지 않아서 고통스러워하고 절망하는 이들이 너무나 많습니다. 그러므로 삶에 변화가 없다고 훈계하듯이, 조롱하듯이, 저주하듯이 말하는 것은 형제를 실족시키는 무서운 일입니다.

흔히 아이들이 학교 선생님과 엄마 아빠를 싫어하는 이유가 옳은 말을 기분 나쁘게 하기 때문이라고 합니다. 복음은 삶을 변화시키는 놀라운 능력이지만 기분 나쁘게 말하면 반발심만 커질 뿐입니다. 우리에게 필요한 것은 그리스도인다운 삶을 살 수 있는 길을 보여주는 것입니다. 올바른 삶을 살게 해주는 복음을 전해주어야 합니다.

주님은 우리를 죄와 저주에서 구원해주셨을 뿐만 아니라 하나님의 자녀답게 살도록 해주시는 분입니다. 고아를 입양하면서 단지 자녀가 되는 신분만 주고자 하는 양부모는 없을 것입니다. 그 아이가 진정으로 자녀 된 행복을 누리는 것을 보는 것이 자녀를 입양한 부모의 기쁨일 것입니다. 또한 "너는 우리의 자녀가 되었으니 우리 자녀처럼 살아야 한다. 그렇지 않으면 쫓아낼 거야"라고 말하지는 않을 것입니다. "이제 너는 우리의 자녀가 되었다. 너는 믿기만 하거라. 그러면 이 집에서 사는 것이 익숙해지고 기쁘게 될 거야. 우리만 믿어! 우리가 너를 도울 거야"라고 말할 것입니다.

예수님께서 우리에게 그렇게 하십니다. 그리고 친히 예수님을 믿는 자에게 놀라운 일이 일어날 것을 약속하셨습니다.

내가 진실로 진실로 너희에게 이르노니 나를 믿는 자는 내가 하는 일을 그도 할 것이요 또한 그보다 큰일도 하리니 이는 내가 아버지께로 감이라 요 14:12

어떻게 이런 일이 일어날 수 있을까요? 십자가의 능력으로 우리가 예수님과 연합한 자가 되기 때문입니다. 로마서 6장에서 주 예수님을 믿은 자는 예수님께서 십자가에서 죽으실 때 그도 함께 죽었으며, 예수님께서 부활하실 때 그도 부활하신 예수님과 연합한 자가 되었다고 했습니다. 우리는 이것을 믿기만 하면 됩니다.

이와 같이 너희도 너희 자신을 죄에 대하여는 죽은 자요 그리스도 예수 안에서 하나님께 대하여는 살아 있는 자로 여길지어다 롬 6:11

예수님과 연합한 자가 죄와 욕심과 질투의 종노릇을 할 수는 없는 것입니다. 예수님께서는 이 놀라운 복음을 요한복음 15장 5절에서 "나는 포도나무요 너희는 가지라"라는 놀라운 말씀으로 선포하셨습니다. 우리가 할 일은 '예수님 안에 거하는' 것뿐입니다. 그러면 예수님께서도 우리 안에 거하십니다. 그리고 그렇게 할 때 예수님께서 우리를 통하여 열매를 많이 맺을 것이라 하셨습니다. 삶이 변화되는 것입니다.

삶을 변화시키라는 것이 아닙니다. 삶이 변화된다는 것입니다.

> 그런즉 누구든지 그리스도 안에 있으면 새로운 피조물이라 이전 것은 지나갔으니 보라 새것이 되었도다 고후 5:17

그리스도인의 삶이란, 매일매일 가까운 사람들과 싸우고 살고, 시기질투하며 살고, 욕심에 끌려 살면서 죽고 난 다음에 천국 갈 거라는 가느다란 소망으로 겨우 버티며 사는 것이 결코 아닙니다. 우리가 받은 구원은 단지 모든 죄를 사함받아서 죽고 난 다음 천국에 가는 것만이 아닙니다. 우리가 받은 구원은 날마다 보화를 발견한 기쁨으로 충만하고, 세상 유익하던 것이 배설물처럼 보이는 놀라운 눈이 뜨이며, 생수의 강이 흘러넘치는 은혜의 삶이고, 어떤 형편에서도 만족할 수 있는 능력의 삶인 것입니다.

예수님은 "나더러 주여 주여 하는 자마다 다 천국에 들어갈 것이 아니요 다만 하늘에 계신 내 아버지의 뜻대로 행하는 자라야 들어가리라"(마 7:21)라고 말씀하셨습니다. 이 말씀은 얼핏 듣기에 죄를 이기지 못하고, 원수도 용서 못하고, 고난에 감사하지 못하고, 자아가 죽지 않으면 천국에 들어가지 못한다는 식으로 들립니다. 그러나 주님이 말씀하시려는 진정한 의도는 하나님의 뜻대로 살게 되는 복음을 선포하시려는 것이었습니다. 하나님의 뜻대로 사는 것은 예수 그리스도 안에서 우리에게 약속된 축복이라는 것입니다. 그러므로 입으로 "주여 주여"만 하지 말고 하나님의 뜻대로 살 수 있음을 믿으라는 것입니다.

많은 그리스도인들이 말씀을 듣기만 하지 실제로 말씀이 이루어진 삶을 살지 못하는 이유는 십자가 복음을 지식이나 교리로 믿기 때문입니다. 주 예수님과 연합한 자로서 주님과 친밀하고 행복하게 동행하는 삶을 살게 될 것이라는 놀라운 약속을 잊어버린 것입니다. 그래서 주님 안에 거하는 것을 제대로 배우지 못한 것입니다.

우리에게 필요한 것은 정죄하는 말이 아닙니다. 그리스도인으로서 복된 삶을 사는 증인들입니다. 삶을 변화시키는 복음을 실제 삶으로 증거하는 이들이야말로 삶의 문제로 혼란스러워하고 좌절하는 많은 믿음의 형제자매들을 도울 수 있을 것입니다. 만약 예수님을 믿었지만 주 예수님과 행복하게 동행하는 삶을 살지 못하고 있다면 지금부터라도 주님과 인격적이고 친밀한 삶을 살기 시작해야 합니다. 지금이라도 베드로가 물 위를 걸은 것처럼 믿음으로 주님과 동행하는 삶으로 발을 내디뎌 보시기 바랍니다. 정말 시작이 반입니다. *20140527*

훈 련 받 는   자 의   태 도

저는 어려서부터 실패하는 것에 대한 두려움이 많았습니다. 목사의 아들이었고 사남매의 맏이였기 때문에 실수하면 안 된다는 눌림이 있었습니다. 제가 운동을 잘 못하고 실용적인 영어 회화를 못하는 이유가 바로 실패하는 것이 두렵고 실수해서 웃음거리가 되는 것이 두려웠기 때문입니다. 지금 생각하면 얼마나 어리석고 바보 같은 생각이었는지 모릅니다.

실패해도 되고 실수해도 될 때가 있습니다. 어릴 때, 배울 때, 훈련 중일 때, 아직 책임이 중하지 않을 때는 실패와 실수가 반드시 필요합니다. 사람은 실패하고 실수할 때 가장 많이 깨닫고 배우기 때문입니다. 그런데 그때를 지나고 나면 실패하거나 실수해서는 안 될 때가 옵니다. 그때는 배우고 훈련받는 때를 지나 가정이나 교회나 사회에서 막중한 책임을 지게 될 때입니다. 이때 실패하고 실수하면 자신만이 아니라 주위 많은 사람들에게 큰 피해와 상처를 주게 됩니다.

요즘 실언이라고 하기에 너무 무책임한 발언과 행동으로 많은 사람들에게 분노와 고통을 주는 지도자들을 봅니다. 그들의 문제는 실패와 실수를 통해 훈련받고 배우지 못했다는 것입니다. 저는 하나님의 뜻대로 사는 데서 실패하고 싶지 않습니다. 실수조차 하고 싶지 않습니다. 그러나 하나님의 뜻을 깨닫는 데 있어서 여전히 미흡하고 부족하다는 것을 절실히 느낍니다. 그것이 가장 두려운 일입니다. 그러다보니 점점 더 제 자신을 감추고 숨고자 하는 마음이 듭니다. 실수 한 번 하면 사람들이 어떻게 반응할지 생각만 해도 두려울 정도입니다.

"하나님의 뜻을 분별하는 데 실패한다면 과연 용납받을 수 있을까요?"

이 문제로 힘들어할 때, 주님은 제게 사람들로부터 특별한 사람이라고 인정받고자 하는 것을 내려놓으라는 마음을 주십니다. "진실한 목사다", "괜찮은 목사다", "은혜가 넘치는 목사다" 이런 평가를 받는 것을 포기하라고 하십니다. 그것이 제가 살길이라고 하십니다. 주님은 제게 사람들의 평가에 일희일비할 시간이 없다고 하십니다. 실패와 실수를 통해서 배울 수밖에 없는 것이 있는데, 사람들의 평가에 연연하느라 조심조심하다가는 아무것도 배울 수 없다는 것입니다. 지금이라도 정직하게 훈련받는 자의 태도를 가지라는 것입니다.

그러려면 실패와 실수를 두려워하지 말라고 하십니다. 하나님의 뜻을 온전히 깨닫기까지 수없는 실패와 실수를 겪게 마련인데, 그것을 두려워하면 더 높고 놀라운 하나님의 뜻을 깨달을 만큼 성숙하지 못한다는 것입니다. 돌아보면 실패와 실수를 통해 가장 많이 배웠습니다. 지금도 마찬가지일 것입니다. 그래서 쉽지 않은 일이었지만 저는 실패와 실수를 두려워하지 않기로 결단하였습니다. 아직은 제가 훈련받는 기간임을 인정하기로 했습니다.

"나는 주님과 친밀히 동행하는 삶을 살겠습니다!"

이렇게 선언하는 것이 얼마나 두려운 일인지 모릅니다. 혼자 조용히 결심하면 될 것을 사람들이 다 알도록 호들갑을 떨 필요가 무엇입니까? 그러나 혼자 조용히 결단한 것은 혼자 조용히 그만두고 만다는 것을 평생 체험하고 살았기 때문에 호들갑스럽다고 여길지라도 공개적으로 주님과 친밀히 동행하는 삶을 살려는 것입니다. 한마디로 돌아갈 퇴로를 차단하기 위해서 그렇습니다.

영성일기를 쓰고 나누는 것도, 매일 페이스북에 칼럼을 쓰는 것도, 목적은 오직 하나입니다. 주님과의 친밀한 삶을 훈련받으려는 것입니다.

그 갈망이 워낙 크다보니 부담스러운 일이 한둘이 아니었지만 시작한 것입니다. 일기를 나누며 살다보니 솔직히 힘든 것이 많습니다. 마음을 열기로 작정하고 나니 아주 작은 일 하나까지도 신경이 쓰입니다. 매일 칼럼을 쓰다보면 지적받고 비난받는 일이 많습니다. 어떤 때는 묵묵히 온갖 비난을 받아야 할 때도 있지만 사과해야 할 때도 여러 번 있었습니다. 그때마다 왜 내가 사서 고생하나 하는 생각이 들기도 했습니다.

그러나 다른 것이 아니라 주님과 친밀히 동행하는 삶을 훈련받고자 하는 갈망으로 오늘도 계속하는 것입니다. 다른 것은 후회가 되더라도 별 상관이 없지만 하나님의 뜻을 바로 분별하는 것만큼은 결코 포기할 수 없는 일입니다. 마지막에 하나님 앞에 설 때, 실패와 실수가 두려워서 하나님의 뜻대로 사는 훈련을 시도해보지 못했다는 것을 깨닫는다면 정말 끔찍할 것입니다. 사람들의 손가락질을 받아도 좋습니다. 조롱하고 비웃어도 좋습니다. 그래서 정말 실패하지 말아야 할 때, 실수해서는 안 될 때, 주님의 뜻을 더 정확히 분별하게 되었다면 그것으로 충분합니다. 만족합니다.

어느 순간에는 훈련이 안 되는 때가 올지도 모른다는 생각이 듭니다. 정말 나이가 들어가는 것이 느껴집니다. 지적 능력이 예전 같지 않으며 시대를 보는 감각도 많이 떨어졌습니다. 때로 저 자신의 무능함을 느낍니다. 저는 알지 못해도 다른 사람이 보기에 고집과 편견이 커졌을 것입니다. 그런데 어느덧 저의 위치는 이전보다 훨씬 앞에, 또 훨씬 위에 있습니다. 이것이 두려운 것입니다. 어느 순간 저도 모르게 영적 감각이 무디어져서 하나님을 욕되게 하고 삶을 마치게 되지는 않을까요? 그래서 너무 늦게 깨달았다는 두려운 순간을 맞이하지 않기 위하여 지금 저 자신에 대하여 정직하고 싶은 것입니다.

분명한 것은 저에게는 아직 훈련이 필요하다는 것입니다. 아마 주님 앞에 설 때까지 그럴지도 모르겠습니다. 그러나 이처럼 주님과 동행하는 삶을 공개하며 지내는 동안 실패와 실수도 많았지만 제가 얻은 영적 축복이 얼마나 큰지 모릅니다. 왜 진작 이렇게 살지 못했을까 안타까울 뿐입니다. 여러분도 실패와 실수를 두려워하지 말고 공개적으로 주님과의 친밀한 삶을 시작해보시기 바랍니다. *20140529*

주님과 나 사이를 막는 것

주님께서 저를 가장 많이 다루시는 것 중에 하나가 마음의 정결함입니다. 한마디로 헛되고 더러운 생각을 허용하지 말라는 것입니다. 실제로 제 생각이 수시로 곁길로 흐르는 것을 느낍니다. 정말 마귀는 생각을 통하여 역사하는 모양입니다.

마귀가 벌써 시몬의 아들 가룟 유다의 마음에 예수를 팔려는 생각을 넣었더라 요 13:2

24시간 주님을 바라보려고 하면서 제게 일어난 변화 중 하나는 생각이 떠오르는 것까지 마음대로 할 수는 없지만, 주님이 기뻐하시지 않는 생각이 떠오를 때 즉시 깨닫게 된다는 것입니다. 그래서 주님이 기뻐하시지 않는 생각을 품지 않게 되었습니다.

'생각까지 다스림을 받아야 하는 것은 너무하지 않은가?'

이렇게 생각할 수도 있습니다. 실제로 저도 전에는 더럽고 추한 말이나 행동을 하지 않으면 죄짓지 않았다고 여겼습니다. 그러나 주님은 생각이 더럽고 추하면 그는 이미 더러운 사람이라고 하셨습니다. 그렇습니다. 생각이 더러우면서 주님을 마음에 왕으로 모셨다고 할 수는 없는 것입니다.

갈렙교회를 섬기는 유호진 전도사가 얼마 전 딸을 얻었는데, 딸이 태어난 지 3주 정도 지나서 페이스북에 올린 글입니다.

"하루하루 얼굴이 바뀌는데 너무 예쁘고 사랑스럽습니다. 교회에 나오면 집에 있는 딸이 자꾸 생각나고 보고 싶어 일에 집중이 안 될 정도입니다. 집에 가자마자 아기 얼굴에 뽀뽀해대고 깨물고 난리가 납니다. 그런데 제가 어제까지 독감에 걸려 고생을 했는데 독감 판정을 받자마자 아내가 저를 격리시키는 겁니다. 방에서 쫓거나 거실에서 생활하며 아이 근처에는 오지도 못하게 했습니다."

유호진 전도사로서는 매우 서운했겠지만, 그게 맞는 것입니다. 아무리 아빠라도 독감이 걸린 상태인데 어떻게 갓난아이에게 가까이하도록 허락할 수 있겠습니까? 주님과 우리 사이도 마찬가지입니다. 우리의 생각이 더러우면 주님과의 사이에 막힘이 생기게 마련입니다. 이 문제가 해결되지 않으면 주님과의 관계는 계속 답답한 채 변화가 없을 것입니다. 그래서 주님은 생각에서부터 정결한 사람이 되라고 하시는 것입니다. 그렇지 않으면 결코 진정한 삶의 변화는 없는 것입니다.

나는 참포도나무요 내 아버지는 농부라 무릇 내게 붙어 있어 열매를 맺지
아니하는 가지는 아버지께서 그것을 제거해 버리시고 무릇 열매를 맺는
가지는 더 열매를 맺게 하려 하여 그것을 깨끗하게 하시느니라 요 15:1,2

영적으로 무언가 막혔다고 느껴지면 몸부림치지 말고 회개할 것이 없는
지 점검해야 할 것입니다. 그리고 생각에서부터 정결함을 지켜야 합니다.

20140530

뜻은 좋은데 열매가 없다?

참 신실한 목사님이 계십니다. 그 분은 놀라운 십자가 복음을 깨닫
고 오직 주님 뜻대로, 철저히 주님의 영광만 위하여 사역하고자 결단하
였습니다. 그래서 다들 부러워하는 교회를 사임하고 어려운 개척교회를
시작하였습니다. 정말 뜨겁게 기도하고 믿음의 실험을 하면서 하나님의
역사를 증거하고 싶어 하였습니다. 참 귀한 태도라 감사하였습니다.

그런데 문제는 오랫동안 전도의 열매가 없는 것입니다. 교회는 계속
자립하지 못하고 있고, 그로 인해 목사님은 점점 낙심하고 좌절해갔습
니다. 한 번 만나서 상담해주기를 요청하시기에 만나게 되었습니다. 서
로 진지하고도 솔직히 자신을 드러내며 무엇이 문제인지 찾는 시간을
가졌습니다.

목사님과 대화하다가 이전 교회를 사임하고 새로 교회를 개척하는
과정에서 정말 주님의 인도하심을 받았는지 진단해보자고 했습니다. 정
말 주님이 그리하라고 하신 것인지, 아니면 이전 교회에 대한 실망과 불

만 때문에 새 교회를 개척하는 것이 하나님의 뜻이라고 합리화한 것은 아니었는지 살펴보자고 하였습니다.

예수님이 교회의 머리가 되시는 교회를 세우는 것은 분명 좋은 뜻이지만, 문제가 있는 교회에서 그 일을 해야 하는지 아니면 떠나서 새 교회를 세워야 하는지는 또 다른 문제입니다. 주님의 인도하심은 떠나고 싶을 때 머물러 있으라 하시는 경우도 많고, 머물고 싶은데 떠나라 하시는 경우도 많습니다. 그런 점에서 그 목사님은 떠나고 싶은 마음이 간절하던 중에 모든 상황을 떠나야 하는 것으로 해석했던 것입니다.

결국 주님의 뜻이 아니라 자신의 뜻대로 한 것입니다. 뜻은 좋은데 열매가 없는 것은 자기가 원하는 대로 한 경우입니다. 그 목사님과 대화하면서 얻은 결론은 좋은 뜻만으로는 하나님의 역사가 일어나지 않는다는 것이었습니다. 좋은 뜻도 중요하지만 그에 못지않게 필요한 것이 있습니다. 그것은 주님 안에 거하는 훈련이 되어야 한다는 것입니다. 완전한 순종입니다.

모세는 40세가 되었을 때 참 좋은 생각을 하였습니다.

나이가 사십이 되매 그 형제 이스라엘 자손을 돌볼 생각이 나더니 행 7:23

이집트의 왕자이면서도 자신의 종살이하는 동족(同族)을 돌볼 생각을 했다는 것은 분명 좋은 생각이었습니다. 하나님을 위한 생각이었고 동족을 위한 생각이었습니다. 그런데 모세가 그 생각을 행동으로 옮겼을 때, 결과는 비참했고 열매는 없었습니다. 하나님께서 왜 거룩한 생각을 품은 모세를 도와주지 않으셨을까요? 모세의 문제는 무엇이었을까요? 모세의 문제는 하나님께서 주신 거룩한 뜻을 언제 어떤 방법으로 풀어가야 하는지 전혀 훈련받지 못했다는 것입니다. 하나님의 뜻은 하나님께서 친히 이루신다는 것을 몰랐던 것입니다. 그래서 그는 스스로 이해할 수 없는 광야 40년의 연단을 받습니다. 거룩한 뜻을 품은, 죄 아닌 죄 때문에 말입니다.

하나님의 거룩한 뜻을 품는 것은 매우 중요합니다. 그러나 그 순간에도 조심해야 할 것은 그 방법과 과정을 자신이 보기에 옳은 것으로 결정해서는 안 된다는 것입니다. 주님 뜻대로 살려고 하지만 그것도 자신의 의지가 너무 많이 들어가면 오히려 주님의 역사를 가로막을 수 있습니다. 이 미묘한 차이를 이해하고 분별하는 과정에 연단이 있습니다. 우리가 반드시 깨우쳐야 할 것은 문제가 생기면 항상 기본으로 돌아가서 자신을 진단하고 새롭게 시작해야 한다는 것입니다. 우리에게 무엇보다 중요한 영적 근본 자세는 주님 안에 거하는 것입니다.

> 내 안에 거하라 나도 너희 안에 거하리라 가지가 포도나무에 붙어 있지 아니하면 스스로 열매를 맺을 수 없음 같이 너희도 내 안에 있지 아니하면 그러하리라 요 15:4

아내에게 근육통이 생겨 힘들 때 통증클리닉을 운영하시는 백상준 집사님을 만났습니다. 믿음이 훌륭하고 실력 있는 참 좋은 집사님이셨습니다. 집사님은 아내의 통증 부위를 치료하면서 먼저 자세를 교정해주었고, 바로 걷는 훈련부터 시켰습니다. 근육통이 오는 근본 원인을 바로 잡지 않고는 근육통이 완치될 수 없기 때문입니다. 운동은 열심히만 한다고 다 좋은 것이 아니라고 합니다. 열심히 운동하기 때문에 오히려 병과 통증을 얻는 경우가 많습니다. 몸의 자세가 틀어진 경우입니다.

영적으로도 마찬가지입니다. 큰일을 감당하기 전에 평범한 일상생활에서 먼저 주님 안에 거하는 사람이 되어야 합니다. 예수님께서는 우리의 삶과 사역이 지치고 메마르게 되는 이유를 명확히 말씀하셨습니다. 주님 안에 거하지 않은 것입니다!

사람이 내 안에 거하지 아니하면 가지처럼 밖에 버려져 마르나니 사람들이 그것을 모아다가 불에 던져 사르느니라 요 15:6

주님 안에 거하는 사람은 환경과 처지에 상관없이 마음에 기쁨과 감사, 평안과 사랑이 넘칩니다. 만약 기쁨과 감사와 평안과 사랑을 잃어버렸다면 언제부터인가 주님 안에 거하고 있지 않은 것입니다. 잘 살고 싶은데 자꾸 힘든 일만 생기고 고통스러우며 열매가 없을 때 자신이나 다른 사람 또는 환경을 탓하지 말아야 합니다. 심지어 하나님을 원망하는 그리스도인들도 있는데, 그리하면 안 됩니다. 근본으로 돌아가 자신을 점검해보아야 합니다.

'나는 지금 주님 안에 있는가?'

20140531

주님께
복종하는 훈련

오늘도 주님과 함께 사는 날

미국에 양부모님이 사시는데 이제는 많이 연로해지셨습니다. 90세가 넘으신 후부터는 운전하지 마시도록 강권하여 찾아오는 사람들만 만나십니다. 며칠 동안의 짧은 시간, 뵙고 떠나오면서 적적함이 얼마나 크실까 생각하니 너무나 죄송하였습니다.

그러면서 저를 돌아보았습니다.

'만일 내가 아버님처럼 나이가 많이 들면 무슨 낙으로 살게 될까?'

그때 에녹이 생각났습니다. 성경에 의하면 에녹은 하나님과 동행하더니 하나님이 그를 데려가시므로 세상에 있지 아니하였다고 했습니다. 에녹은 평생 하나님과 동행하는 사람이었습니다. 때문에 환경과 여건에 상관없이 행복했을 것입니다. 저는 에녹과 같은 축복을 주시기를 기도했습니다.

제가 그토록 24시간 주님을 바라보면서 주님과 친밀히 동행하는 삶을 살고자 하는 것은 에녹이 누렸던 그 기쁨을 나이가 들어서도 계속 누리기 원하기 때문입니다. 전에는 목회와 사역의 보람을 위해 살았던 것 같습니다. 그러나 목회와 사역은 제 삶의 목표일 수 없음을 깨달았습니다. 사역의 열매는 제가 신경 쓸 문제가 아니었습니다. 제 생명이 되시고 왕이신 주 예수님께서 친히 하실 것입니다. 저는 가지가 포도나무에 붙어 있는 것처럼 언제나 주님 안에 거하기만 하면 충분한 것입니다.

제가 있는 이곳 댈러스는 정말 넓고 넓은 평원입니다. 주위 사방에 산이 없습니다. 이곳 사람들의 신앙이 복음적이고 여전히 교회가 부흥되는 이유는 하나님 외에 바라볼 데가 없기 때문이라는 우스갯말도 들었습니다. 정말 그렇다는 느낌입니다.

저는 이곳 댈러스가 정말 좋습니다. 날씨는 뜨겁습니다. 댈러스의 태양은 유난히 이글거립니다. 그래서 어디 구경할 곳을 찾아 돌아다닐 엄두가 나지 않습니다. 24시간 주님만 바라보기에 너무나 좋은 환경입니다. 오늘 아침 해뜨기 전에 숙소 주변에 있는 십자가 동산에 가서 기도를 하는데, 하루가 얼마나 새롭게 여겨졌는지 모릅니다. 그래서 뜨겁게 감사하며 주님을 찬양했습니다!

요즘은 아침마다 마치 소풍을 떠나는 어린아이같이 기쁩니다. 기쁜 일이 많기 때문이 아닙니다. 24시간 주님을 바라보면서 기쁨의 조건이 완전히 변한 것 같습니다. 제 마음이 기쁜 이유는 하나입니다. 오늘도 주님과 함께 사는 날이기 때문입니다.

다음은 프랭크 루박 선교사님이 24시간 하나님을 바라보며 살기로 결단하고 5개월이 지난 1930년 5월 24일 일기입니다.

요즘은 걱정이 전혀 없고 잠도 잘 잔다. 거의 온종일 기쁨에 사로잡혀 있다. 거울을 봐도 내 눈빛과 얼굴에 새로운 광채가 있다. 어떤 일에도 더 이상 조급한 마음이 없다. 모든 일이 잘된다.

24시간 주님을 바라보면서 프랭크 루박 선교사님이 경험했던 그 기쁨이 무엇인지 알 것 같습니다. 요즘 매일 아침에 누리는 축복입니다.

20140604

비밀로 할 일이 없는 삶

영성일기를 쓸 때, 많은 분들이 일기를 공개하는 것 때문에 힘들어하시는 것 같습니다. 다른 사람들에게 마음을 여는 것이 마치 자신의 벌거벗은 모습을 보이는 것같이 두렵다는 것입니다. 그리고 그런 일로 인해 교회 공동체 안에 시험이 생기지 않을까 걱정합니다. 실제로 이 문제를 미숙하게 다루어 시험이 된 경우도 있었습니다.

그러나 정말 두려워해야 할 것은 마음이 드러나는 것이 아니라 마음을 감추고 사는 것임을 알아야 합니다. 하나님은 중심을 보신다고 했고 예수님은 우리 마음에 오셨다고 했습니다. 그렇다면 주님은 우리 마음을 이미 다 알고 계신 것입니다. 그런데 사람들에게만 감춘다고 감춘 것인지 깊이 생각해보아야 합니다. 영원히 감출 수 있는 것이라면 굳이 마음을 드러낼 필요가 없을지도 모릅니다. 그러나 결국은 다 드러날 것입니다.

마음이 너무 복잡하고 추하다고 생각하여 마음을 열기 두렵다면 그 것이 어떤 것인지, 그 마음으로 평생 살 것인지, 주님 앞에까지 갈 것인지 생각해보아야 합니다. 그것을 평생 마음에 품고 살다가 주님 앞에 섰을 때 모든 이들에게 드러나는 것은 정말 끔찍한 일입니다. 도무지 공 개할 수 없는 어떤 마음을 품고 있다면 진심으로 회개하고 그 생각을 마음에서 쫓아내거나 또는 치유받는 시간을 가지시기 바랍니다. 주님 을 내 마음에 생명이요 왕으로 영접하는 것입니다. 그다음부터 영성일기 를 쓰면 되겠습니다.

주님 앞에 섰을 때 벌거벗은 자로 발견되지 않도록 지금 주님으로 옷 입는 것이 필요합니다. 차마 공개할 수 없는 내용을 공개하라는 것이 아닙니다. 공개할 수 없는 일이 있을 수 있습니다. 다른 사람과 관련된 일인 경우에 특히 그렇습니다. 영성일기는 그런 것을 미주알고주알 기록 하는 생활일기나 비밀일기가 아닙니다. 그러한 순간에 주님을 바라보았 는지를 기록하는 것입니다. 그러한 일에 대하여는 익명으로 써도 되고 힘든 일이라든지 큰 실수라고 표현해도 무방합니다. 중요한 것은 그 순 간에 주님을 바라보았느냐 하는 것입니다. 주님을 바라보았다면 마음 과 말과 행동에 어떤 변화가 있었는지, 주님을 바라보지 못했을 때 어떤 일이 있었는지를 기록해보라는 것입니다.

만약 도무지 다른 사람과 나눌 수 없는 것이 마음에 있다고 깨달아 졌다면 그 역시 주님의 역사라고 해야 하겠습니다. 주님은 빛이십니다. 그렇기 때문에 주님을 바라보다보면 평소에 안 보이던 것이 드러나는 것입니다. 빛이 비치면 어둠 속에 있던 것이 다 드러나듯이 말입니다. 그러므로 아무리 힘들어도 일기를 안 쓰는 것보다 한 줄이라도 쓰는 것이 필요합니다. 문은 다 열 수도 있고 조금 열 수도 있습니다. 안 여는 것보다 조금이라도 여는 것이 중요합니다. 조금만 열어도 그 영향은 엄청납니다. 열린 문틈으로 빛이 들어오기 때문입니다. 결국 문을 열면 마음은 변화됩니다.

우리가 하나님 앞에 단 1분만 서 있어보면 더 이상 마음을 감추고 살지 않을 것입니다. 할 수 있는 대로 빨리 정리해서 해결해버리고 싶을 것입니다. 집 안을 치워야지 생각만 하고 막상 치우지 못하다가도 목사님이 심방을 오시면 금방 치워집니다. 집을 여니 집이 치워지는 것입니다. 마음도 마찬가지입니다. 마음을 열면 주님이 오시고 우리 마음이 정리됩니다.

그렇게 할 때 진정으로 변화된 삶을 살게 됩니다. 은밀한 죄를 짓고 사는 것이 더 이상 불가능해집니다. "나는 죽었다", "예수님이 내 안에 계신다"는 사실이 놀랍게 믿어집니다. "꼭꼭 숨어라. 머리카락 보일라"가 아닙니다. 예수 그리스도를 영접한 사람의 삶은 더 이상 숨기고 감추고 누르고 참고 사는 것이 아닙니다. 마음을 열고 또 열어도 아무 거리낌도 부담도 없고 오히려 기쁜 삶이 놀라운 것입니다. 마음을 열면 주님이 보이기 때문입니다.

영성일기는 궁극적으로 사람들에게 비밀로 할 일이 없는 삶을 살기 위해 도움이 되는 방법입니다. 매일 주님과 동행하는 삶을 기록하다보면 어느 순간 자신의 삶이나 마음에 구태여 사람들에게 비밀로 할 일이 없어진 것을 느끼게 됩니다. 이것이 영성일기를 쓰고 또 나누어보라는 이유입니다. 그러나 영성일기를 나누는 것이 모든 사람에게 공개하라는 것은 아닙니다. 서로 믿고 중보해줄 수 있는 안전한 나눔방에서 그리하라는 것입니다. 어떤 분은 제가 쓰고 있는 이 글이 저의 영성일기인 줄 아시지만 이것은 24시간 주님을 바라보는 일을 권면하려고 쓰는 칼럼입니다.

저도 안전한 나눔방에서 영성일기를 나누고 있습니다. *20140605*

육 신 의 종 노 릇 하 지 않 는 길

우리는 항상 육신이라는 사납고 통제가 되지 않는 존재와 함께 있다는 것을 명심하고 살아야 합니다. 늘 조심하지 않으면 어느 순간 육신은 우리를 제압하고 질질 끌고 다니면서 우리를 비참하게 만들어버립니다.

어제 하루, 제 안에 육신이 얼마나 강한지를 느꼈습니다. 나이가 이만큼 들었는데도, 주님만 바라보려고 그렇게 애를 쓰는데도 육신은 조금도 변하지 않았습니다. 그것이 한편으로는 제게 큰 좌절이 되기도 했습니다. 그러나 주님은 잊을 만하면 다시 한 번 제 육신의 힘이 얼마나 강한지를 깨닫게 해주십니다.

사도 바울은 로마서 7장에서 자기 안에 자신이 원하는 선(善)은 행하지 않고 도리어 원하지 않는 악(惡)을 행하게 만드는 죄가 있다고 고백하였습니다. 그러면서 그는 이렇게 탄식했습니다.

오호라 나는 곤고한 사람이로다 이 사망의 몸에서 누가 나를 건져내랴

롬 7:24

그러나 이 탄식 때문에 사도 바울이 살았음을 알아야 합니다. 그는 자신에 대한 절망으로 탄식했으나 곧 하나님을 찬양하였습니다.

우리 주 예수 그리스도로 말미암아 하나님께 감사하리로다 롬 7:25

사도 바울은 자신 안에 엄청난 죄의 본성이 있음을 알았기에 더욱 주님만 바라보며 살았던 것입니다. 그래서 오히려 죄의 종노릇을 하지 않을 수 있었던 것입니다. 우리가 죄에 무너지는 것은 육신을 가지고 있기 때문이 아닙니다. 통제되지 않는 육신을 가지고 있다는 것을 명심하지 않았기 때문입니다. 그래서 저는 항상 저 자신이 죄 덩어리인 육신을 가지고 사는 자임을 명심하려고 애씁니다. 그것만이 제가 계속 주님을 갈망하게 되는 이유가 되기 때문입니다.

필립 얀시는 《내가 알지 못했던 예수》(IVP, 2012)라는 책에서 예수님의 연약함에 대하여 썼습니다.

예수님도 고통당할 때 나와 비슷하게 반응하셨다는 사실이 이상하게도 위로가 된다. 그분은 겟세마네 동산에서 이렇게 기도하지 않으셨다. "오, 주님. 제가 당신을 위해 고난당하도록 선택해주셔서 감사합니다. 그런 특권을 주셔서 너무나 기쁩니다!" 그렇지 않다. 그분은 슬픔, 두려움,

버려진 느낌, 절망이 서서히 다가오는 것 같은 처절한 감정을 체험하셨다.

필립 얀시는 이와 같은 예수님의 연약한 모습을 통하여 말할 수 없는 위로를 받았다고 합니다. 예수님도 육신을 가진 사람이셨기에 육신의 영향을 받으며 살 수밖에 없으셨던 것입니다. 그래서 이른 새벽에 기도하셨고 밤이 맞도록 기도하셨고 울면서 기도하셨으며 "나의 원대로 마옵소서"라고 기도하셨고 "어찌하여 나를 버리셨나이까?" 하고 울부짖기도 하신 것입니다.

그러나 예수님은 한 번도 육신의 종노릇을 하지 않으셨습니다. 항상 성령님을 따라 사셨기 때문입니다. 그러므로 우리도 육신을 가졌다고 낙심할 필요는 없습니다. 다시는 육신대로 살지 않겠다고 결심해도 안 된다고 좌절해서도 안 됩니다. 육신을 가지고 사는 것이 오히려 감사한 일일 수 있습니다. 더욱 주님을 갈망하게 되기 때문입니다.

24시간 주님을 바라보는 일을 부담스럽게 여기는 이들도 있습니다. 그것은 아직 자기 육신이 얼마나 무서운 존재인지 분명히 인식하지 못했기 때문이 아닌가 생각됩니다. 자신의 육신이 얼마나 강한지 아는 자에게 24시간 주님을 바라볼 수 있다는 것은 놀라운 구원의 소식과도 같습니다. 많은 그리스도인들이 자꾸 죄를 짓기 때문에 어쩔 수 없이 죄를 짓고 산다고 믿고 있습니다. 하지만 그렇게 믿으니까 육신대로 사는 그리스도인이 되고 마는 것입니다. 아닙니다. 우리는 죄를 이기게 하시고, 환경을 초월하여 주님을 바라보며 살게 하시는 하나님을 찬양해야 합니다.

감리교의 창시자인 웨슬리 목사님은 거듭난 신자라면 어린 신자라도 죄를 이길 수 있다고 가르쳤고, 또 성화된 사람일지라도 어쩌다 죄를 지을 수 있다고 가르쳤습니다. 이는 모든 사람이 죄에서 완전히 자유로울 수 없다는 것과, 그렇기 때문에 전적으로 예수님을 바라보고 의지해야 한다는, 즉 연합의 상태에서 분리되어서는 안 된다고 역설하신 것입니다.

육신의 짐이 죄성만은 아닙니다. 육신의 질병이나 어리석음, 무능함 등도 다 육신의 무거운 짐입니다. 그러나 그 역시 육신 자체가 문제가 아닙니다. 너무 연약한 육신을 가진 자임을 명심하고 살지 않는 것이 문제입니다. 육신의 연약함도 그것을 알고 있는 자에게는 오히려 축복이 될 수 있습니다. 사도 바울은 육신의 가시로 인하여 기뻐하고 심지어 자랑까지 했습니다. 그것은 육신의 가시 때문에 오직 주님만을 항상 바라볼 수 있었기 때문입니다.

마음대로 할 수 없는 것이 고통이며 원망할 일만은 아닙니다. 오히려 감사할 일입니다. 감옥에 간 교인이 있었습니다. 나중에 그곳에 들어간 것에 감사하였습니다. 마음대로 할 수 없게 된 감옥이라는 환경으로 인하여 비로소 주님께 복종하는 훈련을 할 수 있었다는 것입니다.

우리가 육신을 가진 자임을 명심하게 되면 다른 사람의 죄나 연약함을 정죄하거나 판단하거나 무시하지 않게 됩니다. 긍휼히 여길 수 있습니다. 그들이 짓는 죄는 미워하지만 결코 그들을 정죄할 수 없는 것은 자신도 육신을 가진 자로서 결국 그와 같음을 알기 때문입니다. 육신을 가지고 사는 것을 명심하는 자는 무엇보다 먼저 마음을 지키게 됩니다. 자신이 너무 쉽게 육신에 끌려가게 되는 것을 알기 때문입니다.

그러므로 육신의 힘이 강해지기 전에 다스려야 합니다. 틈을 주지 말아야 합니다. 생각에서부터 육신이 원하는 것을 허락하면 어느 순간 통제되지 않는 힘을 갖게 되고 짐승처럼 행동하게 됩니다. 그러나 이 말은 짐승을 모독하는 말입니다. 실제는 악마처럼 행동하게 됩니다. 가룟 유다가 예수님을 팔려는 생각을 거부하지 않으니 마귀가 그에게 들어가버렸습니다. 그때는 예수님도 "네 할 일을 속히 하라"고 하실 수밖에 없으셨습니다.

그러므로 육신에 끌려다니지 않겠다고 결심만 해서는 안 됩니다. '항상', '24시간', 주님을 바라보고 매사에 성령님을 따라 살아야 합니다. 주님은 반드시 우리를 붙들어주십니다. 그리고 반드시 마음을 나누는 공동체에 속해야 합니다. 자신의 힘과 의지만으로는 도무지 이길 수 없는 때가 오기 때문입니다. 공동체가 없는 자는 무너질 수밖에 없습니다. 자신의 연약함을 고백할 수 있고, 또 서로 지켜줄 수 있고, 계속해서 주님을 바라보도록 격려받을 수 있는 공동체에 속해 있어야 합니다. 이것이 교회의 축복입니다. 또한 우리는 육신을 가지고 있음을 명심하기에 "주 예수여 속히 오시옵소서"라고 진심으로 기도하게 됩니다. 주님이 오시는 그 날은 육신도 구속함을 입는 날이기 때문입니다. *20140606*

하 나 님 이   우 리 와   함 께   계 심 이 라

목사님 한 분이 차량 수리를 위해 정비소에 차를 맡겼는데, 견적이 얼마나 나올지 걱정이 되더랍니다. 그 순간 '주 예수님, 도와주세요'라는

기도가 절로 나왔는데, 생각해보니 그때, 그날 중에 처음 예수님을 생각했음을 알았답니다.

그 심정을 영성일기에 이렇게 썼습니다.

"좋을 때에는 생각나지 않다가 급할 때에 생각나는 예수님이 아직 내 신앙의 현주소이다. 예수님은 화장실의 휴지가 아닌데도 말이다."

예수님은 화장실의 휴지가 아니라는 부분에서 웃음이 터졌습니다. 한참을 웃었습니다. 공감이 갔기 때문입니다. 그런데 웃다가 눈물이 났습니다. 이것이 웃을 일인가 하는 생각이 들었습니다.

'예수님이 화장실의 휴지?'

정말 예수님께서 우리 안에 오셨음을 믿는다면 24시간 예수님을 바라보아야 정상입니다. 그러나 많은 그리스도인들이 자신에게 급한 볼일이 생겼을 때에야 주님을 바라봅니다. '화장실의 휴지' 취급을 하는 것입니다. 그러나 그 정도만 되어도 믿음이 괜찮은 사람입니다. 절박한 처지에 빠져도 주님을 바라보지 못하는 이들도 많습니다. 예수님을 화장실의 휴지만큼도 생각하지 못하고 사는 것입니다. 이것이 비참한 것입니다.

여러분은 하루에 예수님을 어느 정도 생각하십니까? 어려운 일, 급한 일이 일어났을 때만 예수님을 생각하는 그리스도인입니까? 어려운 일이 생겨도 예수님을 생각하지 못하는 그리스도인은 아닙니까? 제가 그랬습니다. 군목훈련 중 대퇴부 골절로 장애인이 될 위기의 순간, 저는 아버지만 생각났고 아버지께 연락을 드리려고 애를 썼습니다. 한동안 주님을 생각하지 못했습니다. 그것이 당시 저의 영적 상태였습니다. 제게 예수님은 정말 무시당하는 분이었던 것입니다.

그러나 이런 믿음에도 변화가 일어납니다. 2002년 말, 아내가 암 수술을 받았습니다. 그때 집안 어른들과 가깝게 지내던 분들로부터, 왜 그 일을 알리지 않았느냐는 책망 아닌 책망을 들었습니다. 저는 그 책망을 들을 때마다 "미안합니다. 경황이 없었습니다" 하고 사과를 드리면서도 한편으로 감사했습니다. 그 책망은 제 믿음이 변했다는 것을 말해 주는 것이기 때문입니다. 20년 전 광주통합병원에서 너무나 두렵고 당황스러워, 하나님보다 아버지께 연락하려고 무던히 애를 쓰던 저였습니다. 그런데 제 믿음이 달라졌던 것입니다.

아내에게 암이 발견되었다는 소식을 들었을 때, 즉시 저와 함께 계시는 주님을 생각하고 간절히 기도하였습니다. 그리고 30분도 안 되어 주님의 말씀을 들을 수 있었습니다. 계속 주님만 바라보려고 하니 주님의 임재하심에 대한 믿음이 생긴 것입니다. 그래서 히브리서 기자는 "믿음의 시작이고 믿음의 완성자이신 예수를 바라보자"고 한 것입니다.

지금 제 가슴은 설렙니다. 주님이 함께하시는 매일매일, 그것이 믿어지는 것 자체로 기쁘고 감사할 뿐입니다.

존 웨슬리가 최후로 남긴 말이 있습니다.

"세상에서 제일 좋은 것은 하나님이 우리와 함께 계시는 것입니다."

아멘입니다. 예수님의 이 약속이 우리의 실재가 되기를 축복합니다.

20140607

가장 행복한
그리스도인

영적 기본 자세

금주부터 카이로프랙틱 클리닉에서 오랜 기간 굳어버린 몸의 잘못된 자세를 치료받고 있습니다. 저를 치료해주시는 백상준 박사님께서 엑스레이 사진을 통해 제 몸의 어느 부분이 어떻게 틀어져 있는지 상세하게 설명해주셨습니다. 제 척추와 골격 사진을 보니 제 몸이 틀어져 있음을 알 수 있었습니다. 그런데도 큰 불편함을 모르고 지내왔습니다. 오히려 바른 자세와 바른 걸음걸이가 불편하고 고통스럽기까지 합니다. 오랫동안 잘못된 자세로 살아왔기에 제 몸이 틀어진 자세에 익숙해져버린 것입니다.

이렇게 틀어진 자세로 계속 살다가는 몸이 점점 더 망가지고 생활이나 사역에 큰 어려움을 가져오게 되겠기에 불편하고 고통스럽지만 반드시 자세 교정을 받으려는 것입니다. 주님은 제 몸 상태를 통하여 저의 영적 상태를 이해시켜주셨습니다. 큰 고통을 느끼지 못해도 영적으로 대단히 심각한 상태일 수 있다는 것입니다. 잘못된 상태로 오랜 시간 지내다보니 그 상태에 익숙해져 있는 것이지 실제로는 대단히 심각한 상태일 수 있다는 것입니다.

제가 군목훈련을 받으러 갈 당시, 저는 입으로는 예수님을 주님이라 고백하지만 마음으로 주 예수님을 믿지 못하고 있었으면서도 전혀 문제의식이 없었습니다. 오히려 주위 사람들도 그랬고 저 자신도 제가 괜찮은 목사라고 여기고 있었습니다. 고관절 골절이라는 중상을 입고 장애인이 될 처지에 빠져서야 비로소 제가 실제로는 예수님을 믿고 의지하는 사람이 아니라는 것을 깨달았습니다. 감사한 것은 그때라도 깨닫고 제 믿음을 철저히 점검해보게 되었다는 것입니다.

많은 그리스도인들이 자신의 영적 상태가 정상이 아닌데도 그리 심각하지 않습니다. 그저 무엇인가 답답하고 채워지지 않는 갈증을 느낄 뿐입니다. 기쁨이 없고 감사도 없고 삶의 변화도 없습니다. 그러면서도 교회생활은 열심히 합니다. 그 열심에 스스로 도취되어 자신의 믿음이 꽤 괜찮다고 여기고 삽니다. 그러나 조금만 깊이 들여다보면 뒤틀린 모습을 보게 됩니다.

원수를 사랑하지 못하면서도 자신은 용서받고 구원받았다고 확신합니다. 화를 벌컥벌컥 잘 내면서 자신이 말할 수 없는 죄인임을 고백합니다. 염려와 불평, 원망이 많으면서 하나님께서 독생자를 주시기까지 자신을 사랑하신다고 찬송합니다. 끊임없이 다투며 은밀한 죄를 청산하지 못하면서 주 예수님께서 마음에 임하셨음을 믿는다고 고백합니다.

세상이 배설물처럼 보이지 않고 고난이 싫고 순교는 두려우면서 이 세상이 전부가 아니고 영원한 하나님의 나라가 있음을 믿는다고 말합니다. 분명히 성령님을 모시고 사는데도 성령의 열매가 맺어지지 않습니다.

왜 이런 것일까요? 영적인 기본자세가 뒤틀어져 있기 때문에 일어나는 현상입니다. 예수님을 믿기는 해도 진정 마음에 왕으로 영접한 것은 아니라는 것입니다. 주 예수님이 우리 안에 임하셨으니 이보다 더 친밀한 관계가 어디 있겠습니까? 그런데도 24시간 주 예수님을 바라보라고 하면 많은 그리스도인들이 낯설어 하고 부담스러워 합니다. 노력을 해도 잘 안 된다고 말합니다. 이유는 예수님을 믿기 시작했을 때, 예수님과 친밀히 동행하는 삶에 대하여 분명한 가르침을 받지도 못했고 훈련도 받지 못했으며 그렇게 사는 그리스도인들을 주위에서 보지도 못했기 때문입니다. 그래서 마음으로 주님을 믿고 주님을 왕으로 모시고 사는 삶을 살아보지 못한 것입니다.

이렇게 주님을 의식하지도 않고 왕으로 섬기지도 않으면서 오래 지내다 보니 그것이 익숙해진 모양입니다. 그래서 그런 상태가 별로 심각하게 여겨지지 않는 것입니다. 익숙하지 않기에 힘들 수 있고 영적인 눈이 뜨이지 않았기에 막연하기도 하지만 지금부터라도 주 예수님이 정말 마음에 왕으로 임하셨음을 명심하고 사는 훈련을 해야 합니다. 지금 우리에게는 예수님을 왕으로 모시고 사는 일에 대하여 "어색하다", "불편하고 힘들다"라고 말할 여유가 없습니다. 지금 바로잡지 못하면 계속해서 육의 쓴 열매만 맛보며 고통스럽고 답답하게 살다가 어느 순간 갑자기 하나님 앞에 서게 된다는 것을 명심해야 합니다.

주님과의 친밀한 관계가 익숙해지면 놀라운 삶의 변화가 일어납니다. 몸의 자세가 교정되면 삶의 질이 달라지는 것과 비교가 안 되는 일입니다. 우리가 24시간 주님을 바라보게 되면 주님과 친밀히 동행하는 삶의 축복도 누리게 되고 정상적인 그리스도인의 거듭난 삶의 증거도 누리게 될 것입니다.

어린아이에게 부모와 함께 사글세방에서 사는 것과 이웃사람과 좋은 아파트에서 사는 것 중에서 하나를 택하라고 한다면 어느 쪽을 택하겠습니까? 물어보나마나 그 아이에게 가장 좋은 것은 부모와 함께 사는 것입니다. 마찬가지로 항상 주 예수님의 임재를 바라보며, 주님과 친밀히 동행하는 사람이 가장 행복하고 복된 그리스도인입니다.

이제부터라도 24시간 주 예수님을 바라보며 살아보시기 바랍니다. 몸의 자세를 교정하는 것보다 훨씬 중요합니다.

20140612

예 수 님 을 내 마 음 에 왕 으 로 영 접 했 는 가 ?

선교사 훈련을 하던 중에 한 상담학 교수님이 탄식을 하셨습니다.

"선교사 지망생들이 마음의 병이 너무 큽니다. 이 마음으로 선교지에 가면 현지 사람들의 마음에 상처만 줄 것입니다."

안타깝지만 이것이 우리의 실상입니다. 문제는 "왜 마음에 병이 들며, 병든 마음은 어떻게 치유하느냐?" 하는 것입니다. 왜 많은 그리스도인들이 어린아이와 같이 유치한 행동을 반복하고, 교회에서는 불미스러운 사건들이 계속 일어나는 것일까요? 교인들의 마음속에 주 예수님이 왕이 아니라 육신의 정욕과 과거의 상처와 염려와 두려움이 왕 노릇하고 있기 때문입니다.

주님께서 우리에게 임하신 이유는 새 마음을 주시기 위함이라고 하셨습니다.

> 또 새 영을 너희 속에 두고 새 마음을 너희에게 주되 너희 육신에서 굳은 마음을 제거하고 부드러운 마음을 줄 것이며 또 내 영을 너희 속에 두어 너희로 내 율례를 행하게 하리니 너희가 내 규례를 지켜 행할지라
> 겔 36:26,27

마음이 새로워지니 하나님의 말씀대로 살아지는 것입니다. 그래서 사도 바울은 우리가 진정 예수님을 믿고 살려면 "예수님의 마음을 품으라"고 한 것입니다. 예수님을 영접하는 것은 그저 "주님, 제가 주님을 영접합니다"라고 하면 되는 것이 아닙니다. 많은 그리스도인들이 그렇게 하면 예수님께서 그저 자기 안에 들어오시는 줄 압니다. 그러나 라오디게아교회 교인들에게 있어서 예수님은 여전히 마음 밖에서 문을 두드리기만 하셨을 뿐입니다. 마음을 연 적이 없었다는 말입니다.

우리가 정말 예수님을 마음에 영접하였는지 아닌지는 삶이 변화되었는지를 보면 알 수 있습니다. 부모님만 모시고 살아도, 사위나 며느리와 함께 살아도, 집에 자녀나 손자가 와도 생활에 변화가 일어날 것입니다. 담임목사님을 집에 모시고 산다고 생각해보시기 바랍니다. 담임목사님을 집에 모시고 사는 것도 부담이 된다면 예수님을 마음에 영접하

는 것은 괜찮습니까? 정말 삶에 그런 변화가 있습니까? 만약 대통령이 자신의 집을 방문한다면 대대적인 집 안 청소도 하고 이발도 하고 미장원도 가고 야단법석일 것입니다. 자기 집에서 교회 소그룹 모임만 한다고 해도 교인들을 맞을 준비에 분주할 것입니다.

우리가 주님을 영접할 때도 반드시 준비가 필요합니다. 그것은 진정한 회개입니다. 진정한 회개는 주님과의 인격적인 관계가 시작될 때 일어나는 것입니다. 욥은 "그러므로 내가 스스로 거두어들이고 티끌과 재 가운데에서 회개하나이다"(욥 42:6)라고 했습니다. 욥은 왜 회개를 하였습니까? 5절에 보면 "내가 주께 대하여 귀로 듣기만 하였사오나 이제는 눈으로 주를 뵈옵나이다"라고 했는데, 하나님에 대하여 듣기만 했을 때는 회개가 없었다가 눈으로 주를 보았을 때 회개하지 않을 수 없다는 것입니다. 베드로도 예수님을 바라보는 눈이 열렸을 때, "주여, 나를 떠나소서 나는 죄인이로소이다"(눅 5:8)라고 고백했습니다. 회개는 주님을 그 마음에 인격적인 주님이요 왕으로 영접할 때 일어나는 역사인 것입니다.

한 신실한 집사님이 설교를 듣다가 차에 기름이 떨어져 주유소에 들러 기름을 넣는 도중에 갑자기 회개가 터졌다고 했습니다. 주유기 앞에서 통곡을 했다고 합니다. 자신이 진정 마음에 주님을 영접하고 살았던 것이 아니라는 생각이 순간 치밀어 오르는데 견딜 수가 없었다는 것입니다. 그 후 집사님의 생활이 완전히 변화되었다고 했습니다. 정말 주님을 마음에 영접하고 살기 시작한 것입니다.

예수님을 믿는 것은 예수님이 속죄주이신 것을 믿기만 하면 되는 것이 아닙니다. 주 예수님을 마음에 영접하여 영원히 예수님과 함께 살며 예수님을 왕으로 모시고 철저히 순종할 것을 결단하는 것입니다. 그렇게 결단했으니 그동안 자기 마음대로 살았던 생활을 다 청산하는 것입니다. 이것이 회개입니다.

누가복음 16장을 보면, 지옥에 간 부자가 자신의 다섯 형제가 지옥에 오지 않도록 나사로를 자기 아버지 집으로 보내달라고 요청합니다. 부자가 "아버지 아브라함이여"라고 부른 것을 보면 그도 분명히 지식으로는 하나님을 믿었던 사람이었습니다. 그리고 형제 우애도 돈독했습니다. 그는 자기 형제를 위해 죽은 나사로가 간다면 저들이 그저 믿을 것이라고 말하지 않고 회개할 것이라고 했습니다.

세례 요한과 예수님도 "회개하라 천국이 가까이 왔느니라" 하고 외치셨습니다. 회개하면 천국 생활이 시작됩니다. 마음에 왕이신 예수님이 임하시기 때문입니다. 이처럼 주 예수님을 마음에 영접하면 도저히 치유될 것 같지 않은 마음의 깊은 상처가 깨끗이 치유됩니다. 그리고 상처가 깊었던 것만큼 더 아름답게 쓰임받습니다.

어려서 성폭행을 당했던 한 자매가 그 상처와 죄 의식 때문에 결혼하는 데 심각한 장애를 가지고 있었습니다. 그러나 예수님을 마음에 영접하고 나서 지난날의 상처를 치유받았습니다. 그리고 한 신실한 청년으로부터 청혼을 받았습니다. 그녀는 그 사람과 결혼하였습니다. 그녀의 마음이 치유받았기 때문입니다. 뿐만 아니라 아주 훌륭한 사역자가 되었습니다.

크리스티 김 선교사님은 학교에 다닐 때, 너무 경우 없는 룸메이트 때문에 짜증이 나 불평의 기도를 드렸는데, 주님께서 말씀하셨답니다.

"너와 나는 얼마나 다르냐? 그래도 너는 나의 친구다. 그러니 너도 그렇게 하라."

그 말씀을 듣고 울며 자신의 교만을 회개하였고, 자신을 향한 주님의 사랑에 감격하였습니다. 그 뒤 자매를 향한 마음이 완전히 변해서 자매를 진심으로 섬길 수 있었다고 합니다.

해외 유학생 수련회인 코스타에 가보면 설교하지 않고도 은혜를 끼칠 수 있다는 것을 보게 됩니다. 많은 강사들이 1시간 말씀을 전하고 나서 다른 모든 시간에 자리에 앉아 함께 말씀을 듣는 모습이 코스탄들에게는 사랑의 고백으로 받아들여지는 것입니다. 설교 때보다 더 은혜를 받는다고 합니다.

사람의 사랑도 이 정도라면 우리 안에 오신 예수님을 알면 삶이 변하지 않을 수 있겠습니까? 주 예수님은 지금 당신의 마음에 왕이십니까?

20140613

놀라운 주님의 임재

제게는 주님의 임재를 분명히 체험하고자 하는 갈망이 언제나 간절했습니다. 성경에서 주님의 임재하심을 경험한 사람들에 대한 기록들을 볼 때마다 '나도 그런 축복을 받을 수 있었으면…' 하는 기대를 가졌습니다. 그러나 안타깝게도 제게는 그러한 축복의 시간이 오지 않는 것 같았습니다. 저만 그런 것은 아니었습니다. 주님의 임재를 놀랍게 체험했다고 고백하는 이들이 있었지만 너무 소수였고 제 주변에서는 딱히 이 사람이라고 꼽을 수 있는 이가 없었습니다. 그래서인지 제 주위에 있는 대부분의 그리스도인들이 저와 같은 답답함을 가지고 있었습니다.

"저는 기도할 때 하나님의 임재를 느끼지 못합니다. 하나님은 저와 함께하시지 않는 게 틀림없습니다."

"저는 예수님께 제 삶을 다 맡겼지만 어떤 변화도 느끼지 못했습니다. 하나님이 실제로 존재하시지 않는 것 같습니다."

이렇게 극단적인 태도를 보이지 않더라도 대부분의 그리스도인들은 자신의 믿음이 어딘가 잘못되었다고 생각합니다. 자신들이 너무나 부족하고 죄인이라서 하나님께서 약속한 축복을 그들에게는 주시지 않는다고 생각하여 좌절에 빠져 있습니다.

그러나 24시간 예수님을 바라보면서 이런 영적 좌절이 우리의 기대가 너무 크기 때문임을 알았습니다. 많은 성도들이 예수님을 인격적으로 만났느냐고 질문하면 자신 없어 합니다. 아직 그런 체험이 없다고 말합니다. 그러나 예수님을 믿고도 예수님과의 인격적인 체험이 없는 경우는 거의 없습니다. 본인이 깨닫지 못할 뿐입니다. 주님과의 인격적인 교제란 아브라함이나 모세 같은 성경의 인물들처럼 하나님을 개인적으로 직접 체험하고 대화하고 인도함을 받는 것입니다. 정말 누구나 이렇게 주님과 인격적으로 만날 수 있을까요? 그렇습니다. 엠마오로 가던 두 제자는 예수님과 동행하고도 한동안 그것을 깨닫지 못하였습니다.

오늘날도 많은 그리스도인들이 이와 같습니다. 이미 주님과 동행하면서도 눈이 뜨이지 않아 주님을 보지 못할 뿐인 것입니다. 물론 우리는 육신을 가지고 있기 때문에 어느 누구도 하나님과의 온전한 일치를 누릴 수는 없습니다. 아무리 성숙한 성도라 해도 여전히 허공에 기도하고 있는 것처럼 느낄 수 있습니다. 십자가의 완전한 복음을 안다고 해도 여전히 죄책감을 느낄 수 있습니다.

그러면 "주님과 친밀히 동행하라"는 말은 어떻게 하라는 것입니까? 이미 주님과 친밀한 관계를 맺고 살고 있음을 알아야 합니다. 성경책을 가지고 있다고 주님과 인격적인 관계를 맺고 산다고 말할 수는 없습니다. 그러나 성경을 읽다가 마음에 감동을 느끼고 자신에게만 주시는 주님의 책망과 교훈과 위로와 약속을 깨달았다면 그는 성경을 통하여 주님과 인격적인 관계를 맺고 있는 것입니다.

예배 때나 설교를 들을 때, 기도 시간, 큐티를 하거나 성경을 읽을 때, 또는 경건 서적을 읽다가, 혹은 그저 길을 가다가, 실패나 어려운 처지에 빠졌을 때, 또는 어떤 사람의 말을 듣다가도 분명히 주님이 자신에게만 주시는 말씀을 들었다고 느낀다면 그는 이미 주님과 인격적인 관계가 맺어진 것입니다. 이미 우리에게 너무나 놀라운 주님의 임재가 나타나 있습니다.

또 주님이 아니면 설명할 수 없는 체험들이 우리에게 너무 많습니다.

- 환경과 상황에 상관없이 마음에서부터 예수님을 "주님!"이라고 믿고 고백합니다.
- 하나님을 "아버지!"라고 믿고 부릅니다.
- 어떤 어려운 상황에서도 하나님께서 주신 '은혜'가 자신에게 부어지고 있음을 압니다.
- 마음에 하나님의 뜻대로 살지 못한다는 책망이 있고 근심이 있습니다.

- 계속해서 "용서하라", "사랑하라"는 마음의 소리를 듣습니다.
- 마음에 하나님을 위하여 살고 싶은 '거룩한 소원'이 있습니다.
- 믿지 않는 가족, 친척, 친구와 이웃에게 복음을 증거하고자 하는 열망
  이 있습니다.

위의 항목들에 공감한다면 주님은 분명히 마음에 임하여 계신 것입니다. 주님의 임재, 곧 주님이 내 안에 거하시는 것은 느낌으로 아는 것이 아닙니다. 전혀 아무 느낌이 없어도 확신에 거할 수 있습니다. 진리로 주님의 임재를 알 수 있기 때문입니다. 위의 항목들은 주님이 우리 안에 거하실 때 우리에게 일어나는 일이라고 성경 말씀으로 확인시켜주는 것들입니다. 말씀이 주님을 바라보는 눈을 열어주시는 것입니다.

이제 우리에게 필요한 것은 주님이 함께 계시느냐 아니냐로 고민하고 갈등하는 것이 아니라, 주님과의 교제가 깊어지기 위한 시간을 충분히 갖는 것입니다. 사람들과의 친밀함과 주님과의 친밀함은 다릅니다. 우리는 수시로 주님을 의심하고 낙심하고 심지어 분노하기도 합니다. 한마디로 우리의 믿음과 감정은 항상 변화무쌍합니다. 그러면 주님이 보시기에 얼마나 실망스럽겠습니까?

그러나 주님은 항상 변함없이 동일하시다는 것을 믿어야 합니다. 주님은 여러분의 의심에도 싫증을 내지 않으십니다. 여러분이 어떻게 느끼든지 상관없이 주님은 우리를 완벽하게 사랑하십니다. 주님과의 관계는 언제나 새롭습니다. 그리스도인이 된 지 오랜 시간이 지났을지라도 주님과의 관계는 늘 새롭습니다. 주님을 바라보는 눈이 뜨이면서 주님을

새롭게 알아가기 때문입니다. 그리고 이 관계는 영원히 지속될 것입니다. 어느 시점에 이르면 주님도 "나도 이젠 지쳤다", "이젠 너를 보면 겁이 난다" 하실 가능성은 0퍼센트입니다.

우리만 주님을 바라보려고 애를 쓰는 것이 아닙니다. 주님께서 우리 안에 임하셔서 주님을 향한 갈망을 심어주시기에 주님을 바라보려고 애를 쓰게 되는 것입니다. 그러니 주님을 향한 갈망 그 자체가 이미 주님의 임재를 부인할 수 없는 증거입니다.

어떤 분은 이렇게 고백했습니다.

"이제 나는 아무것도 느낄 수 없을 때, 심지어 내가 잊혀진 한 켤레의 더러운 양말처럼 느껴질 때도, 내 안에 놀라운 흥분을 불러일으키시는 분, 주님이 여전히 존재하고 있음을 알게 되었다. 몸이 달아오르는 체험도 좋다. 그러나 그것이 나로 하여금 하나님께 더 가까이 가도록 해주는 것은 아니다. 주 예수님은 마치 따뜻한 가슴속에 계시는 것과 똑같이 차가운 가슴속에도 마찬가지로 편히 거하신다." *20140614*

감 정 을 다 루 는 법

필립 얀시가 쓴 《아무도 말해주지 않았던 것들》(그루터기하우스, 2002)을 읽으면서 감정을 다루는 법에 대하여 많은 도움을 얻었습니다.

24시간 예수님을 바라보려고 할 때 가장 힘든 것이 감정을 다루는 것입니다. 감정은 자연스럽고 정상적인 것이며 본질상 옳은 것도 그른 것도 아닙니다. 누구나 사람들의 칭찬을 들을 때 기분이 좋고, 비난과 지적을 받았을 때 화가 납니다. 믿었던 사람에게 배신을 당했을 때, 사랑하는 사람에게 실망했을 때, 마음에 상처를 받습니다. 거짓말을 하면 죄책감을 느끼고, 시험 기간이 다가오면 불안하며, 성적이 떨어지면 부끄러움을 느낍니다.

감정은 항상 자신이나 주위 사람들 사이에서 일어난 일들을 솔직하게 반영합니다. 배우자가 약속한 것을 지키지 않았을 때 화가 났다면, 비록 그에게 정당한 이유가 있었거나 또 용서를 구했다 하더라도 자신의 감정이 상했고 화가 났다는 것만은 분명한 사실입니다.

문제는 그 상처난 감정을 어떻게 해결했느냐에 달려 있습니다. 옳고 그르다고 할 수 있는 것은 감정이 아니라 감정에 따라 어떤 행동을 했느냐 하는 것입니다.

감정은 항상 자신이 느끼는 것에 대하여 정확한 정보를 제공하지만, 자신이 어떻게 행동해야 할 것인지에 대해서는 정확하고 신뢰할 만한 권면을 제공하지 않는다는 것을 명심해야 합니다. 이를테면 세계 일주 여행을 가는 것에 대하여 흥미를 느낀다고 해서 꼭 가야만 하는 것은 아닙니다. 그러기 위해서 직장을 사직해야 하거나 빚을 많이 져야 한다면 더욱 그렇습니다. 어려움을 당한 사람과 함께 울어주고 그를 꼭 껴안아주고 싶은 충동에 따라 행동하는 것은 종종 멋진 일입니다. 하지만 어떤 사람을 때리고 싶은 충동에 따라 행동하는 것은 좋은 일이 아닙니다.

그래서 우리는 자신의 감정을 인식하고 그 감정에 따라 어떻게 행동해야 할 것인지를 결정합니다. 그리고 그렇게 하기 위해서 우리에게 필요한 것은 감정에 따라 행동하는 것을 자제하는 훈련입니다. 이 말은 자신의 감정을 완전히 무시하라는 것이 아닙니다. 자신의 감정에 귀 기울이는 일이 반드시 필요합니다. 그러나 반드시 자신에게 왜 그런 감정이 일어나는지, 그 감정의 직접적인 원인을 찾아보고, 다음에는 그 저변에 잠재된 원인을 찾아보아야 합니다. 그렇게 되면 감정에 따라 성급히 행동하지 않게 됩니다.

더욱 중요한 것은 주 예수님을 바라보는 것입니다. 사도 바울은 "그리스도 예수의 마음을 품으라"고 권면했습니다. 예수님의 마음을 품을 때 자신의 감정을 충분히 인식하면서도 그 감정이 치유되고 회복되는 것을 느낍니다. 그리고 그 감정에 대해 예수님의 마음으로 반응하게 됩니다. 처음에는 저도 24시간 예수님을 바라보기가 상당히 힘들었습니다. 감정 조절이 제대로 되지 않았기 때문입니다. 제 감정에 푹 빠져서 예수님의 마음을 품는 것이 불가능하게 여겨지기도 했습니다.

그러나 계속하여 주님을 바라보려고 하면서 제 안에 놀라운 변화가 일어났습니다. 제 자신의 감정에 충실하면서도 감정에 따라 충동적인 말과 행동을 하지 않게 된 것입니다. 주변 사람들 중에 저는 좋은 것도 없고 싫은 것도 없는, 감정도 없는 사람처럼 보는 이도 있지만 그렇지 않습니다. 기쁠 때도 슬플 때도 만족스러울 때도 화가 날 때도 많습니다. 수시로 유혹을 느끼고 좌절도 느끼고 분노도 느끼고 두려움도 느낍니다. 그러나 이제는 그런 감정이 일어날 때 주님을 바라보는 것이 이전보다 자연스러워진 것뿐입니다. 그래서 말이나 행동을 할 때 감정에 치우치지 않을 수 있게 된 것입니다.

자신의 감정을 충분히 인식하고, 그 원인을 파악하고, 주님을 바라보며 주님의 마음을 품는 것이 얼핏 복잡해 보일지도 모릅니다. 하지만 24시간 주님을 바라보기에 힘쓰면 어느 순간 한 과정처럼 되어짐을 느끼게 됩니다. 운동을 배울 때나 운전을 배울 때, 처음에는 기본자세를 따로따로 배우지만 얼마 지나지 않아서 한 동작처럼 되어지는 것과 같다고 할까요? 게다가 주 예수님은 교리도 아니고 원리도 아니고 살아 계신 분입니다. 우리가 진정 주님의 마음을 품으려고 하면 반드시 우리에게 능력으로 역사하십니다.

나에게 능력을 주시는 분 안에서, 나는 모든 것을 할 수 있습니다.

빌 4:13 새번역   *20140610*

땀과 눈물이 부족합니다

이용도 목사님의 일기를 읽다가 그만 울부짖으며 기도하였습니다. 갑자기 애통함과 회개의 심정이 일어나는데 참을 수가 없었습니다. 마침 아내가 사모님들의 모임을 인도하러 나가고 숙소에 아무도 없어서 통곡과 울부짖음으로 하나님께 나아갔습니다.

1931년 3월 16일 (월)
아, 오늘 저녁 (집회를 인도하는데) 나는 괴롭다. 나의 등에는 땀이 흐르지 않았다. 나의 눈에는 눈물이 고이지 않았다. 땀 없음, 눈물 없음, 이는 나에게 괴로운 일이다. 땀에 젖음, 눈물의 어리움, 이는 나의 기쁨이요 만족이다. 육이 편하여 나는 기쁘지 못한 자로다. 십자가의 고통을 당함이 나의 영광이요 복이요 기쁨이로다.

새벽 두 시에 숙소로 돌아왔다. 이곳을 떠나 그냥 가버리고 말까, 떠남이 성령의 뜻일까? 그냥 참고 있음이 성령의 뜻일까? 오 주여, 나에게 지시하여주옵소서. 나는 내일까지 기다리고 싶은 마음 있사오나.

1931년 8월 22일 (토)

(선천에서의 집회 후 숙소로 돌아와서) 내 몸에 땀띠가 돋아본 때가 없었더니 이번에 크신 은혜를 입어 내 몸에 덮인 땀띠. 아, 이를 보는 나의 기쁨. 주의 은혜 지극하오이다. 이는 나에게 있어서 특별한 은사로소이다.

이용도 목사님의 고백을 통하여 제가 그동안 얼마나 말씀을 안일하게 전했는지 깨달을 수 있었습니다. 등에 땀이 흐르지 않으면서도, 눈에 눈물이 고이지 않으면서도 얼마나 많은 설교를 했는지 모릅니다. 그런 제 자신에 대하여 간절하지도 애통하지도 않았습니다. 사람들이 은혜 받았다는 말에 스스로 도취되어 있었습니다.

얼마 전 어느 집회에서 본 강사 목사님 생각이 납니다. 그리 덥지 않은 날씨였고 그것도 새벽 집회였는데, 1시간 말씀을 전하고 내려오시는데 그 분의 양복 상의 등 부분이 흥건히 땀으로 젖어 있었습니다. 그것을 보고 적지 않은 충격을 받았습니다. 말씀은 조용조용 전하셨지만 얼마나 간절히 말씀을 전하셨는지 알 수 있었기 때문입니다.

제게는 이런 간절함과 열정, 애통함과 눈물이 너무 부족합니다. 오 주여, 저를 어찌하면 좋습니까? 성령 하나님, 제게도 주의 거룩한 열망을 부어주옵소서!

20140611

주 예수님의
마음을 품으라

말씀으로 깨끗해집니다

지난 부활절까지 40여 일을 이스라엘에서 보냈을 때, 어느 날 커피라도 한 잔 사 마시려고 호텔 로비로 나왔다가 놀라운 광경을 보았습니다. 호텔의 전 식당이 하루 영업을 중단하고 대청소를 하는 것이었습니다. 말로만 듣던 유월절을 준비하는 청소였습니다. 얼마나 대대적이고 철저히 청소를 하는지 한참을 구경하였습니다.

유대인들은 유월절이 오기 전, 집 안에 있는 모든 누룩을 제거하는 대청소를 합니다. 하나님께서 그렇게 하라고 말씀하셨기 때문입니다. 발효된 빵, 효모가 포함된 모든 음식, 이와 관련된 모든 재료나 제품들을 유월절 이전에 집 밖으로 치워버립니다. 유대인 어머니들은 부엌 구석구석까지 누룩이 들어 있는 음식이 남아 있지 않도록 깨끗이 청소합니다. 아이들까지 동원하여 침대 밑이나 옷장 뒤까지 살펴 혹시라도 누룩이

든 음식물 찌꺼기가 있는지, 빵 부스러기, 과자 부스러기, 시리얼 부스러기 등이 없는지 살핍니다. 곰팡이가 핀 흔적이 있는 가구가 있으면 과감히 버리고 새 가구를 구입합니다. 그래서 유월절 전후에는 길거리에 쓸 만한 가구들이 내버려져 있는 것을 흔히 볼 수 있습니다. 이렇게 유월절 청소하는 것이 너무 힘들어서 외국이나 키부츠로 피난 여행을 떠나는 가정들까지 있을 정도라고 합니다.

하나님은 깨끗한 것을 좋아하십니다. 이것이 늘 부담이 됩니다. 제 안은 늘 더러운데 주님은 언제나 깨끗하기를 원하시니 말입니다. 그런데 참 놀라운 복음이 여기에 있습니다. 그것은 우리가 우리 자신을 깨끗하게 하는 것이 아니라 주님이 우리를 깨끗하게 하신다는 것입니다.

무릇 열매를 맺는 가지는 더 열매를 맺게 하려 하여 그것을 깨끗하게 하시느니라 요 15:2

주님은 어떻게 우리를 깨끗하게 하시는 걸까요?

너희는 내가 일러준 말로 이미 깨끗하여졌으니 요 15:3

하나님의 말씀과 기도로 거룩하여짐이라 딤전 4:5

이는 곧 물로 씻어 말씀으로 깨끗하게 하사 거룩하게 하시고 엡 5:26

그러나 말씀으로 깨끗하게 된다는 약속이 쉽게 이해가 되지 않습니다. '성경 말씀을 많이 읽으면 깨끗하게 된다는 것인가?' 그런데 정말 우리가 말씀으로 깨끗해진다는 사실을 깨달았습니다.

만일 우리가 우리 죄를 자백하면 그는 미쁘시고 의로우사 우리 죄를 사하시며 우리를 모든 불의에서 깨끗하게 하실 것이요 요일 1:9

우리가 죄를 자백하면 깨끗하게 된다는 것입니다. 이 말씀을 신학적으로 따지고 분석하고 논쟁하지 말았으면 합니다. 쓰여 있는 그대로 받으면 좋겠습니다.

"하나님, 제가 잘못했고 당신이 옳다는 것을 깨달았습니다. 저는 죄로 인해 더럽혀졌습니다. 너무나 슬픕니다. 저를 용서해주시고 다시 올바른 삶을 살도록 저를 인도해주옵소서."

이렇게 고백하면 하나님께서 우리의 모든 죄를 사하시고 모든 불의에서 깨끗하게 하신다는 것입니다. 깨끗함을 입기 위해 우리에게 필요한 것은 죄를 자백하는 것뿐입니다. 요한일서에는 이렇게 죄를 자백하면 죄를 80퍼센트 깨끗하게 하신다거나 오랜 시일에 걸쳐서 깨끗하게 해주신다고 하지 않습니다. 바로 그 자리에서 즉시 100퍼센트 깨끗하게 해주신다는 것입니다.

필립 얀시는 이 메시지를 가장 잘 담고 있는 옛 이야기 하나를 소개하고 있습니다. 어떤 습관적인 죄에 빠져 사는 한 사람에 대한 이야기입니다.

그는 하나님께 다시는 결코 죄를 짓지 않겠다고 약속했지만 번번이 실패해서 크게 낙심해 있었습니다. 그는 여전히 똑같은 죄를 고백하며 다시 하나님께 나아갔습니다.

"주님, 저는 수치심으로 죽을 것 같습니다. 또다시 저는 이 일을 저질러버리고 말았습니다. 저의 죄를 고백합니다. 다시는 결코 그런 죄를 짓지 않을 것을 약속드립니다. 저의 죄를 용서해주시겠습니까?"

그러자 하늘에서 음성이 들렸습니다.

"나는 너를 용서한다. 그것은 모두 잊혀진 바 되었다. 너는 깨끗케 되었으니 다시 시작해라."

그는 이 말씀에 엄청난 자유를 느꼈습니다. 이제 더 이상 무엇을 구하겠습니까? 그 후 한나절 동안 그는 결코 다시는 동일한 죄에 빠지지 않으리라는 확신으로 기뻐했습니다. 그러나 그날 밤 그에게 다시 유혹이 찾아왔습니다. 그는 또다시 실족했습니다. 그 후 그에게는 더 이상 기도할 힘조차 없었습니다. 하나님께 그런 죄를 다시는 짓지 않겠다고 열렬하게 약속한 것이 바로 오늘 아침이었기 때문입니다.

그는 그것을 무시하기로 결심했습니다. 아마 하나님도 이제 더 이상 자신에게 주의를 기울이지 않으실 것이라고 자위하기도 했습니다. 그러나 마음에서 계속 일어나는 죄책감 때문에 마침내 하나님께 기도하기 시작했습니다.

"하나님, 저는 어찌해야 할지 모르겠습니다. 또 죄를 짓고 말았습니다."

그때 하나님께서 되물으셨습니다.

"무슨 죄를 지었다고?"

그가 거우 입을 열어 대답하였습니다.

"그 죄 말입니다. 바로 오늘 아침에 말씀드렸던 그것 말예요."

순간 하나님께서 말씀하셨습니다.

"나는 아무 죄도 기억하고 있지 않단다."

이렇게 하나님은 하나님의 말씀을 철저히 지키시는 분입니다. 그래서 말씀으로 우리 마음이 깨끗해지는 것입니다. 그렇습니다. 우리는 느낌이 아니라 하나님의 말씀을 붙잡아야 합니다. 회개해도 안 되는 것이 아니라 어느 순간 회개도 없이 살았기 때문에 죄의 종노릇하고 사는 것입니다.

필요한 것은 오직 당신의 고백이 진실해야 한다는 것뿐입니다. ₂₀₁₄₀₆₁₆

세 상 을 이 기 는 길

때때로 도무지 견딜 수 없는 고통이나 스트레스를 겪게 되거나 도저히 이길 수 없는 죄의 유혹을 받을 때가 있습니다. 우리는 결국 연약한 사람입니다. 의지나 결심, 노력으로는 도저히 이겨낼 수 없는 문제들이 있다는 것입니다. 이 문제에 대하여 필립 얀시는 한 핵잠수함 이야기를 통하여 새로운 눈을 열어줍니다.

트레서(Thresher)라고 알려진 미국의 핵잠수함은 1960년에 건조되었는데 북극의 얼음을 완전히 부술 만큼 강력하게 만들어졌으며 당시 가장 깊은 잠수 기록을 보유하고 있었습니다. 그런데 이 잠수함이 한계 깊이까지 잠수 시험을 했을 때 잠수함의 몸체가 마치 플라스틱 모형인 것처럼 산산조각 나버렸습니다. 그 배를 수색한 사람들은 바다 밑에 가라앉은 거대한 선체의 몇 조각만을 찾아냈을 뿐이었습니다.

누구에게나 견딜 수 있는 압력에 한계가 있습니다. 그 이상이 되면 심각한 문제를 가져오게 됩니다. 만일 이런 잠수함보다 더 깊이 내려가기를 원한다면 특별한 목적으로 건조된 탐색선이 필요합니다. 이것은 케이블을 통해 바다에 내려가게 만들어진 강철구 모양인데, 안에 육중한 강철 잠수복을 입은 한 사람이 탑승할 수 있을 정도로 소형입니다. 그 안에 탑승한 연구원은 깊은 바다 속에 어떤 생물체가 생존할 수 있는지 두꺼운 유리창을 통해 관찰하게 됩니다.

탐색선에 탑승한 연구원이 잠수함도 내려갈 수 없는 바다 깊은 곳에서 무엇을 보았는지 아십니까? 물고기였습니다. 그 물고기들은 1인치의 얇고 정상적인 살가죽으로 덮여 있었습니다. 물고기들은 탐색선이 신기한 듯 자유로이 헤엄쳐 접근하기도 했습니다. 그것들은 이따금 네온 빛을 발산하기도 합니다. 그것들은 눈이 아주 컸습니다. 그것들은 바다에 있는 여느 물고기처럼 이색적이었습니다.

어떻게 이 물고기들은 그런 압력 속에서도 자유로이 생존할 수 있을까요? 그 비밀은 외부 압력과 물고기 몸속의 압력이 동일하다는 데 있는 것입니다. 여기에 도저히 견딜 수 없는 압력, 고난, 스트레스, 유혹을 이길 수 있는 비밀이 있습니다. 많은 그리스도인들이 견딜 수 없는 고난과 무서운 유혹을 이기기 위해서 어떻게 해서든지 환경으로부터 받는 압력을 줄여보려고 발버둥치곤 합니다. 정든 곳, 가까운 사람들과 헤어지기도 하고 아무도 없는 곳으로 숨어버리기도 합니다. 그러나 하나님이 그리스도인들에게 주시는 자유는 물고기의 경우처럼 그 이상입니다. 우리에게 필요한 것은 강철판 같은 외적인 보호막이 아닙니다. 우리 안에 오신 주님이십니다.

자녀들아 너희는 하나님께 속하였고 또 그들을 이기었나니 이는 너희 안에 계신 이가 세상에 있는 자보다 크심이라 요일 4:4

그렇습니다. 우리 안에 오신 주님이 우리가 삶 가운데서 부딪히는 모든 고통과 유혹에 대처할 수 있는 힘이 되십니다. 우리는 세상의 죄악과 나쁜 환경으로부터 어떻게 해서든지 자녀들을 보호하려고 애를 쓰지만 그것은 대부분 무익한 노력이 되고 맙니다. 우리가 정말 신경 써야 할 것은 우리 자녀들이 세상보다 더 크신 주님을 마음에 왕으로 영접하도록 도와주는 것입니다.

마음이 바뀌는 것이야말로 모든 두려움과 유혹을 이기는 비밀입니다.

너희는 이 세대를 본받지 말고 오직 마음을 새롭게 함으로 변화를 받아 하나님의 선하시고 기뻐하시고 온전하신 뜻이 무엇인지 분별하도록 하라 롬 12:2

마음의 변화는 주 예수님의 마음을 품는 것입니다.

너희 안에 이 마음을 품으라 곧 그리스도 예수의 마음이니 빌 2:5

세상보다 크신 주 예수님의 마음을 품는 것이 세상을 이기는 길입니다.

이것을 너희에게 이르는 것은 너희로 내 안에서 평안을 누리게 하려 함이라 세상에서는 너희가 환난을 당하나 담대하라 내가 세상을 이기었노라
요 16:33

내게 능력 주시는 자 안에서 내가 모든 것을 할 수 있느니라 빌 4:13

그러므로 도무지 이길 수 없을 것 같은 고통과 유혹이 닥칠 때, 우리가 할 일은 환경을 바꾸려고 몸부림치는 것이 아닙니다. 그보다 먼저 할 일이 있습니다. 그것은 주님과 연합하는 것입니다. 자녀들의 마음에 주 예수님을 왕으로 영접하게 하는 일을 위하여 먼저 할 일이 있습니다. 부모가 먼저 24시간 주님을 바라보며 사는 것입니다. *20140617*

더욱 주님께 나아가라

주님을 바라보며 살아가면서도 혼란스러울 때가 있습니다. 저 자신에 대하여 실망하게 되고, 너무 답답한 상황을 만나게 되고, 도무지 주님의 뜻을 알 수 없을 때가 있습니다. 그때마다 주님은 저 자신이나 상황을 주목하지 말아야 한다고 하십니다. 모든 것이 혼란스러울 때, 우왕좌왕

하지 말고 더욱 주님을 향해 나아가는 것만이 답이라고 하십니다.

댈러스 세미한교회 최병락 목사님께서 쓰신 책 《다시, 일어남》(두란노, 2013)에 나오는 일화 하나를 염희선 목사님께서 주일 설교 때 인용하였습니다. 온더웨이교회를 담임하고 있는 잭 헤이포드 목사님의 예배 세미나 때 들은, 바울과 실라의 찬송으로 빌립보 감옥의 문이 열린 이야기입니다.

2차 전도 여행 때 빌립보 지역으로 간 바울과 실라는 복음을 전하다가 감옥에 갇혔습니다. 복음을 듣고 회심한 사람들 때문에 손해를 보게 된 유력한 사람들이 분을 참지 못하고 얼마나 때렸던지 그들은 의식을 잃은 채 깊은 감옥에 갇히고 말았습니다.

당시 빌립보 감옥에는 경범죄자를 가두는 외옥과 중범죄자를 가두는 내옥이 있었는데, 바울과 실라는 깊은 곳에 있는 내옥에 갇혔습니다. 깜깜한 감옥 속에 갇혀서 의식을 잃은 두 사람 중에 바울이 먼저 깨어났습니다. 높은 곳에 달려 있는 창문 틈새로 달빛이 들어오는 것을 보니 분명 밤이었습니다. 찌르레기, 풀벌레 소리를 들어보니 꽤나 깊은 밤임에 틀림이 없었습니다. 정신을 차리고 보니 얼마나 흠씬 두들겨 맞았던지 안 아픈 곳이 없었습니다. 보이지는 않지만 온몸이 멍투성이가 된 것이 분명했습니다. 발을 움직여보니 묵직한 차꼬가 살을 찌르며 발목을 짓누르고 있었습니다. 아무런 소리도 들리지 않았고 아무것도 보이지 않았습니다.

바울은 갑자기 실라가 궁금해졌습니다.

'실라는 어떻게 되었을까? 살았을까, 죽었을까?'

말라비틀어진 입술에 겨우 침을 바르고, 떨어지지 않는 목젖에 힘을 주어 조용히 불러보았습니다.

"실라, 거기 있나?"

무엇에 놀란 듯 어둠 저편에서 인기척이 들렸습니다. 그리고는 반가운 목소리가 들려왔습니다.

"바울? 자넨가? 자네 살아 있었구먼. 몸은 괜찮은가?"

"괜찮냐고? 아파 죽을 지경이네. 몸이 말을 안 들어. 자네는?"

"나도 성한 곳이 없어. 온몸에 멍이 든 게 틀림없어."

"그런데 실라, 한 가지 물어봄세. 자네, 지금 기분이 어떤가?"

"기분?"

무언가 골똘히 생각하는 듯 한참 침묵이 흐른 후 실라가 대답했습니다.

"기분이라, 기분이 날아갈 것 같아!"

바울은 기다렸다는 듯 즉시 대답했습니다.

"그렇지? 기분 되게 좋지? 주님 때문에 매도 다 맞아보고, 이게 웬 횡재란 말인가! 내 기분이 지금 어떤 줄 아나? 춤을 추고 싶다네."

"나도 그런데! 우리 그럼 춤이나 한번 실컷 출까?"

"그거 좋지!"

두 사람은 일어나 더듬으면서 서로를 찾았습니다. 몇 번 허공을 휘젓다가 마침내 서로의 손을 잡고 감옥의 어둠 한가운데 섰습니다. 그때 바울이 흥을 돋웠습니다.

"준비됐나? 원, 투, 쓰리, 포!"

"우리 주의 성령이 내게 임하여 춤을 추며 찬양합니다.

우리 주의 성령이 내게 임하여 춤을 추며 찬양합니다.

춤을 추면서 춤을 추면서 주를 찬양합니다.

춤을 추면서 춤을 추면서 주를 찬양합니다."

아무것도 보이지 않는 칠흑 같은 깊은 감옥에서 두 사람은 춤을 추며 찬송을 했습니다. 감옥 안을 휘감아 돌던 찬송이 천장으로 올라가더니 높은 곳에 달려 있는 창문 틈새로 빠져나갔습니다. 창문을 빠져나간 찬송은 빌립보의 밤하늘로 올라갔습니다. 계속되는 찬송은 이제 빌립보 하늘을 지나 대기권을 벗어나 저 높고 높은 별 너머 하나님이 계신 천국으로 올라갔습니다. 그리고 그 찬송은 마침내 하나님의 보좌에까지 올라갔습니다.

그 순간 하나님은 보좌에 앉으셔서 걱정스럽게 바울과 실라를 보시다가 눈을 지그시 감으시고, 한 손으로 턱을 괴시고, 얼굴에 한가득 미소를 머금으신 채 그 찬송을 음미하셨습니다. 그리고 하나님의 발이 그 찬송에 맞추어 스텝을 밟고 있었습니다. 찬송 소리가 커질수록 하나님의 스텝 밟으시는 소리도 커졌습니다.

마침내 찬송이 클라이맥스에 이르자 하나님은 자기도 모르게 춤을 추시며 땅에 힘차게 스텝을 밟으셨습니다. 그러자 보좌 앞에 있던 유리 바닥에 금이 가고 갈라지더니, 그 울림이 또다시 저 높고 높은 별을 지나 대기권을 가르고 빌립보 하늘로 내려오더니, 바울과 실라가 갇혀 있는 감옥의 창문 틈새로 들어와 감옥 문 앞에 쿵 하고 떨어졌습니다. 감옥에 큰 지진이 일어난 것입니다.

이것이 바로 찬송으로 옥문이 열린 이유입니다.

잭 헤이포드 목사님의 이 긴장감 넘치는 묘사를 듣고 있던 수천 명의 목회자들은 실제로 옥문이 열리기라도 한 듯 일제히 기립 박수를 하며 춤을 추었다고 합니다. 모두 잘 알던 사도행전 16장의 그 이야기가 그런 감격을 줄 줄은 아무도 상상하지 못했기에 감동이 몇 배로 컸던 것입니다.

그렇습니다. '어둠 속의 찬송', 그것입니다. 모든 것이 혼란스러울 때 해답은 더 높은 곳으로 올라가 내려다보는 것뿐입니다. 폭풍우가 밀려오고 폭우가 쏟아져도 먹구름 위는 찬란한 태양이 비치는 것과 같습니다. 이해할 수 없는 고난과 혼란스러운 상황을 만났을 때, 우리가 할 수 있는 것은 계속 주님께 나아가는 것입니다. 한 걸음 더 주님을 향해 나아가는 것입니다. 오히려 믿음으로 찬송하며 나아가는 것입니다.

그때 주님은 참 놀랍게도 혼란스러운 상황에서 전혀 새로운 눈을 열어주시는 것을 경험하게 됩니다. 혼란스러운 상황이 바뀌기 전에 마음에 완전한 해결을 먼저 경험하게 되는 것입니다.

삶의 감옥에 갇힌 인생이 부르는 찬송은 아무리 작은 틈이라 해도 기어이 그사이를 비집고 하늘로 올라가 하나님의 보좌에 닿습니다. 어둠 속에서 찬송할 생각을 했으니, 옥문이 어떻게 버텨낼 수 있겠습니까? 어둠 속에서 신명 나게 찬송하는 사람을 하나님이 어떻게 돌아보지 않으실 수 있겠습니까? 어둠 속에서 한 번도 들어보지 못한 찬송이 들려오는데 하나님의 귀가 어떻게 번쩍 뜨이지 않으실 수 있겠습니까? 그렇게 두들겨 맞고 감옥에까지 왔으니 원망을 쏟아낼지라도 그 순간만큼은 하나님이 들어주실 텐데 이 두 사람은 원망이 아닌 찬송을 하니, 어찌 옥문이 열리지 않을 수 있겠습니까?

20140618

16
CHAPTER

예수님 안에
거하는 훈련

많은 분들이 "언제까지 예수만 바라보고 있으란 말이에요?"라고 볼멘
소리를 합니다.

"지금 그런 한가한 형편이 아닙니다."

"지금 당장 도움이 필요해요."

"급하단 말이에요."

그러나 그럴수록 주님을 바라보고 잠잠히 주님의 인도하심을 기다리
는 자세가 절대 필요합니다.

문제가 생겼는데도 모든 일을 하나님께만 맡긴다면서 아무런 행동도
하지 않고 그저 주님만 바라보는 태도는 결코 올바르다고 할 수 없습니
다. 주님은 우리에게 순종을 요구하십니다. 그것은 모든 소유도, 심지
어 생명조차 내려놓아야 하는 결단이 필요한 것입니다. 그런데도 24시

간 주님을 바라보라고 하는 것은 우리에게 결정적으로 부족한 것이 있기 때문입니다. 우리의 문제는 너무 소극적인 것이 아닙니다. 너무 우왕좌왕하는 것이 문제입니다. 주님과 온전히 연합한 상태가 되지 못한 채, 자신의 판단과 의지에서 나온 말과 행동은 언제나 주님의 역사를 가로막을 뿐입니다.

예수 그리스도께서 예루살렘에 올라가 고난을 받고 십자가에서 죽임을 당하고 부활할 것을 제자들에게 말씀하셨을 때, 베드로는 강하게 항변하였습니다.

"주여 그리 마옵소서 이 일이 결코 주께 미치지 아니하리이다."

이때 예수님께서는 베드로를 향하여 "사탄아 내 뒤로 물러가라 너는 나를 넘어지게 하는 자로다"라고 하시며 "네가 하나님의 일을 생각하지 아니하고 도리어 사람의 일을 생각하는도다"라고 하셨습니다. 예수님의 말씀에 따르면 사람의 생각에 옳게 보이는 말과 행동이 사탄의 역사일 수 있다는 것입니다. 이것이 바로 어떤 급박한 상황에서도 오직 24시간 주님을 바라보려는 이유입니다. 아무리 급해도 먼저 점검할 일이 있는 것입니다.

열심히 목회 잘하시는 목사님 한 분이 계셨습니다. 교회도 많이 부흥했습니다. 그런데 교회 주변 지역에 개발 바람이 불어왔습니다. 교회가 있는 지역이 신도시 개발지로 공고되었습니다. 그래서 급히 그 옆에 교회 신축 부지를 마련하고 이전 계약을 맺었습니다. 앞으로 많은 가구가 이전해 올 것이니 예배당을 크게 신축하기로 하고 은행 융자까지 얻었습니다. 현 교회 부지에서는 보상금이 나올 것이고 앞으로 교회가 부흥

될 것이니 상환에 대한 걱정은 하지 않았습니다. 그런데 갑자기 신도시 개발 계획이 취소되고 말았습니다. 청천벽력 같은 일이었습니다. 교회는 순식간에 엄청난 재정난에 처하게 되었습니다.

목사님은 다급한 마음에 여기저기 도움의 손길을 찾아다녔습니다. 그러다가 목회자 기도 모임에 참석하게 되었는데, 그때 증거된 말씀이 "24시간 예수님을 바라보라"였습니다. 목사님은 그 설교를 들으며 마음속으로 '난 지금 그럴 여유가 없어요'라고 하였답니다. 설교 후에 기도할 때도 말씀은 붙잡아지지 않고 너무 답답하기만 하였답니다.

그때 갑자기 환상처럼 보이는 장면이 있었습니다. 큰딸이 어렸을 때 그 딸을 시장에서 잃어버린 적이 있었습니다. 딸이 없어진 것을 알고 온 시장을 아무리 찾아 헤매도 찾을 수가 없었습니다. 이렇게 딸을 잃어버리는 것인가 하는 두려움이 몰려왔을 때, 시장에서 꽤 멀리 떨어진 곳에서 울며 헤매는 딸을 찾았습니다. 그리고 딸을 보자마자 야단을 쳤답니다.

"아빠를 잃어버리면 그 자리에 가만히 있으라고 했잖아. 이렇게 울고 돌아다니면 아빠가 너를 어떻게 찾니? 정말 잃어버릴 뻔 했잖아!"

아빠를 만났는데도 혼이 나서 울고만 있는 딸의 모습이 선명하게 보이더랍니다. 순간 '내가 지금 딸아이처럼 하고 있구나!'라고 깨달아지더랍니다. 그러면서 '지금 내가 할 일은 주님만 바라보는 것이구나, 사람들을 찾아 헤매지 말고 주님의 인도하심을 받아야 하는구나!' 이것이 깨달아지며 기도의 문이 열렸다고 했습니다.

주님이 말씀하시면 순종뿐입니다! 거기에 어떻게 선택의 여지가 있겠습니까? 그러나 우리는 주님의 말씀을 듣는 훈련이 너무나 되어 있지 못합니다. 주님의 역사를 기다리다가 지친 분이 계십니까? 지친 이유는 오래 기다려서가 아니라 주님과의 친밀함이 없기 때문임을 알아야 합니다. 인내란 죽을상을 하고 불쌍한 모습으로 기다리는 것이 아닙니다. 성령의 열매인 오래 참음은 기쁨으로 참는 것입니다. 상황이 힘들고 약속이 더디 이루어져도 주님을 바라보는 기쁨으로 매일매일 사는 것이 오래 참는 것입니다.

다윗도 시편 40편 1,3절에서 이렇게 노래했습니다.

"내가 여호와를 기다리고 기다렸더니… 새 노래를… 내 입에 두셨으니."

24시간 주님을 바라보라는 것은 무작정 기다리기만 하라는 의미가 아닙니다. 가장 기본적인 주님과의 관계를 항상 유지하라는 것입니다. 오래 기다리게 하신다고 불평하지 말고 부지런히 주님을 알고 주님으로 사는 삶의 훈련을 달게 받아야 합니다. 이것이 영성일기를 쓰는 중요한 목표입니다. *20140619*

황홀한 축복

24시간 주님을 바라보려는데도 다시 죄에 무너지는 일이 있습니다. 다 죽은 것 같은 혈기를 부리고, 음란한 유혹에 무너지고, 거짓과 탐욕의 죄에 무너집니다. 이때의 죄책감과 좌절감은 엄청납니다.

'결국 죄는 극복할 수 없는 것인가?'

'주님을 바라보아도 죄를 이길 수 없는 것인가?'

죄를 이기는 것은 우리 능력으로 되는 것이 아닙니다. 주님이 우리 안에 오셔서 이기게 해주시는 것입니다. 그러므로 24시간 주님을 바라보면 죄를 이기는 놀라운 삶을 살게 됩니다. 그런데 왜 24시간 주님을 바라보는데도 다시 은밀한 죄에 무너지는 것입니까? 주님을 바라보면서도 세상을 기웃거리며 마귀에게 틈을 주었기 때문입니다. 마귀에게 틈을 주지 마십시오. 세상에 한눈파는 것이 우리가 죄에 무너지는 시작입니다.

그러나 많은 그리스도인들이 "세상에 한눈팔지 말라"는 권면을 받으면 한숨을 내쉽니다. 너무 힘들다고 탄식합니다. 바로 그것입니다. 그 탄식이 문제의 핵심입니다. 한눈팔지 않고 사는 것은 불가능하다고 여기는 생각, 그것이 우리가 여전히 죄에 무너지는 상태에 머물러 있음을 드러내주고 있습니다. 한눈팔지 말라는 것을 힘쓰고 애써서 지켜야 하는 율법으로 여기는 것입니다. 아직 마음에 임하신 주님을 진정으로 믿지 않는다는 부인할 수 없는 증거입니다. 주님이 마음에 거하시는 것을 정말 믿으면 세상에 한눈팔아지지 않습니다.

사랑에 빠진 사람은 다른 사람에게 눈이 돌아가지 않습니다. '한눈팔지 말아야지'가 아니라 '한눈팔지 않게 되는' 것입니다. 주 예수님과의 관계에서도 마찬가지입니다. 한번 깊이 생각해보시기 바랍니다. 여러분은 어떤 이단 단체에서 돈 100억 원을 주고 오라고 하면 그 제안이 유혹이 되겠습니까? 결코 그렇지 않을 것입니다. 여러분 중에 "어느 이단으로 갈까?" 하면서 이단에 한눈파는 분은 없을 것입니다. '한눈팔지 말아야지'가 아닙니다. 한눈팔아지지 않는 것입니다.

왕이신 주님이 우리 안에 임하신 것을 믿으면 세상에 대해서도 마찬가지가 됩니다. 왕이신 주님과 친밀해지는 과정에 있는 사람에게 세상이 유혹이나 관심의 대상이 되겠습니까? 은밀한 죄에서 이기는 길은 결단이나 회개나 금식으로 이루어지지 않습니다. 그렇다고 어쩔 수 없는 육신의 일이니 너무 상심 말고 스스로 학대하지 말고 하나님의 용서와 은혜를 믿으면 결국 주님이 이기게 해주실 거라고 쿨하게 넘겨버린다고 해서 해결되는 것도 아닙니다.

왕이신 주님이 마음에 오신 것이 황홀하게 여겨질 때입니다! 날마다 왕이신 주님과 하루를 시작한다는 것이 흥분이 되고 감격이 될 때 죄에서 승리하게 됩니다. 이것은 금욕생활과 다른 것입니다. 실제로 왕이신 주님을 더 깊이 알아가는 것은 평생을 투자해도 가치 있는 일입니다. 왕이신 주님과 친밀해지는 것, 왕이신 주님과 동행하는 것, 눈에 보이지 않는 주님이 눈에 보이듯이 믿어지는 것은 정말 꿈같은 일입니다. 우리가 이것을 정말 믿으면 세상에 한눈팔지지 않습니다.

그렇습니다. 주님을 믿어도 세상에 한눈팔게 되는 것이 아니라 주님을 진정으로 믿지 못하였기에 세상에 한눈팔고 살아온 것입니다. 그동안 우리의 문제는 우리 안에 주님이 임하신 것이 실재라는 믿음이 없었던 것입니다. 그래서 주님과 세상을 저울질하고 산 것입니다. 주님은 막연하고 세상은 실재였기 때문입니다. 우리는 정말 자격이 안 되는데 전적인 하나님의 은혜로 주님이 우리 안에 오셨습니다. 우리가 할 일은 이 놀라운 사실을 정말 믿는 것뿐입니다.

"왕이신 주님이 내 안에 계신다!"

이것이 모든 문제의 답입니다. 아직 주님이 함께하시는 것을 분명히 모르겠고 주님의 음성을 듣는 것도 막연하다면 안타까워할 일이 아닙니다. 누구나 처음에는 그럴 수밖에 없음을 인정하면 됩니다. 그동안 주님을 바라보지 않고 살았기 때문일 뿐입니다. 이제부터라도 매일 매 순간 주님의 말씀에 귀를 기울이고, 깨닫게 하셨는데도 순종하지 못한 것이 있다면 즉각 회개하고 순종해가면 됩니다. 영성일기가 순종일기가 되도록 해보시기 바랍니다.

오늘도 황홀한 날입니다. 왕이신 주님과 함께하는 날이기 때문입니다.

20140620

덫 을 놓 는 사 탄

쥐를 잡기 위해 쥐덫을 놓으면서 많은 생각을 하게 되었습니다.

'어디에 어떤 덫을 놓으면 쥐가 잡힐까?'

머리싸움입니다. 그런데 쥐를 잡고 보니 유혹의 힘이 엄청난 것을 보았습니다. 쥐덫에 갇혔는데도 여전히 미끼인 치즈를 먹고 있는 쥐를 보면서 안쓰러운 마음이 들었습니다. 우리의 모습을 보는 것 같았기 때문입니다. 쥐덫을 놓으면서 제 주변에도 도처에 사탄이 놓은 덫이 있을 것이라는 생각을 했습니다.

가장 먼저 생각나는 것이 은밀한 죄였습니다. 아무도 알지 못하고 아무도 보지 못하는 것이 있다는 착각이 바로 사탄이 놓은 덫입니다. 누가 보느냐 안 보느냐는 문제가 아닙니다. 죄 그 자체가 심각하다는 것을 깨달아야 합니다. 아무도 안 본다고 독약을 마실 사람은 없을 것입니다. 그런데 은밀한 환경이 조성되기만 하면 죄에 무너진다면 그것은 죄가 영혼의 독약인 줄 모르기 때문입니다.

우리에게 여러 가지 고통스런 문제들이 있지만 가장 근본적이고 중요한 문제는 죄 문제입니다. 만일 살날이 30일밖에 남지 않았다고 하면 무엇이 가장 큰 문제이겠습니까? 돈 문제일까요? 건강 문제일까요? 성공일까요? 아닙니다. 죄 문제뿐입니다. 사람이 한 번 죽는 것은 정해진 일이요 그 뒤에는 심판이 있습니다. 죄는 많으냐 적으냐의 문제가 아닙니다. 단 하나가 문제입니다. 암에 걸렸는데 그것이 하나라서 다행이겠습니까?

사탄은 우리를 죄짓게 하려고 우는 사자같이 두루 다니며 삼킬 자를 찾습니다. 그래서 24시간 주님만 바라보라고 하는 것입니다. 사탄이 놓은 덫은 머리로 안다고 이길 수 없습니다. 사탄이 우리를 사로잡으려고 사용하는 미끼는 돈, 섹스, 권력 등입니다. 문제는 이것을 다 아는데도 넘어진다는 것입니다. 사탄의 유혹은 간단한 아침 기도나 식사 기도로는 이기지 못합니다. 모든 일을 하나님의 일을 하듯이 해야 하고, 모든 사람을 대할 때 주께 하듯 해야 합니다. "24시간 주님을 바라보라", "영성일기를 쓰면서 주님과의 관계를 계속 점검하라"고 그렇게 권해도 이런저런 이유를 대고 실천하지 못하는 이들이 많습니다. 사탄이 놓은 덫이 얼마나 무서운지, 스스로 유혹 앞에 얼마나 약한지 모르기 때문입니다.

주님의 뜻을 쉽게 알려고 하지 말아야 합니다. 그러니 미혹당하는 것입니다. 예언 기도에 속지 말고 영성일기를 써보시기 바랍니다. 그러면서 주님의 뜻을 아는 감각을 키워야 합니다. 예수님 안에 거해야 합니다. 24시간 예수님을 바라보아야 합니다. 그래야 마귀가 놓은 덫에 걸려들지 않게 됩니다.

안식년 기간 중 이스라엘, 미국, 유럽, 제주도 등에서 짧게는 며칠, 길게는 40일을 지냈습니다. 어느 곳에서나 마지막 일정은 숙소를 청소하고 쓰레기를 치우는 일이었습니다.

제주도에서 한 달을 지내고 떠나기 전날, 침구 세탁을 하고 숙소 대청소를 하는데 의외로 치울 쓰레기가 많았습니다. '한 달을 살았는데 이 정도의 쓰레기와 청소할 것이 있다면, 일생을 산 뒤 그 뒤처리가 얼마나 큰일인가?' 하는 생각이 들었습니다. 쓰레기를 치우면서 문득 감사하다는 생각이 들었습니다. 끔찍한 일은 남이 제 쓰레기를 치우는 일입니다. 만약 쓰레기 치울 시간이 없이 떠나게 된다면 호의를 베풀어 숙소를 제공해준 이들에게 얼마나 미안한 일이겠습니까? 그런 생각을 하니 제가 남긴 쓰레기를 제 손으로 치울 수 있다는 것이 정말 감사했습니다.

안식년을 통하여 배운 교훈 중 하나가 제 쓰레기를 제 손으로 치우는 일이 가장 훌륭한 은퇴 준비요 죽을 준비라는 것입니다. 물론 자신이 남긴 쓰레기를 완벽하게 다 치울 수는 없을 것이고, 어느 누구에게도 신세를 지지 않겠다는 것은 교만일 것입니다. 결국 누군가의 신세를 져야 할 것입니다. 그러나 그것도 어느 정도여야 하고, 반드시 자신이 치워야 할 쓰레기가 있는 것입니다. 뒷모습이 깨끗해서 감동인 사람이 있고 쓰레기만 잔뜩 남겨놓고 가는 이들도 있습니다. 완벽한 사람이 어디 있겠습니까? 자기 정리를 잘한 사람과 못한 사람의 차이겠지요. 그래서 자기 손으로 자기가 남긴 쓰레기를 치울 수 있다는 것은 축복이고 행복한 일입니다. 아무나 이런 복을 누리는 것이 아니기 때문입니다.

개인도 그렇지만 사회나 민족도 동일합니다. 세월호 참사는 그저 지나가버린 끔찍한 사건이 아닙니다. 우리 모두에게 치워야 할 엄청난 쓰레기를 남겼습니다. 우리 사회가 가지고 있는 뿌리 깊은 병폐입니다. 그러므로 결코 빨리 잊어버리고 지나갈 일이 아닙니다. 고통스럽지만 정리해야 할 것은 분명하고 철저하게 청산해야 합니다. 우리 손으로 우리가 남긴 쓰레기를 치울 수 있다는 것을 축복으로 여기는 인식 전환이 필요합니다.

머뭇거릴 일이 아니고 적당히 해서도 안 됩니다. 만약 이 일을 소홀히 하면 다른 이들이 우리가 남긴 쓰레기를 치우게 될 것이고, 다음 세대는 우리가 남긴 쓰레기를 치우느라 엄청난 고통을 겪게 될 것입니다. 그것은 세월호 참사보다 훨씬 끔찍한 일임을 알아야 합니다.

13세기 페르시아의 시인이자 이야기꾼인 사아디가 지은 우화집에 이런 이야기가 있습니다. 어느 젊은 나그네가 배에서 내렸는데 마을 사람들은 그의 슬기롭고 경건하고 겸손한 태도를 보고 그를 수도원으로 데려갔습니다. 수도원 식구들은 젊은이를 따뜻하게 환영해주었습니다.

그러던 어느 날 수도원장이 젊은이에게 말했습니다.

"자네, 이 수도원에서 쓰레기를 좀 치워주겠나?"

그런데 그날 젊은이의 종적이 사라졌습니다. 아무도 그를 보지 못했습니다. 모두들 이상하게 생각했지만 아마 청소하는 일이 적성에 맞지 않았던 모양이라 여기고 넘어갔습니다.

이튿날 수도승 하나가 거리에 나갔다가 우연히 그를 발견하고 그를 불러 세웠습니다.

"원장님이 시키신 일을 그렇게 물리치다니…. 자네 참 어리석은 짓을 했네. 자네가 오르려는 사다리가 남을 섬기는 일을 통해서만 오를 수 있는 사다리인 줄 몰랐던가?"

이 말을 듣고 젊은이는 울음을 터뜨렸습니다.

"형제여, 제가 무엇을 할 수 있었겠습니까? 쓰레기를 치우라는 말씀에 사방을 구석구석 살폈지만 어디에서도 쓰레기를 발견할 수 없었습니다. 그러다가 원장님이 치우라고 하신 쓰레기가 바로 저라는 생각이 들었습니다. 그래서 저를 치워 그곳을 깨끗한 장소로 만들려 했던 겁니다."

지금 우리는 이런 자세가 필요한 시대에 살고 있습니다. 스스로 성찰하여 때로 자신을 "교회의 쓰레기가 아닐까?", "사회의 쓰레기는 아닐까?" 돌아보면서 자신의 부족함을 일깨우는 그리스도인들이 되어야 합니다. 교회가 진정 그리스도의 몸이 되기 위하여 자신을 버릴 만한 용기와 진정성을 소유한 목회자가 되어야 합니다. 그러나 우리에게는 근본적으로 우리가 남긴 쓰레기를 온전히 치울 능력이 없습니다. 그래서 주예수님께서 용서와 속죄의 십자가를 지신 것입니다.

우리가 할 수 있는 것이 오직 회개뿐일 때도 있습니다. 저도 살아오면서 알게 모르게 저질렀던 잘못들, 실수들, 어리석었던 일들이 많습니다. 그중에서 가장 마음 아픈 것은 다른 사람의 마음에 남긴 상처입니다. 저의 고통은 이것을 깨달았지만 제게 그것을 해결할 능력이 없다는 것입니다. 오직 회개할 뿐입니다. 그리고 주 예수님의 십자가를 붙잡는 것입니다. 두려운 것은 언젠가는 마음이 굳어져 회개도 안 될 때가 온다는 것입니다.

불의를 행하는 자는 그대로 불의를 행하고 더러운 자는 그대로 더럽고 의로운 자는 그대로 의를 행하고 거룩한 자는 그대로 거룩하게 하라
계 22:11

'그대로'라는 구절이 가슴을 쳤습니다. 마지막 때가 가까울수록 사람들은 돌이키기가 점점 더 어려워진다는 말입니다. 그래서 매일 영성일기를 쓰는 것입니다. 매일매일 나의 마음을 주님 앞에 드러내는 시간을 갖는 것은 매일 저의 마음에서 쓰레기를 치우는 일이기도 합니다. 우리는 이 일을 서로 도와야 합니다. 결코 혼자 할 수 있는 일이 아니기 때문입니다.

오직 오늘이라 일컫는 동안에 매일 피차 권면하여 너희 중에 누구든지 죄의 유혹으로 완고하게 되지 않도록 하라 히 3:13   20140912

PART 3

주 예수와 하나가 되는 은혜

CHAPTER

어떤 형편에서도
만족하게 사는 법

무엇에 마음을 빼앗겼습니까?

어느 목사님께서 상담을 요청해오셨습니다. 최근 들어 교회나 가정에 크고 작은 문제가 계속 일어나 염려와 분노, 조급함과 두려움과 좌절 등에 시달린다고 하였습니다. 기도하면 이제는 그 모든 것을 주님 앞에 내려놓아야 하고, 정말 주님께 다 맡겨야 될 때임을 알겠다고 했습니다. 그런데 내려놓고 싶어도 내려놓아지지 않고 주님께 맡기고 싶어도 맡겨 지지 않는 것을 어떻게 하느냐고 안타까워하셨습니다.

우리가 어떤 문제를 내려놓지 못하는 것은 그것에 마음을 빼앗기고 있기 때문입니다. 이런 경우 어떤 문제를 자신이 내려놓으려 한다고 해도 내려놓아지지 않습니다. 오히려 내려놓으려고 애를 쓸수록 그 문제에 더 집중하게 됩니다. 어떤 것을 생각하지 말라고 하면 더 생각하게 되는 것 과 같습니다. 어둠을 제거하는 것은 애를 쓴다고 되는 것이 아닙니다.

어떤 문제를 마음에서 내려놓으려면 그 문제보다 더 큰 것을 붙잡아야 합니다. 그러면 내려놓으려고 애를 쓰는 것이 아니라 내려놓아집니다. 어떤 문제가 내려놓아지지 않는다는 말은 그보다 훨씬 크신 주님과의 관계가 너무 약하다는 것을 말해주는 것뿐입니다. 문제를 내려놓으려고 고민하지 말고 꾸준히 주님과의 친밀한 관계를 길러야 합니다. 그래서 24시간 주님을 바라보라는 것입니다.

내려놓으라는 것은 그것을 "그만두라", "포기하라", "떠나라"는 의미가 아닙니다. 가정이나 사역이나 직장이나 사업이나 공부를 그만두지 않아도 주님을 바라보게 되면 내려놓아집니다. 내려놓고 싶은 것들이 마음에서 차지하는 비중이 약해지는 것입니다. 잘되느냐 안 되느냐에 따라 요동치는 마음도 없어집니다. 사랑하는 사람이 생기면 일상생활에서 느끼는 좋고 싫음이 사라지듯이, 주님을 아는 눈이 열려지면서 다른 문제로 인한 마음의 요동함이 없어지고 주님의 뜻대로 순종하는 일에 어려움이 없어집니다.

많은 그리스도인들이 주님에 관하여 신학적인 예수, 역사적인 예수, 성경에 기록된 예수에 관해서는 잘 알지만 인격적으로 함께하시는 주 예수님에 대해서는 너무 미숙하고 연약합니다. 주 예수님의 임재하심에 눈이 뜨이지 않으면 예수 그리스도의 영광의 복음의 광채를 보지 못합니다.

그중에 이 세상의 신이 믿지 아니하는 자들의 마음을 혼미하게 하여 그리스도의 영광의 복음의 광채가 비치지 못하게 함이니 그리스도는 하나님의 형상이니라 고후 4:4

마귀가 마음을 사로잡고 있어 영적으로는 눈이 가려진 상태에 있기 때문입니다. 그래서 마음을 쏟지 않아도 될 일과 문제에 온통 신경이 쓰이고 마음을 빼앗기고 사는 것입니다. 한마디로 내려놓아지지 않는 것입니다. 이런 경우에 주님께 맡겨지지 않는다고 말하는 것입니다. 내려놓아지지 않는다는 말은 주님을 바라보지 못한다는 말입니다. 지금 자신이 주님을 바라보는지 아닌지는 내려놓아야 할 것에 마음이 흔들리는지 아닌지를 보면 스스로 알 수 있습니다.

주님을 바라보아야 한다는 의식을 갖는다고 해서 실제로 주님을 바라보는 것은 아닐 수 있습니다. 어떤 문제로 인하여 스트레스가 심하고 마음이 힘드십니까? 그 문제를 내려놓으려고 애쓰기보다 꾸준히 주님을 바라보는 일에 힘써보시기 바랍니다. 영성일기 쓰기는 매우 도움이 되는 방법입니다.

20140913

하 루 의 기 쁨 이 면 충 분 합 니 다

성령의 열매 중에 오래 참음의 열매가 있습니다. 그런데 이 열매는 죽을상을 하고 불쌍한 모습으로 오래 기다리는 것이 아닙니다. "더 이상 견딜 수 없어요", "이런 사람들과 언제까지 지내야 하나요?", "이런 형편에서 언제까지 살아야 하나요?" 하면서는 결코 오래 참지 못합니다. 환경과 여건은 너무나 힘들고 고통스러울지라도 마음에서 솟아나는 기쁨이 있어야 오래 참을 수 있습니다. 그런 기쁨은 항상 함께하시는 주님을 바라볼 때 생깁니다.

내가 이것을 너희에게 이름은 내 기쁨이 너희 안에 있어 너희 기쁨을 충만하게 하려 함이라 요 15:11

　요셉과 다윗은 오래 참음의 열매를 맺은 사람입니다. 그러나 그들은 자유로운 신분이 되는 날이 오기를, 왕이 되는 날이 오기를 학수고대하며 기다렸던 것이 아니었습니다. 그들에게 이해할 수 없는 고난의 시간이 오래 계속되었지만, 날마다 함께하시는 하나님을 바라봄으로 그 어렵고 지루하고 길었던 때를 지낼 수 있었던 것입니다. 우리에게 필요한 것은 '하루의 기쁨'입니다. 그것은 주님과의 동행함을 확인하는 것입니다.
　그랬습니다. 요셉이나 다윗에게는 하루의 기쁨이 있었습니다. 주님과 하루하루 동행하는 기쁨을 누리다보면 그렇게 1년이 되고 10년이 되고 30년이 되는 것입니다. 마음이 두려움과 염려, 분노와 절망으로 무너지고 뒤집히고 소리소리 지르고 싶다면, 문제가 해결되기를 기다리지 말고 주 예수님을 바라보시기 바랍니다. 주님이 매일의 기쁨이 되신다면 얼마든지 잠잠히 하나님을 기다릴 수 있습니다.
　안식년 중 어느 날 새벽, 잠자리에서 일어나기 전인데도 주님은 제 마음에 기쁨을 주셨습니다. 잠결인데도 제가 주님을 생각하고 있다는 사실, 제 마음에 주님이 분명히 계시는 것만으로도 정말 감사했습니다. 이 은혜면 충분하다는 생각이 들었습니다. 주님께서 앞으로 제 길을 어떻게 인도하실지는 알지 못하지만 이처럼 제 마음에 늘 주님이 계신다는 사실만으로 충분했습니다. 안식년을 어디서 어떻게 보내게 될지 앞으로 되어질 일에 대하여 염려하는 마음이 사라졌습니다. 주님이 적절한 때

적절한 사람을 통해 인도하실 것이 믿어졌습니다. 오직 매일매일 감사하며 기뻐하며 사랑하며 살면 되는 것입니다.

주여, 제게는 '하루의 기쁨'이면 충분합니다!

20140915

왜 힘써 주님을 바라보아야 합니까?

영성일기를 쓰면서까지 24시간 주님을 바라보기에 힘쓰라는 것이 또 다른 율법주의가 아닌지 우려하는 이들이 있습니다. 우리가 노력으로 의로워지려는 것이 얼마나 무익한가를 말하려는 것 같습니다. 그래서 주님을 바라보는 일조차 노력이 되면 안 된다고 생각하는 것 같습니다.

한편으로는 옳은 말입니다. 경건해지려고 애쓰다보면 쉽게 율법주의에 빠지곤 합니다. 주님과의 관계가 바로 되는 데 있어서 우리가 할 수 있는 것은 아무것도 없습니다. 전적으로 주님의 은혜의 역사이고 우리는 믿음으로 취할 뿐입니다. 그러나 믿기만 하라는 것이 아무것도 하지 않고 가만히 있으라는 말은 아닙니다. 성경적으로도 그렇고 경험적으로도 그렇습니다.

우리가 주님이 우리와 함께 계시고 마음에 왕이심을 믿으려 해도 실제 삶에서 결코 저절로 그렇게 되지 않음을 알게 됩니다. 우리 육신이 너무나 강하기 때문입니다. 로마서에 "그들이 마음에 하나님 두기를 싫어하매"(롬 1:28)라고 했습니다. 우리 안에 있는 육신의 소욕은 주님을 거부하기까지 합니다. 육신을 통하여 우리를 지배하려는 마귀의 역사가 있습니다. 우는 사자같이 우리를 삼키려고 우리 주위를 배회하고 있습니다. 그래서 우리 마음이 세상과 육신으로 꽉 차 있는 것입니다. 그래서 우리 자신이 항상 '저절로 세상'이요 '저절로 육신'으로 돌아가는 것을 경험하는 것입니다. 예수님을 구주로 영접하고 구원받은 자도 마찬가지입니다. 이것을 깨달아야 주님 바라보기에 힘써야 한다는 것을 이해할 수 있습니다.

탕자가 구원받은 것은 전적으로 아버지의 은혜였습니다. 그러나 탕자가 돼지우리에 가만히 주저앉아 있으면서 아버지의 은혜만 믿었다면 탕자는 구원받지 못했을 것입니다. 탕자는 아버지에게로 돌아가야 했습니다. 물론 그 과정에서 고뇌와 망설임과 결단이 있었을 것입니다. 그리고 몇 번이고 가다가 망설이다 다시 돌아섰을 것이고, 두려워하고 낙심하고 포기하려는 순간도 있었을 것입니다. 오랜 세월 몸에 익은 방탕한 생활이 하루아침에 벗어지지 않는 것입니다. 그러나 결국 그는 아버지께로 돌아갔습니다. 아버지께로 가려는 이 몸부림마저 율법주의라고 해서는 지나칠 것입니다.

우리는 우리 스스로의 노력으로 우리에게 있는 육신의 문제에서 벗어날 수 없습니다. 노력으로 주님께서 기뻐하시는 삶을 살아낼 수도 없습니다. 그럴 수 있다면 주님께서 십자가에 달리실 필요가 없었을 것입니다. 우리가 할 수 있는 것은 오직 십자가에 달리신 주님을 바라보는 일에 힘쓰는 것입니다. 그러면 주님께서 역사하신다는 것입니다. 주님을 바라보게 하는 것 역시 우리 안에 오신 성령님의 역사입니다. 그렇기 때문에 성령님을 따라 살기를 힘써야 하는 것입니다. 영성일기를 쓰라는 것은 항상 주님만 바라보며 사는 데 유익하도록 권하는 것입니다. 성도들이 나눔방으로 모여 서로 돕고 도움을 받으면서 주님을 바라보라는 것입니다.

햇빛이 비춰도 돌아서 있으면 그늘만 보일 뿐입니다. 그가 빛을 경험하려면 빛을 향해 돌아서는 일을 해야 합니다. 그가 돌아섰기 때문에 빛을 경험한 것은 아닙니다. 빛이 그에게 비치고 있었기에 그가 빛을 경험한 것입니다. 그런데 그가 빛으로 돌아서고 싶어도 몸이 말을 듣지 않는다면 어떻게 해야 합니까? 내가 빛을 등지고 있을 때 심지어 빛이 나를 향해 움직이는데도 내 몸이 빛을 피해 어둠 속으로 숨으려 한다면 어떻게 합니까? 빛이 싫어지기도 하고 부담스럽기도 하고 포기하고 싶은 마음이 자꾸 들면 어떻게 합니까? 우리와 함께하시는 성령님을 의지하여 빛을 향해 돌아설 수 있는 모든 방법을 다 써야 하는 것입니다. 그것이 '갈급함'입니다.

주님은 이미 나를 향해 계십니다. 그 주님을 향해 돌아서려는 갈급함, 주님만 바라보고 살려고 힘쓰는 것조차 노력이니 인본주의라고 할 이유가 없습니다. 성경은 "오직 믿음", "오직 은혜"를 말하면서도 힘을 다하여 주님을 갈망하라고 권면합니다.

네 마음을 다하고 목숨을 다하고 뜻을 다하고 힘을 다하여 주 너의 하나님을 사랑하라 하신 것이요 막 12:30

내가 내 몸을 쳐 복종하게 함은 내가 남에게 전파한 후에 자신이 도리어 버림을 당할까 두려워함이로다 고전 9:27

칫솔질하는 것이 어린아이들에게는 너무나 힘들고 싫은 일입니다. 그런 어린 시절의 기억이 다 있을 것입니다. 그러나 어른이 되고 나서 양치질을 하지 말라고 하면 오히려 어려워질 것입니다. 해야 하는 일이 하고 싶어지면 그것으로 고민 끝입니다. 주님을 바라보고 사는 것이 자연스러워지면 삶은 놀랍게 변합니다. 그렇게 되기까지 우리를 도우시는 분이 성령님이시고 우리는 그를 힘입어 힘써 주님을 바라보아야 합니다.

20140916

마음을 지키는 훈련

며칠째 인터넷으로 뉴스를 검색하는 것을 중단하고 있습니다. 안식년 후 그동안 미루었던 일정을 소화하는 것이 너무 힘듭니다. 만나야 할 사람, 해야 할 회의, 감당해야 할 설교, 써야 할 원고 등이 한꺼번에 겹치다 보니 매일 운동할 시간을 내는 것도 어려울 정도입니다.

"주여, 꼭 해야 하는 일만 하고 꼭 만나야 할 사람만 만났는데도 이러면 저는 어떻게 해야 합니까?"

이렇게 기도하는데 제 마음에 그나마 버릴 것이라고 생각되는 것이 잠깐잠깐 보았던 인터넷 뉴스였습니다. 그렇게 며칠을 인터넷 뉴스를 보지 않고 지내면서 약간 충격적인 경험을 하고 있습니다. 갑자기 시간적인 여유가 많이 늘어난 것 같은 느낌이 드는 것입니다. 일정은 변함없이 빠듯합니다. 어젯밤에는 문상을 갔다가 집에 돌아오니 자정이 넘은 12시 30분이었습니다. 그런데도 마음에 시간적인 여유가 느껴져서 그 이유가 무엇인가 하고 돌아보니 잠깐씩 보던 인터넷 뉴스를 중단한 것 때문이라는 것이 깨달아졌습니다.

　인터넷 뉴스를 보는 시간을 다 합친다 해도 얼마 안 됩니다. 그것을 중단했다고 여유 시간이 많이 늘어났다고 할 수는 없습니다. 그러나 제 마음에 미치는 영향은 단순한 시간의 양과 달랐다는 것을 알았습니다. 꼭 보아야 할 뉴스들도 있지만 전혀 볼 필요가 없는 뉴스들도 많았습니다. 그것들이 제 마음속에 집요하고도 무차별적으로 파고들었던 것입니다. 뉴스를 보는 시간은 짧지만 그 순간 마음에 파고든 생각은 오랫동안 마음에 남아 있었던 것입니다. 인터넷 뉴스 보기를 중단하자 바쁜 일정 속에서도 갑자기 시간적인 여유가 느껴진 것은 마음을 사로잡던 것이 급격히 정리되었기 때문이었습니다.

　칼 바르트는 "한 손에 성경, 한 손에 신문"이라고 했다는데, 그렇지 않아도 주 예수님을 바라본다고 세상 현안에 대해 소극적이라는 비난을 받기도 하는데, 너무 극단적이고 현실 도피적인 폐쇄적인 태도가 아니냐고 비판할 이들도 있을 것 같습니다. 그러나 저는 오히려 제가 예수님을 마음에 왕으로 모시고도 마음 관리를 제대로 하지 못하고 살았던 것이 문제라고 깨달아졌습니다. 예수님을 마음에 모시고도 예수님을 생각하지 않고 지내는 시간이 많다면 결코 정상이라고 할 수 없을 것입니다. 제게는 인터넷 뉴스를 볼 때가 그랬습니다. 주님이 함께하신다는 생각을 잊어버렸습니다. 어떤 생각이 갑자기 제 마음을 사로잡아버렸던 것입니다. 주님을 바라보는 눈이 곁길로 돌아가버린 것입니다.

　미국 댈러스에서 지낼 때, 숙소로 삼고 지내던 집에 뱀이 들어온 적이 있었습니다. 20센티 정도 되는 작은 뱀이었지만 그 뱀과는 하룻밤도 같이 지낼 수 없었습니다. 뱀을 잡기는 해야겠는데 뱀을 잡아본 경험이 없는 저로서는 난감했습니다. 그러나 제게 거의 기적 같은 상황이 벌어져서 뱀을 잡기는 했습니다. 인터넷 뉴스를 중단하고 지내다보니 그때 생각이 났습니다. 뱀처럼 제 안에 교묘히 틈을 타고 들어오는 마귀의 역사가 느껴지는 것입니다. 조금만 방심하면 마귀가 주는 생각이 마음에 자리 잡곤 합니다. 뱀과는 한순간도 같은 집에서 살 수 없었으면서 마귀가 주는 마음은 너무 쉽게 품게 되는 것이 안타까웠습니다.

세상 뉴스를 보는 것 자체를 죄라고 생각하지는 않습니다. 뉴스를 볼 때 주님도 함께 바라보게 된다면 뉴스를 보는 것은 유익할 것입니다. 주님의 눈으로 세상을 보고 주님의 마음으로 세상을 분별하고 세상 일 속에서 기도 제목을 얻는 것은 그리스도인으로서 매우 중요한 태도요 사명일 것입니다. 정말 "한 손에 성경, 한 손에 신문"이 되어야 합니다. 그런데 그런 자세를 지키는 것이 매우 힘들다는 것입니다. 24시간 주님을 바라보는 사람이 되지 못하면 세상 뉴스를 통해 마음을 지배하려는 마귀에게 마음을 빼앗길 수밖에 없습니다.

주님은 너무 바쁜 일정이라고 한탄만 하지 말라고 하십니다. 이런 때조차 주님과 동행하는 중요한 훈련을 받고 있음을 깨닫게 하십니다. 아직 제가 받아야 할 훈련이 많습니다. *20140917*

내 삶의 이유와 목적

많은 성도들과 크리스천 청년들이 하나님께서 정말 자신의 삶에 역사하시는지 그것에 대하여 좌절감을 가지고 있습니다. 하나님께서 자신들의 꿈과 소원에 대하여 아무 반응이 없으시고 자신들이 겪는 문제에 대하여 아무리 기도해도 침묵만 하신다는 것입니다. 이런 신앙적 갈등은 삶의 목표가 올바르지 못하기 때문에 오는 경우가 대부분입니다. 하나님께서 그들의 삶에 역사하시지 않는 것이 아니라 하나님의 뜻을 알지 못하여 하나님의 역사를 깨닫지 못하는 것입니다.

우리가 사람이나 환경에 쉽게 낙심하는 이유는 사람이나 환경에서 만족을 얻으려고 살았기 때문이고, 성공이나 성취욕으로 살아왔기 때문입니다. 대부분의 사람들은 삶의 목표를 가난에서 벗어나 부유하게 되고, 낮은 지위에서 벗어나 높은 지위를 얻고, 실패에서 벗어나 성공하는 데 둡니다. 안타까운 것은 많은 그리스도인들도 이런 목표를 가지고 살아가며 또 기도도 한다는 것입니다. 우리가 낙심과 시험에 빠지지 않으려면 삶의 목표를 바꾸어야 합니다. 그리스도인들의 삶의 목표는 남보다 더 부유하게 되고, 더 높은 지위를 얻고, 성공하는 것이 아닙니다. 이런 목표를 가지고 있으면 가난은 싫고, 낮은 자리는 자존심 상하고, 고난은 두렵기만 합니다. 이런 마음으로는 아무리 기도해도 자신의 삶 속에서 하나님의 역사하심을 깨달을 수 없습니다.

그리스도인이 가져야 할 삶의 목표는 가난하게 살 줄도 알고, 풍족하게 살 줄도 아는 것입니다. 배부르거나 굶주리거나 풍족하거나 궁핍하거나 그 어떤 처지에서도 스스로 만족하는 법을 배우는 것입니다. 가난할 때 우리의 문제는 속히 가난에서 벗어나는 것이 아니라 가난하게 사는 법을 배우는 것입니다. 가난하게 사는 법을 배운 사람만이 부유하게 될 때 부유하게 사는 법을 배울 수 있습니다. 가난하게 사는 법을 배우지 못한 채 부유해지면 반드시 타락하게 됩니다. 부자가 천국에 들어가기 어렵다고 말씀하신 경우입니다. 어려운 시련을 겪을 때도, 우리의 문제는 그 어려움에서 속히 벗어나는 것이 아니라 시련의 때를 사는 법을 배우는 것입니다.

지금보다 더 낮은 자리에 가라고 하면 갈 수 있겠습니까? 더 가난하게 된다고 해도 감사한 마음으로 살 수 있겠습니까? 그런 일은 상상조차 하기 싫다면 아직 인생에 대하여 하나님으로부터 아무것도 배우지 못했고 준비도 되지 못한 사람입니다. 이런 사람은 주님과 온전히 동행할 수 없습니다. 주님을 따라 사망의 음침한 골짜기를 지나가야 할 때에도 가지 못합니다. 자기를 부인하고 자기 십자가를 지고 주님을 따를 수 없습니다.

가난이나 낮은 자리가 힘들고 고생스럽기 때문이 아닙니다. 가난하게 사는 법, 낮은 자리에서 지내는 법을 배우지 못했기 때문입니다. 어떤 형편에서도 스스로 만족할 수 있는 사람이 가장 강한 자입니다. 정말 필요한 사람입니다. 그리고 위대한 사람입니다. 어떤 형편에서도 스스로 만족하게 사는 법을 배우는 것이 삶의 목표임을 깨닫고 나면 우리는 모든 상황에서 역사하시는 주님을 보게 됩니다. 구체적으로 자신을 인도하시는 하나님을 매 순간 경험하게 되고, 하나님께서 그 사람을 통하여 역사하실 수 있는 것입니다.

우리가 배워야 할 것을 한마디로 요약하면 어떤 형편에서도 능력 주시는 주 예수님 안에 거하는 것을 배우는 것입니다.

내게 능력 주시는 자 안에서 내가 모든 것을 할 수 있느니라 빌 4:13

주 예수님께서 함께하시니 가난해도 부유해도 크게 상관이 없는 것입니다. 그래서 예수님 한 분이면 충분하다고 말하는 것입니다. 주 예수님을 더 아는 것, 주 예수님과 온전히 연합하는 것만이 삶의 이유요 목적이 되면 그 어떤 사람이나 환경, 낙심이 되는 형편이나 실패에도 마음이 무너지지 않습니다. 오직 주 예수님을 바라보며 사는 자는 어떤 형편에서도 날마다 흥분이 되고 기대가 되고 마음이 설레게 됩니다. 주님이 그런 분이시기 때문입니다.

매일 잠에서 깰 때, 우리는 자신이 처한 형편에서 주 예수님과 새 날을 시작하는 것입니다. 모든 형편에서 우리는 주 예수님을 더 깊이 알게 됩니다. 매일매일 우리는 주 예수님과 하나 되는 기쁨을 누립니다. 여러분은 어디까지 배우셨습니까? *20140919*

18
CHAPTER

주님이 친히
역사하시는 은혜

하 나 님 의 은 혜 의 파 도

안식년 중 댈러스에서 지낼 때 교제했던 세미한교회 최병락 목사님의 책을 읽다가 은혜로운 부분이 있어서 그대로 옮겨드립니다.

텍사스 샌안토니오에서 오크힐스교회를 담임하고 있는 맥스 루케이도 목사님이 지난해에 댈러스를 방문하여 설교했습니다. 그 설교를 듣다가 큰 은혜를 받고 많은 눈물을 흘렸는데 그 내용은 이렇습니다.

맥스 루케이도 목사님은 텍사스에서 태어나 어린 시절 바다를 한 번도 본 적이 없었습니다. 기껏해야 동네 연못이 고작이었습니다. 그러다가 열 살이 되던 해, 삼촌이 살고 있는 캘리포니아를 방문하게 되었습니다. 삼촌은 어린 맥스를 데리고 태평양이 보이는 산타 모니카 해변으로 갔습니다. 넓은 백사장과 끝없이 펼쳐진 태평양 바다를 보고 어린 맥스는 넋을 잃고 말았습니다.

맥스를 가장 감동시켰던 것은 끊임없이 밀려오는 파도였습니다. 그 많은 물이 대체 어디로부터 오는지 계속해서 맥스에게로 밀려왔습니다. 한참을 그렇게 물끄러미 쳐다보던 맥스는 삼촌을 보면서 조용히 이해할 수 없다는 표정을 지으며 말했습니다.

"삼촌, 파도가 계속 밀려와요."

맥스는 충격을 받은 듯했습니다. 그때 삼촌이 질문을 하나 했습니다.

"맥스, 너 그거 아니?"

"뭐요?"

"오늘 밤에 와도 파도가 계속 계속 밀려온단다."

맥스는 말도 안 된다는 표정으로 말했습니다.

"농담하지 말아요. 어떻게 그렇게 많은 물이 있을 수 있어요? 말도 안 돼요."

삼촌은 또 물었습니다.

"맥스, 너 그거 아니?"

숨쉬기도 힘들 정도로 흥분한 맥스가 뭐냐는 표정을 지어 보였습니다.

"1,000년 전에도 이 파도는 똑같이 밀려왔단다."

눈이 휘둥그레진 맥스는 입을 다물지 못했습니다.

맥스의 마음을 아는지 모르는지 삼촌은 또 한 가지 신기한 것이 있다고 말했습니다.

"맥스, 너 그거 아니?"

또 놀랄 일이 남았느냐는 표정으로 맥스는 삼촌을 쳐다봤습니다.

"우리가 다 죽고 난 1,000년 후에도 이 파도는 계속 밀려올 거야."

맥스는 그것이 어떻게 가능하냐는 표정으로 넓은 태평양에서 밀려오는 파도를 넋을 잃고 쳐다보았습니다. 그러고는 삼촌에게 물었습니다.

"들어가봐도 돼요?"

"그럼!"

신이 난 맥스는 온몸에 모래를 묻히고는 파도에 뛰어들었습니다. 그 순간 밀려오는 파도가 맥스를 덮치고 지나갔습니다. 그러자 온몸의 모래가 온데간데없이 사라져버렸습니다. 맥스는 다시 모래사장으로 나와 모래를 더 묻혀서 파도에게로 뛰어갔습니다. 그러면 여지없이 파도는 더 큰 팔을 벌려 맥스를 덮치고 지나갔습니다. 1,000번을 뛰어들어도 파도는 1,000번을 받아주었습니다. 맥스는 그날 진종일 멈추지 않고 밀려오는 파도와 그렇게 놀았습니다.

자기의 어릴 적 경험을 한참 신나게 이야기하던 루케이도 목사님이 잠시 침묵하였습니다. 그리고 성도 한 사람 한 사람을 쳐다봤습니다. 침 넘기는 소리조차 크게 들릴 정도로 예배당이 조용해졌을 때 그는 이렇게 말했습니다.

"하나님의 은혜는 이와 같아서 1,000번을 넘어져도 우리를 향해 다시 밀려옵니다."

그 순간 마치 그 큰 예배당에 하나님의 은혜의 파도가 정말 밀려오는 것 같았습니다. 모든 성도들이 그 은혜에 압도되었습니다. 여기저기에서 흐느끼는 소리가 들렸습니다.

우리는 무엇보다 우리가 하나님으로부터 어떤 은혜를 받고 있는지 알아야 합니다. 지금도 우리에게는 하나님의 은혜의 파도가 계속 밀려오고 있습니다. 우리는 은혜의 파도 앞에 서서 이렇게 고백합니다.

"하나님, 제가 지난주에 또 넘어졌…."

말이 채 끝나지도 않았는데 하나님의 용서의 파도가 우리를 덮치고 지나갑니다.

"하나님, 제가 지난주에 죄를 지었단 말…."

다시 하나님의 은혜의 파도가 우리의 말이 끝나기도 전에 우리를 씻기고 지나갑니다. 그렇습니다. 이해할 수 있다면 은혜가 아닙니다. 가늠할 수 있는 크기라면 은혜가 아닙니다. 예상했던 반응이라면 은혜가 아닙니다. 머리를 세차게 흔들면서 '다른 것은 몰라도 이것만큼은 절대 용서받을 수 없을 거야' 하고 생각할 때도 하나님의 용서와 은혜의 파도는 우리를 향해 밀려옵니다. 십자가를 바라보면 누구나 알 수 있습니다.

머리로도, 지식으로도, 경험으로도 이해되지 않는 것이 우리를 향한 하나님의 은혜입니다. 우리는 오직 감사할 뿐입니다. *20140922*

조 금 만 　더

교역자 수양회차 설악산을 다녀왔습니다. 오후에 시간이 나서 아내와 함께 비룡폭포 쪽으로 가벼운 등산을 했습니다. 비룡폭포로 오르는 길에 최근에 만들어진 출렁다리까지 갔다가 시간상 내려오는데, 아주머니 몇 분이 올라오면서 말을 거셨습니다.

"출렁다리까지 얼마나 더 가야 하나요?"

바로 위가 출렁다리이기에 "조금만 더 올라가시면 됩니다"라고 했더니 안색이 싹 바뀌면서 같이 올라오던 분들에게 말했습니다.

"또 '조금만 더'래. 저 밑에서부터 조금만 더 가면 된다고 하더니 여기서도 또 조금만 더라니. 이제 그만 내려갑시다."

그렇게 다투는 분들을 뒤로하고 내려오면서 마음이 씁쓸했습니다. 정말 '조금만 더' 올라가면 되는데 말입니다. 그러면서 밑에서 '누가 조금만 더 가면 된다고 하였을까? 그 분은 왜 그렇게 말했을까?' 하는 생각이 들었습니다. 구체적으로 얼마의 시간이 걸린다고 말해주었다면, 정말 조금만 더 올라가면 될 지점에 와서 그리 낙심하지는 않았을 텐데 말입니다.

그러다가 조금만 더 올라가면 된다고 말한 사람들이 결코 이 아주머니들을 골탕 먹이려고 그렇게 말한 것이 아니었을 거라는 생각이 들었습니다. 산에서 내려와보니 정말 그렇다는 생각이 들었습니다. 항상 처음 가는 길이 멀고 힘들게 느껴지고, 가본 길은 짧고 쉽게 여겨지는 법입니다. 또 산을 즐기는 이들에게는 '조금만 더'가 결코 '조금'을 의미하지 않는다고 합니다. "포기하지 말고 계속 가보세요. 그러면 반드시 정상에 이르게 될 것입니다"라는 격려인 것입니다. 그래서 산행 초보자만 정상까지 얼마나 남았는지 물어보지, 오랫동안 산행을 해본 사람들은 물어보지 않는다고 합니다.

많은 사람들이 교회에 실망하고, 목사에게 실망하고, 교인에게 실망하고, 가정에서 절망하고, 직장에서 절망하여 '이런 사람들과 언제까지 지내야 하나?', '이런 형편에서 언제까지 살아야 하나?' 하며 탄식합니다. '조금만 더' 힘을 내어 합력하여 선을 이루시는 하나님의 약속을 믿고, 나는 죽고 예수로 사는 십자가를 붙잡고, 오히려 감사하고 찬송하며 오직 순종해보면 반드시 주님의 역사를 경험할 것 같은데, '조금만 더' 힘을 내어보라는 말에 오히려 화를 냅니다.

"더 이상 견딜 힘이 없어요!"

"제게 이젠 희망이 없다구요!"

주님과 동행하는 삶도 마찬가지입니다. "전 안 되나 봐요, 할 만큼 해보았어요"라고 말하는 이들이 있습니다. 제가 보기에 시작했다는 것 자체가 성령의 역사이기에 조금만 더 힘써보시라고 하면, '조금만 더'라는 말이 영 신뢰가 안 되는 모양입니다. 조금만 더 하는 것이 너무 힘들고 아주 큰 부담으로 여겨지는 것 같습니다. 그래서 조금만 더 힘써보시라고 권하고 싶어도 주춤할 때가 있습니다.

그러면서 '나는 왜 조금만 더 해보라고 말하는 것일까?' 생각해보았습니다. 저에게도 24시간 주님을 바라보려고 애썼던 순간들이 힘들기도 하고 답답하기도 했습니다. 하지만 지나고 나니 그 모든 시간들이 너무 짧았다고 생각되었습니다. 그래서 그렇게 말했던 것입니다. 주님을 바라보는 눈이 뜨인 사람은 누구나 저와 같을 것입니다.

주님은 영생을 얻고자 하는 부자 청년에게 한 가지 부족한 것이 있다고 하시면서 전 재산을 팔아 가난한 자들에게 나누어주고 주님을 따르라고 하셨습니다. 전 재산을 포기하는 것이 어찌 한 가지 부족한 것이라고 쉽게 말할 일입니까? 그러나 주님이 보시기에는 그처럼 작은 일이었다는 것입니다. 하지만 부자 청년에게 그것은 너무나 엄청난 일이었습니다. 그래서 그는 근심하며 주님을 떠나가고 말았습니다. 그런데 그 청년이 죽고 난 다음에는 어떠했을까요? 그때 그는 비로소 전 재산을 팔아 가난한 자들에게 나누어주는 것이 얼마나 작은 일인지 선명히 깨달았을 것입니다. 살아 있을 때 그것을 깨닫지 못한 것이 너무나 통탄스러웠을 것입니다.

어느 집사님이 큰 어려움을 겪으면서 전 재산을 다 잃어버렸는데, 그 일을 계기로 신앙을 갖게 되었습니다. 그 후 그 분은 얼마나 감사하며 지내는지 모릅니다.

"저는 너무나 작은 것을 잃고 대신 너무나 큰 것을 얻었습니다. 잃은 것은 재산이요 얻은 것은 하나님입니다."

그렇습니다. 지금 너무나 힘들고 어려워 보이는 일들도 주님을 바라보는 눈이 뜨이고 보면 너무나 작은 일일 수 있음을 알아야 합니다.

24시간 주님을 바라보는 것이 저에게 쉽게 여겨지는 이유가 하나 더 있습니다. 곰곰이 생각해보니 저만 주님을 붙잡으려고 버둥대는 것이 아니라 주 예수님께서 제 손을 잡아주시고 친히 이끌어주셨기 때문임을 깨달았습니다.

저만 그렇겠습니까? 그러니 '조금만 더' 힘을 내보세요! *20140923*

주 인 바 꾸 기

헨리 나우웬이 안식년을 맞아 뉴욕 근교의 한 수도원에서 7개월 동안 지내며 썼던 일기 《제네시 일기》(포이에마, 2010)의 에필로그를 보면 수도원에서 안식년 7개월을 보낸 후 자신이 "아무것도 달라진 것이 없다"라고 한 부분이 나옵니다. 헨리 나우웬의 이 고백이 매우 솔직한 고백이어서 감동이 되기도 하지만 경건의 훈련 자체가 아무 의미가 없는 것이라고 오해할 수도 있겠습니다.

일단 헨리 나우웬의 글을 옮겨드리고 싶습니다.

어쩌면 모든 것 가운데 가장 은밀하고 가장 심각했던 망상은 내가 7개월간의 수도원생활을 하고 나면 사람이 달라져서 한결 원만하고, 한결 고결하고, 훨씬 영적이며, 한결 자비롭고, 한결 온유하고, 한결 쾌활하고, 한결 이해력 있게 되리라는 것이었다. 솔직히 어느 정도 초조감이 평온으로 바뀌고 긴장감이 평화로운 생활양식으로 변하며 애매모호하고 이중성격적인 요소들이 하나님을 향한 일관된 투신으로 변화하리라고 기대했었다.

그러나 이러한 성과들, 결실들 또는 성취들은 어느 것 하나 실현되지 못했다. 수도원에서 보낸 7개월과 관련해서 "과연 성공적이었고, 당신의 문제들을 해결할 수 있었느냐?"라는 질문을 받는다면 나는 간단히 "성공적이지 못했고 나의 문제들을 해결하지도 못했다"라고 대답할 것이다. 1년, 2년, 아니 평생을 수도자로 지내도 결코 '성공하지' 못했으리라 알고 있다. 왜냐하면 수도원이란 문제점들을 해결해주기 위해 세워진 것이 아니라 문제점을 안은 채 주님을 찬양하기 위해서 세워진 것이기 때문이다.

돌아온 나를 환영하는 이들은 '달라진 나', '좀 더 나아진 나'를 보고 싶

어 했다. 그리고 나는 그들을 실망시키고 싶지 않았었다. 그러나 나는
좀 더 잘 알았어야 했다. 수도원을 '성공적인' 성화 진척에 이용하려 하는
것은 나를 예수께서 말씀하신 악령 들린 사람처럼 만들 뿐이라는 사실을
말이다.

"악령이 어떤 사람 안에 들어 있다가 그에게서 나오면 물 없는 광야에서
쉴 곳을 찾아 헤맨다. 그러다가 찾지 못하면 '전에 있던 집으로 되돌아가
야지' 하면서 다시 돌아간다. 돌아가서 그 집이 비어 있을 뿐만 아니라
말끔히 치워지고 잘 정돈되어 있는 것을 보고 그는 다시 나와 자기보다
더 흉악한 악령 일곱을 데리고 들어가 자리 잡고 산다. 그러면 그 사람의
형편은 처음보다 더 비참하게 된다"(마 12:43-45).

깨끗해진다는 것은 귀하지만 그것으로는 거룩한 사람이 되지 못한다. 예
수의 이 말씀은 옛 악령과 새 악령들이 내 영혼으로 들어올 때면 곧잘 생
각나곤 했다. 수도자로서 보낸 7개월이 내 마음을 정결하게 해주었지만
또다시 귀찮은 방문객들을 맞이하게 되었다는 것을 깨달은 것은 불과 몇
주일 안 되었을 때였다.

분명코 하나님은 7개월의 수도원생활에 조금도 감동받지 않으셨으며 그
사실을 내게 알리시는 데에도 결코 오래 지체하지 않으셨다.

헨리 나우웬의 경험을 저도 했던 것 같습니다. 그래서 그의 말에 충분
히 공감하고 동의합니다. 그러나 경건의 훈련이 꼭 깨끗해지는 것을 목
표로 삼는 것만은 아님을 알아야 합니다. 우리가 원하는 것은 우리 마
음이 깨끗해진 빈집이 되는 것이 아니라 주님이 왕 되신 하나님의 성전이

되는 것입니다. 마음이 깨끗해지기만 원하는 사람은 반드시 깊은 좌절감과 교만을 왔다 갔다 하게 됩니다. 다시 더러워지고 더 더러워지는 좌절을 경험합니다. 이것은 헨리 나우웬이 언급한 대로입니다. 그것은 깨끗해지고자 하는 동기가 지독한 자기 추구에서 나올 수 있기 때문입니다. 끊임없이 '나, 나' 하는 것입니다.

우리의 진정한 동기는 자신이 아니라 주님이어야 합니다. 자신이 깨끗해지는 것만이 아니라 마음의 주인이 바뀌는 것입니다. 주 예수님이 왕으로 계시는 마음입니다. 하나님의 성전 된 자, 주님과 온전히 연합한 자로 사는 것입니다. 이것이 예수 그리스도께서 십자가를 지실 때, 우리에게 허락하신 진정한 구원입니다.

그래서 나는 죽고 예수로 살며, 24시간 주 예수님을 바라보려는 것입니다.

20140924

죽음을 통한 승리

제자훈련 세미나의 핵심 주제는 '죽고 다시 사는 십자가 복음'입니다. 세미나에 참여한 많은 목회자들과 함께 시간 시간 십자가 복음의 영광 앞에 섰습니다.

사도 바울이 갈라디아서 2장 20절에서 "내가 그리스도와 함께 십자가에 못 박혔나니 그런즉 이제는 내가 사는 것이 아니요"라고 한 것은 음울한 고백이 아니라 기쁨의 환호성이었습니다! 죽는 것이 그렇게 좋을까요? 그렇습니다. 그것은 자신에 대한 절망이 너무 컸기 때문입니다.

로마서 7장에서 사도 바울은 자신에 대해 절망합니다. 이것은 세미나에 참석한 모든 목회자들이 겪고 있는 일이었습니다.

"어떻게 하면 시험을 이길 수 있을까?"

"어떻게 하면 성질을 이길 수 있을까?"

"어떻게 하면 질투를 이길 수 있을까?"

욕심, 염려, 두려움, 혈기, 음란, 정욕을 이겨보려고 너무나 고민하고 애를 썼지만 돌아보면 한 발짝도 못 움직이고 그대로였습니다. 저도 열심히 새벽기도 하고 매일 큐티 하면 제가 달라질 것이라고 생각했던 적이 있었습니다. 죄가 조금씩 사라지고 온전한 예수님의 사람으로 변하는 것인 줄 알았습니다. 그러나 10년이 지나도 똑같고 30년이 지나도 여전히 "안 돼요", "또 실패했어요", "좌절했어요" 하게 되었습니다. 육신의 성품은 전혀 변화되지 않았습니다. 결국 우리는 절망하게 됩니다. 그러나 바로 이 순간을 주님은 기다리고 계셨는지 모릅니다. 왜냐하면 드디어 자아를 붙잡고 무엇을 이루어보려는 노력에 끝이 왔기 때문입니다.

"나는 안 돼!"

그렇습니다! 이제 깨달은 것입니다. 이제 '죽고 다시 사는 십자가 복음'을 받아들일 준비가 된 것입니다.

가라지가 왜 생깁니까? 땅이 나빠서, 열심히 김을 매주지 않아서, 비료가 나빠서 생깁니까? 땅이 좋고 좋은 비료를 쓰면서 열심히 농사를 지으면 가라지가 곡식이 됩니까? 아닙니다. 가라지가 알곡이 되지 않으면 방법이 없습니다. 하나님의 방법은 고치는 것이 아니라 바꾸는 것입니다. 예수님의 십자가는 우리를 단순히 용서하실 뿐 아니라 우리가 죽고 다시 살게 하려는 것, 곧 진정으로 거듭나게 하려는 것입니다.

예수님께서는 제자가 되는 기준을 분명히 하셨습니다. 성경공부를 많이 하라, 기도를 많이 하라, 신학교를 다녀라, 어려운 자를 구제하라고 하지 않으셨습니다. 오직 하나, 자기를 부인하고 자기 십자가를 지고 예수님을 따라야 한다고 하셨습니다. 자기가 져야 할 십자가가 무엇입니까? 고난입니까? 가시 같은 사람입니까? 힘든 사명입니까? 남편이나 아내, 부모나 자녀입니까? 아닙니다. 자기를 부인하는 것입니다. 우리가 할 일은 사도 바울처럼 자신에 대한 사망선고를 해야 합니다. 죄의 종노릇하던 자아에게 죽음을 선고하는 것입니다.

"나는 예수님과 함께 십자가에서 죽었습니다. 이제 나는 예수님으로 사는 사람입니다. 예수님께서 나의 생명이시고 나의 전부이십니다."

우리가 이렇게 고백하며 나아갈 때 그리스도 안에서 이루어진 죽음이 실제가 됩니다. 그리고 그때 비로소 예수 그리스도께서 생명이 되시고 주인 되심을 체험하게 됩니다. 오스왈드 챔버스 목사님은 "하나님을 위하여 일하는 사역자는 많으나 하나님과 함께 일하는 사역자는 참으로 적다"고 하였는데 하나님과 일하는 사역자가 되는 열쇠가 바로 '자아의 죽음'입니다.

'나는 죽고 예수로 사는 것'과 '예수님을 본받자'는 것은 비슷해 보이지만 다릅니다. '예수님을 본받자'는 것은 결국 자신이 하는 것입니다. 이렇게 하면 흉내만 내는 것이 되고 결국 좌절에 빠지고 맙니다. 아무 능력이 없습니다. 예수 그리스도께서 친히 나를 통해 역사하시는 삶이 하나님의 계획입니다. "나는 죽었습니다" 하는 고백은 노력하는 것조차 내려놓는다는 것입니다. 그래서 '죽음'이라고 말하는 것입니다.

그러나 아무것도 하지 않는 것을 말하는 것은 아닙니다. 예수님께 맡기고, '완전히 순종하는 상태'를 말합니다. 순종에는 두 가지가 있습니다. 첫째, 자신의 힘으로 노력하는 순종이 있습니다. 이런 사람은 결국 "난 안 되나 봐" 하며 좌절할 수밖에 없습니다. 둘째, 자아가 죽는 순종입니다. 이것은 저절로 순종이 되는 것입니다. 순종의 가장 큰 장애물이 자아이기 때문입니다. 순종을 노력으로 하려고 하면 한계에 부딪힙니다. 그러나 자아가 죽으면 순종이 되어집니다.

우리가 할 일은 오직 죽음을 주님께 보여드리는 것입니다. 설교에서도, 목회에서도, 가정에서도, 주님은 오직 "십자가에서 네가 죽었음을 보여라"라고 하십니다. 그리하면 주님이 친히 역사하신다는 것입니다.

우리가 항상 예수의 죽음을 몸에 짊어짐은 예수의 생명이 또한 우리 몸에 나타나게 하려 함이라 우리 살아 있는 자가 항상 예수를 위하여 죽음에 넘겨짐은 예수의 생명이 또한 우리 죽을 육체에 나타나게 하려 함이라

고후 4:10,11

예수님 안에서 죽은 자는 어떤 시험도 이길 수 있는 힘을 얻게 됩니다. 죽음조차 더 이상 그를 두렵게 할 수 없습니다. 그리고 이런 믿음에 하나님의 역사가 나타나는 것입니다.

어떤 목사님께서 "이제부터 '나는 죽었습니다' 고백할 수 있도록 살아 보겠습니다!"라고 하셨는데, 아닙니다. '나의 자아가 죽는 것'이 목표가

아닙니다. 그러면 한 번도 살아본 적이 없듯이 살다가 죽게 됩니다. 자아의 죽음은 이미 허락된 은혜입니다. 우리가 할 일은 죽으려고 노력하는 것이 아니라 믿고 고백하는 것입니다.

그때부터 그리스도인의 삶과 사역이 시작되는 것입니다. *20141001*

주님과 온전히 연합한 사람

목회자 치고 설교를 잘하고 싶은 마음이 없는 사람은 없을 것입니다. 그러나 설교를 잘하고자 하는 마음이 욕심이 될 수도 있음을 알아야 합니다.

설교는 근본적으로 주님이 주신 말씀을 회중들에게 전하는 것입니다. 그러므로 주님과 연합된 사람, 예수님이 왕이신 사람이 설교를 잘하고자 갈망하는 것은 귀한 것입니다. 늘 주님의 감동이 마음에 가득한 사람, 주님의 눈으로 성경이 읽히고 시대가 보이고 사람이 보이고 교회가 보이는 사람, 그 마음에 주님의 말씀이 임하는데 그것이 불같아서 말하지 않고는 견딜 수 없다면 그는 귀한 설교자일 것입니다. 그런 사람이 설교문을 준비하여 강단에서 설교하면 듣는 사람들은 주님의 말씀을 듣게 됩니다. 그리고 예수님께서 왕이시기에 주님의 말씀에 철저히 순종하는 자라면 그의 언변이 뛰어나지 않아도 그의 삶 자체가 이미 설교일 것입니다.

예수전도단의 유명한 강사인 조이 도우슨이 한번은 '하나님을 경외하는 삶'에 대하여 말씀을 전하게 되었습니다. 많은 사람들이 어떻게 하는 것이 하나님을 경외하는 삶인지 조이 도우슨의 강의를 들으려고 모였습니다. 그런데 그녀가 말씀을 증거할 시간이 되어 강단으로 올라가는 순간, 하나님의 음성이 들렸습니다.

"조이, 내가 말할 때까지는 입을 열지 마라."

너무 당황스러웠지만 그녀는 하나님의 말씀에 복종했습니다. 많은 사람들이 그녀가 무슨 말을 할까 지켜보았음에도 그녀는 침묵했습니다. 청중들이 술렁거리기 시작했습니다.

"저 강사가 오늘 왜 저러지?"

모인 자리에 팽팽한 긴장이 흐르며 그녀의 등에서 진땀이 나기 시작했습니다. 그런데 그 순간에 하나님의 영이 그 자리에 임했습니다. 그 자리에 모인 사람들이 하나님께서 조이 도우슨을 다루고 있음을 느끼게 되었습니다. 이유는 알 수 없지만 하나님께서 허락하지 않으셔서 말하지 못하고 있음을 깨닫게 되었습니다. 이것은 매우 강력한 메시지였습니다.

"진정으로 하나님을 경외한다는 것이 무엇인가?"

그것은 복잡한 이론과 많은 강의를 통해서 이루어지는 것이 아니라 하나님이 가라면 가고 서라면 서고 입을 다물라고 하면 다무는 그 철저한 순종을 통하여 드러난다는 것을 깨달았습니다.

이렇게 주님과 온전히 연합한 사람이 아니면서 설교는 해야겠고 이왕이면 설교 잘한다는 평가를 받고 싶다면, 이것은 욕심입니다. 그는 설교를 통하여 자기를 드러내고 싶은 자아충만한 자입니다. 결코 주님의 종이 아닙니다. 철저히 이기적인 사람입니다. 이런 사람이 준비한 설교는 귀로 듣기에는 즐거울 수 있으나 사람들의 마음을 변화시킬 수는 없습니다.

　설교를 잘하려고 하기 전에 주님과 하나 된 자가 되기를 갈망해야 합
니다. 이것이 설교자로서 제가 가진 간절한 기도 제목입니다. *20141002*

19
CHAPTER

임마누엘이신 주님을
바라보는 믿음

하형록 목사는 한국계 미국 실업인입니다. 그의 미국 이름은 팀 하스
(Tim Haas)이고, 그의 회사 '티머시 하스 & 어소우시에츠'는 미국에서 가
장 일하고 싶은 직장 가운데 하나로 손꼽히는 곳입니다. 또 그는 대단히
성공한 실업인으로 오바마 연방정부에서 건축 과학 관련 백악관 자문위
원으로 임명되기도 했으며, KBS 〈글로벌 성공시대〉에 소개되기도 했습
니다.

그 분이 저희 교회에서 설교하셨을 때 기억나는 말씀이 있습니다. 학
생들이 자신에게 이렇게 질문해온다고 합니다.

"성공의 비결이 무엇입니까?"

"꿈을 어떻게 이루어야 합니까?"

그러면 그는 이렇게 대답한다고 합니다.

"천 근이나 되는 무거운 짐을 지고 걸으십시오. 그러면 성공의 길이 보일 것입니다."

그 설교를 요약해보았습니다.

우리 앞에 많은 어려움이 있습니다. 누구나 거절당한 일, 실패, 관계의 깨어짐, 가난, 머리가 좋지 않음, 질병 등 무거운 짐을 지고 삽니다. 그런데 문제는 이런 무거운 짐이 없어져야 성공하리라고 생각하는 것입니다. 아닙니다. 성공은 무거운 짐이 없어지는 것이 아니라 오직 주님만 마음에 모셔들이면 됩니다.

많은 사람들이 무엇인가 없어야 평화가 올 것이라고 생각합니다. 병, 전쟁, 문제, 어떤 사람 등이 없으면 평화가 올 줄로 생각합니다. 그러나 하나님의 나라의 평화는 누군가 임재하서야 오는 것입니다. 성령 하나님입니다. 'absence of something'이 아니라 'presence of someone'이 열쇠입니다.

예수님은 천 근 같은 짐을 진 세상과 사람들에게 오셨습니다. 우리에게 천 근 같은 무거운 짐이 주어질 때 짐을 불평하거나 두려워하지 말고 짐을 버리지 말아야 합니다. 예수님을 마음에 영접해야 합니다. 그 짐 때문에 예수님을 붙잡게 됩니다.

"내게로 오라. 나와 함께 지자!"

아버지가 부산 용호동 나환자촌에서 목회를 하셨기에 어린 시절 나환자촌에서 자랐습니다. 나환자촌에서 살며 초등학교를 다닐 때, 이웃 동네

아이들이 "문둥아!"라고 놀리며 던지는 돌에 맞아 피를 흘리기도 했습니다. 초등학교에도 친구 하나 없었습니다. 미국으로 이민을 가서 백인 아이들에게 따돌림을 당하고 놀림을 당할 때에도 아무렇지 않았습니다. 어릴 때 부산 용호동에서 받은 고통이 징검다리가 되었던 것입니다.

대학 졸업 후 미국 제일의 건축회사에 들어가 열심히 일하여 29살에 중역이 되었습니다. 그러나 자기를 위한 성공은 허무한 것이었습니다. 아무리 꾸미고 성취하고 소유해도 이웃 사람들에게 전혀 도움이 안 됩니다. 감동도 안 됩니다. 영향이 없습니다. 결국 혼자입니다. 이것이 세상의 성공이었습니다.

그러다가 고속도로에서 120킬로미터 속도로 달리다가 의식을 잃었는데, 순간 "주여" 부르고 기도하며 브레이크를 밟았는데, 깨어보니 차가 도로 한가운데서 멈춰 있었습니다. 병원에 가보니 심장 근육이 다 죽었다는 진단을 받았습니다. 심장 이식 수술을 받아야 했습니다. 어린 딸이 둘이나 있는데, 천 근 같은 짐에 눌리는 것을 느꼈습니다.

이제까지의 성공이 다 무너졌고, 모든 소유를 다 잃어버렸고, 4억 5천만 원이나 되는 병원비가 빚이 되었습니다. 두 번의 심장 이식수술을 하였습니다. 처음에는 심장 수술을 기다리며 심장을 낫게 해달라고 기도하였는데, 하루는 기도하는 중에 성령이 임하시면서 기도가 바뀌었습니다.

"새로운 영, 정직한 영을 주소서! 심장만 낫는 것이 아니라 새 사람이 되게 해주소서."

'심장만 낫고 다시 옛 사람으로 산다면 무슨 의미가 있겠는가?' 하는 생각이 들었기 때문입니다.

"심장만이 아니라 내가 새로워지게 하소서!"

그래서 새 생각, 새 비전, 새 사람을 구했습니다.

아내와 의논하였습니다.

"우리 다시 사업을 시작하면 돈만 버는 것이 아니라 그 돈 가지고 이웃을 사랑합시다!"

그래서 회사의 사명 선언(Mission Statement)을 새롭게 했습니다.

"-우리는 어려운 사람을 돕기 위하여 존재한다."

그리고 지금까지 주님이 인도하셨습니다. 예수님께서 승천하신 후 제자들에게는 천 근 같은 무거운 짐이 주어졌습니다. 땅끝까지 가서 복음을 전하고 모든 족속으로 제자를 삼는 사명입니다. 그런데 그들에게 성령이 임하였습니다.

성령이 충만하여 베드로가 담대히 선포하였습니다.

"나사렛 예수 그리스도의 이름으로 일어나 걸으라!"

천 근의 짐을 지는 것이 축복입니다.

오직 주님만 바라보게 되기 때문입니다.

하형록 목사님과 대화하는 중에 기억나는 것이 하나 있습니다. 그는 심장 수술 이후 무엇이든지 할 수 있을 것 같았답니다. 얼마든지 세상을 바꿀 수 있을 것 같았다고도 했습니다. 그런데 지금은 그때만 못한 것 같다고 하면서 웃으셨습니다.

"그때 제가 그렇게 강했던 것은 제가 가장 약할 때였기 때문이었습니다. 지금 그때만 못하다고 느끼는 것은 제 자신이 많이 강해졌다고 생

각하기 때문인 것 같습니다." 20141006

요한 사도는 우리에게 "빛 가운데 살라"고 권면합니다.

그가 빛 가운데 계신 것같이 우리도 빛 가운데 행하면 우리가 서로 사귐
이 있고 그 아들 예수의 피가 우리를 모든 죄에서 깨끗하게 하실 것이요
요일 1:7

빛 가운데 사는 것은 어떻게 사는 것일까요? 죄 안 짓고 착한 일을 많
이 행하라는 말이 아닙니다. 만일 빛 가운데 사는 것이 죄를 안 짓고 사
는 것이라면 "우리도 빛 가운데 행하면… 그 아들 예수의 피가 우리를
모든 죄에서 깨끗하게 하실 것이요"라는 말씀은 모순이 됩니다. 빛 가운
데 살면 결국은 죄 안 짓고 선한 일을 하게 되겠지만, 빛 가운데 산다는
것을 정확히 말하자면 그것은 자신의 허물과 죄악을 드러내는 것입니
다. 그것이 싫은 사람은 어둠 속에 숨게 되는 것입니다.

어둠 속에 사는 사람과 빛 가운데 사는 사람의 차이는 죄를 지었느
냐 안 지었느냐가 아니라, 자신의 삶과 허물을 드러낼 수 있느냐 감추
고 숨기느냐 하는 것입니다. 요한일서 1장 9절에는 "우리 죄를 자백하
면"이라고 표현했는데, 이것이 바로 빛 가운데 사는 것입니다. 빛 가운
데 살기로 결단했기에 자신의 죄를 고백하게 되는 것입니다.

3부 주 예수와 하나가 되는 은혜 279

주변에 예수님을 바로 믿는 분이 있다면, 그 사람은 자신이 얼마나 문제가 많은 사람이며 얼마나 죄인인지를 고백하는 사람일 것입니다. 만약 예수님을 믿는다고 하지만 속을 모르겠는 사람이 있다면 그는 실제로 어둠 속에 있는 사람입니다. 자신이 빛 가운데 사는지, 어둠 속에 사는지는 죄를 많이 지었는지, 적게 지었는지로 판단하는 것이 아닙니다. 자신의 마음을 주변 사람들이 잘 알고 있다면 빛 가운데 사는 것입니다. 주변 사람들이 자신의 마음에 대해서 아는 게 없다면 어둠에 숨어 있는 것입니다.

누가복음 18장에서 예수님은 바리새인과 세리의 기도를 통해 이것을 설명하셨습니다. 먼저 바리새인의 기도입니다.

하나님이여 나는 다른 사람들 곧 토색, 불의, 간음을 하는 자들과 같지 아니하고 이 세리와도 같지 아니함을 감사하나이다 나는 이레에 두 번씩 금식하고 또 소득의 십일조를 드리나이다 하고 눅 18:11,12

반면에 세리는 감히 눈을 들어 하늘을 쳐다보지도 못하고 가슴을 치며 이렇게 기도했습니다.

하나님이여 불쌍히 여기소서 나는 죄인이로소이다 하였느니라 눅 18:13

바리새인이 세리보다 더 의로운 사람이었습니다. 더 경건했고 하나님의 율법을 철저히 지키려고 애를 썼습니다. 당시에는 거지도 세리가 주는 동냥은 안 받았다고 할 정도로 세리는 완전히 죄인 취급을 받았습니다. 그렇지만 예수님은 세리가 바리새인보다 의롭다고 말씀하십니다.

주님의 기준이 무엇이었을까요? 바리새인의 기도 속에는 자신이 잘못했다는 고백이 하나도 없었다는 것입니다. 바리새인은 완전히 자신을 숨기고 있는 것입니다. 그런데 세리는 자신은 죄인이고 감히 하나님을 쳐다볼 수도 없는 사람이라고 고백합니다. 결국 세리는 빛으로 드러났고, 바리새인은 어둠 속에 자신을 숨기고 만 것입니다. 그러므로 지금부터 자신을 드러내고 살 결단을 해야 합니다. 그것이 빛 가운데서 사는 것입니다.

그러나 자신을 죄인이라고 고백한다고 해서 그것만으로 빛 가운데 산다고 단정하기는 어렵습니다. 기도할 때 보면 "하나님, 저는 말할 수 없는 죄인입니다. 지난 주간에도 많은 죄를 짓고 살았습니다"라고 고백합니다. 그러나 그런 고백만으로는 그가 진짜 자신의 죄를 다 드러내고 고백한 것인지 알 수 없습니다.

그러면 무엇을 보고 그가 진정 빛 가운데 사는 자임을 알 수 있을까요? 다른 사람이 자신의 허물을 지적했을 때, 화를 내는지 안 내는지를 보면 알 수 있습니다. 정말 자신이 말할 수 없는 죄인임을 알았다면 자신의 잘못을 지적받았을 때, 어떻게 화를 낼 수 있겠습니까?

그리고 다른 사람을 정죄하는지 정죄하지 않는지를 보면 알 수 있습니다. 예수님께서 진정 자신의 죄를 위해 십자가에서 죽으셨음을 믿는다면 다른 사람을 정죄할 수 없습니다. 빛 가운데 나아간 사람은 남의 말을 못합니다.

누가복음 15장에서 탕자가 돌아왔을 때, 그는 빛 가운데 나아온 것입니다. 말할 수 없이 부끄러운 모습을 그대로 드러낸 것입니다. 그때 아버지는 그가 돌아온 것만으로 기뻐하며 자녀의 지위를 회복시켜주고 잔치를 벌입니다. 그런데 동생에게 잔치를 베푸시는 아버지를 보고 큰아들의 마음이 뒤집어졌습니다. 아버지에게 격하게 항의하였습니다. 큰아들이 이처럼 화를 낸 것은 자신은 잘못한 것이 하나도 없다고 생각했기 때문입니다. 그러나 지금 아버지의 마음을 가장 힘들게 하는 사람은 큰아들입니다. 큰아들의 문제는 빛 가운데로 나아가지 못하는 것입니다. 자신을 볼 수 있는 눈이 없었습니다. 만약 누군가가 큰아들에게 "당신의 잘못도 크다"라고 말한다면 멱살을 잡고 난리가 났을 것입니다.

우리는 육신을 가지고 살기 때문에 죄의 유혹과 충동에서 벗어날 수 없습니다. 예수 그리스도 안에서 거듭났어도 육신은 여전히 육신이기 때문입니다. 그런 우리에게 하나님은 다른 것을 요구하지 않으십니다. 오직 그 죄를 고백하라고 하십니다. 빛 가운데 거한다는 것은 이처럼 우리의 죄를 고백하는 것입니다.

그동안 우리는 숨기기에 연연하며 살았습니다. 숨기고 감추고 누르면서 그렇게 살았습니다. 한국의 정서가 그렇습니다. 유교적인 전통은 항상 숨기고 감추고 누릅니다. 체면이 중요합니다. 속이 어떻든지 간에 사람들이 보는 앞에서는 자신을 반듯하게 꾸며야 합니다.

그런데 예수님을 믿고도 여전히 그 수준에서 머물러 있다면 큰일입니다. 여전히 숨기고 감추고 누르며 삽니다. 다른 사람이 자신에 대해 알면 큰일 난다고 생각하고 다른 사람이 알면 큰일 날 것을 가지고 살아

가고 있습니다.

그러니 교우들과의 관계에도 한계가 있을 수밖에 없습니다. 남들이 자기 속을 다 알면 큰일 나고 자신의 실상을 알아서는 안 되는 것입니다. 언제까지 이렇게 살 것입니까? 정말 하나님과의 친밀한 교제를 원한다면, 자신의 삶과 마음을 다 공개하고 살 결단을 해야 합니다. 주님이 이미 우리 안에 와 계십니다. 더 이상 부끄럽다고 숨기고 감춘다고 해서 될 상황이 아닙니다. 그런데도 우리는 참으로 어리석게 숨기고 삽니다.

정말 예수님을 믿고 살려면 속마음도 드러내고 살 결단을 해야 합니다. 이것이 두렵다고 언제까지나 그 상태에 머물러서는 안 됩니다. 천국은 다 드러난 상태에서 하나님과 영원히 사는 것입니다. 여기서 안 되면 천국도 없습니다.

20141008

오직 예수님만 믿는 믿음으로

설교를 준비하다보면 성령께서 깨우쳐주시는 영감에 감격할 때가 있습니다. 전할 말씀이 있다고 느낄 때 설교자는 정말 행복합니다. 그러면서 마음 한켠에서 두려움이 일어납니다. 다음번 설교 때도 이런 영감이 주어질까 은근히 걱정이 됩니다. 설교의 영감이 부어져 감격스러운 순간조차 계속해서 이런 영감을 얻을 수 있을지 걱정하는 저 자신이 스스로도 안타깝습니다.

그러다가 마음에 결심이 일어납니다.

'영감이 주어지지 않으면 설교 그만하면 되지 뭐!'

그랬습니다. 설교는 주님이 주시는 말씀을 전하는 사명인데, 주님께서 전할 말씀을 주시지 않으면 그만 내려오는 것이 정답일 것입니다. 주님이 주시는 말씀이 없는데 자꾸 설교하려고 하니, 듣는 자도 괴롭고 설교하는 자도 힘든 것이 아니겠습니까?

"주님, 말씀을 주지 않으시면, 설교 그만하겠습니다."

이렇게 기도하고 나니 마음이 편안해졌습니다. 그렇습니다. 주님께서 저를 설교자로 쓰려고 하신다면 반드시 전할 말씀을 주실 것이고, 설교자로 쓰지 않으려고 하신다면 영감이 그칠 것입니다. 주님께서 이렇게 하시든 저렇게 하시든 제가 할 일은 오직 순종뿐입니다.

"목사가 설교 그만하면 어떻게 살려고 그런 말을 하느냐?"고 물으실 분이 있을 것입니다. 혹은 "목사님 같은 분이야 준비된 것이 있을 테니 그런 말을 할 수 있는지 모르지만 내 형편에서는 그런 말을 꺼내지도 못합니다"라고 할 분도 있을 것입니다.

저라고 무슨 준비가 되어서 그렇게 말하는 것이겠습니까? 제가 바라는 것은 오직 주 예수님만 믿고 사는 것인데, 제가 설교자이니 설교 준비하는 것부터 철저히 주 예수님을 믿자는 것입니다. 저를 설교자로 쓰시든 안 쓰시든 제가 할 일은 사도 바울의 고백처럼 '나를 사랑하사 나를 위하여 십자가에서 자기 자신을 버리신 주 예수님을 믿는 믿음으로' 사는 것뿐입니다. 목회의 다른 영역도 마찬가지입니다. 이렇게 생각하니 갑자기 목회가 쉽다는 생각도 들었습니다.

나는 비천에 처할 줄도 알고 풍부에 처할 줄도 알아 모든 일 곧 배부름과 배고픔과 풍부와 궁핍에도 처할 줄 아는 일체의 비결을 배웠노라 내게 능력 주시는 자 안에서 내가 모든 것을 할 수 있느니라 빌 4:12,13

이것도 믿음 아니겠습니까? 저는 지금까지 주 예수님을 믿는다 하였지만 이런 믿음으로 살아본 기억이 별로 없습니다. 완전히 맡기고 완전히 순종하는 믿음 말입니다. 24시간 주님을 바라보면서 주님께 맡기는 믿음이 제 안에서 크게 일어나고 있습니다.

20141009

눈 이 뜨 이 는 경 험

강준민 목사님이 강의 중에 인용한 《빙점》의 작가 미우라 아야코 여사의 말입니다.

"내가 아프지 않으면 드리지 못할 기도가 있습니다. 아프지 않으면 믿지 못할 기적이 있습니다. 아프지 않으면 접근하지 못할 성소가 있습니다. 아프지 않으면 갈 수 없는 길이 있습니다. 내가 누워 있지 않으면 만날 수 없는 사람이 있습니다. 아, 아프지 않으면 나는 인간일 수조차 없습니다."

많은 사람들이 몸이 아플 때 갑자기 눈이 뜨이는 경험을 하게 됩니다. 어느 교우 한 분이 큰 병으로 고생을 많이 했습니다. 병세가 많이 좋아진 후 만났을 때, "요즘은 모든 것이 다 감사하다"고 말했습니다. 가족들도 직장도 심지어 어려운 주거 형편도 다 감사하다는 것입니다. 그러면서 전에는 '목사님의 설교가 왜 이렇게 길지?' 하는 생각이 들기도 했는데, 지금은 '설교를 좀 더 길게 해주셨으면…' 하는 생각이 든다고 했습니다. 형편이 달라지면 마음도 믿음도 이렇게 달라집니다.

그런데 이 깨달음이 귀하지만 건강을 회복한 후에도 변함이 없어야 진정으로 깨달은 것입니다. 많은 그리스도인들이 어려울 때 귀한 은혜를 깨닫고 믿음이 성숙했다가 형편이 좋아지면 이전 상태로 돌아가고 맙니다.

참으로 사랑하는 어떤 사역자가 있습니다. 그가 은혜충만한 모습은 지켜보는 것만으로도 흐뭇합니다. 그러나 안타까운 것은 영적 기복이 심하다는 것입니다. 얼마 안 가서 아니나 다를까 낙심과 좌절에 빠진 모습을 보게 됩니다. 그러다가 다시 은혜충만한 모습을 봅니다. 그의 문제는 은혜는 있지만 한결같지 못하다는 것입니다. 그러면서 저를 돌아봅니다.

"나는 한결같은가?"

건강할 때나 병들었을 때나, 편안할 때나 어려운 일이 생겼을 때나, 부유할 때나 가난할 때나 한결같은가 하는 것입니다.

이따금 이런 생각도 해봅니다.

"나는 지금이나 은퇴 이후에나 한결같을까?"

선한목자교회 교인들은 어떨까 생각합니다.

"나에게나 새 담임목사에게나 한결같을까?"

살아온 지난 세월을 돌아보면 받은 은혜가 많았습니다. 그런데 받은 은혜는 많은데 한결같지 못해서 주님이 역사하지 못하시는 것은 아닌지 두려워집니다. 혹시 은혜충만함과 영적 침체가 반복되는 상태에 있지는 않습니까? 말과 행동이 교회와 직장에서 다르고 집에서 다르지는 않습니까? 목사 앞에서나 가족이나 직장 동료 앞에서나 여러분의 믿음은 한결같습니까?

교회 공동체 안에서는 믿음이 있는 것 같았는데, 세상에서 믿음이 무너지는 경험은 정말 고통스러운 일입니다. 주위에 사람들이 있을 때는 믿음으로 행동하는 것 같았는데, 혼자 있을 때는 여지없이 믿음이 무너지는 것 역시 우리를 좌절시킵니다. 요셉이 부럽습니다. 그는 종일 때나 죄수일 때나 총리였을 때가 한결같았습니다.

"나는 배부름과 배고픔과 풍부와 궁핍에도 처할 줄 아는 일체의 비결을 배웠노라"라고 했던 사도 바울의 고백이 저의 고백이 되기를 갈망합니다. 그러나 한결같은 믿음이어야 한다고 깨닫는 것만으로는 부족합니다. 한결같은 믿음을 갖기를 갈망한다고 되는 것도 아닙니다. 눈이 뜨여야 합니다. 우리의 믿음과 영적 상태가 왜 환경이나 형편, 사람에 따라 변하는 것일까요? 그것은 우리가 환경과 사람을 바라보며 살고 있다는 부인할 수 없는 증거입니다. 임마누엘이신 주 예수님을 바라보지 못하고 있는 것입니다.

강준민 목사님이 강의 중에 던진 질문 하나가 마음에 깊이 와 닿았습니다.

"십자가의 예수님을 생각하면 눈물을 흘리면서, 왜 임마누엘의 예수님을 생각하면 눈물 흘리지 못하는 것일까요?"

그렇습니다. 십자가의 예수님을 생각할 때 눈물이 흐르도록 고맙다면 마음에 오신 임마누엘이신 주 예수님을 바라볼 때는 더 눈물이 나야 정상일 것입니다. 그만큼 우리는 임마누엘의 주님을 교리적인 지식으로만 알고 있지 실제로 믿는 것이 아닙니다. 우리가 한결같은 믿음을 가지려면 24시간 주님을 바라보아야 합니다. 변함이 없으신 주님을 바라보는 자만이 한결같은 믿음을 가질 수 있습니다.

20141010

20
CHAPTER

말씀이신
주님 앞에 서다

부 족 함 이   교 만 보 다   낫 다

24시간 주님을 바라보며 살려 하다보니 마음이 너무 가난해집니다. 마음에 주님을 왕으로 모시고 살고 싶은데 너무 쉽게 무너지는 마음 때문에 안타깝기만 합니다. 오늘 아침에도 제가 얼마나 부족한지, 제가 얼마나 미련한지, 애통함이 너무 컸습니다.

"하나님, 언제까지 이 모양으로 살아야 합니까?"

기도하는데 눈물이 났습니다. 주님이 왜 저의 비참한 실체를 계속 보게 하시는지 어렴풋이 깨달아지는 것이 있었습니다.

"부족함이 교만보다 훨씬 더 낫다!"

어제 필립 얀시 초청 집회가 있었는데, 제 부족함을 채우기 위하여 누군가로부터 배울 수 있으면 좋겠다는 갈망으로 참석하였습니다. 많은 유익이 있었고 정말 감사했습니다. 그러면서 이상한 감사가 터져 나왔습니다. 제 부족함과 미련함, 비참함이 오히려 감사하다는 것입니다. 무언가를 이루었다고 교만할 여지가 조금도 없기 때문입니다.

　도리어 제가 정말 애통해야 할 것과 두려워해야 할 것이 무엇인지 깨달았습니다. 자꾸 가르치려는 마음이 드는 것, 다른 형제들의 허물이 눈에 보이는 것입니다. 영성일기를 쓰는 이들이 점점 늘어나는 것이 감사하지만 영성일기를 쓰는 것이 사람을 더 겸손하지 못하게 만들고 오히려 더 위선적인 그리스도인으로 만들까 봐 두렵습니다. 이것은 정말 끔찍한 일입니다. 24시간 주님을 바라보는 일조차 형식주의, 율법주의에 빠질 수 있다는 것은 두려운 일입니다.

　누가 무신론 철학자 프리드리히 니체에게 "왜 그렇게 그리스도인들을 부정적으로 보게 되었느냐?"고 물었더니 그가 이렇게 대답했다고 합니다.

　"그들이 조금만 더 구원받은 사람들처럼 보인다면 나도 그들의 구원을 믿겠소."

　구원받은 사람들처럼 보이는 것이 무엇일까 생각해보았습니다. 자신의 부족함을 깨달은 애통함과 겸손, 은혜받은 자로서 다른 이들을 은혜로 대하는 일일 것입니다. 오늘 아침, 제 자신에 대한 절망으로 안타까워 흘렸던 눈물이 여전히 제 부족함이 보이는 것에 대한 감사의 눈물이 되었습니다.

　그래서 더욱 주님만 바라볼 뿐입니다.

20141014

다른 종교에 없는, 기독교에만 있는 가장 독특한 것은 '은혜'입니다. 모든 종교의 신(神)은 선한 사람을 좋아하고 악한 사람을 벌주고 배척합니다. 그러나 기독교는 다릅니다. 하나님은 나쁜 사람들을 사랑하십니다. 이것이 은혜입니다.

"우리가 아직 죄인 되었을 때 하나님께서 우리를 위하여 독생자를 주셨습니다."

필립 얀시가 특별한 강연 요청을 받았던 이야기입니다. 그것은 창녀였다가 새 삶을 살기로 결단한 40개국에서 모인 100여 명의 여인들에게 '은혜'에 대해 말씀을 전해달라는 요청이었다고 합니다.

얀시는 거절할 수 없다고 여겨져서 주최 측에 이런 요청을 했습니다.

"은혜에 대하여 말하고 싶지만 먼저 그들의 말을 듣게 해주세요."

그래서 며칠간 그들과 함께 지내며 그들이 얼마나 조롱과 학대를 받으며 살았는지를 들었습니다.

필립 얀시가 그들에게 말했습니다.

"예수님께서 바로 당신들에 대하여 하신 말씀이 있습니다."

예수께서 그들에게 이르시되 내가 진실로 너희에게 이르노니 세리들과 창녀들이 너희보다 먼저 하나님의 나라에 들어가리라 마 21:31

이 말씀을 듣고 그들이 깜짝 놀라더랍니다. 필립 얀시가 그들에게 물었습니다.

"예수님이 왜 하필 여러분이 가장 먼저 천국에 들어갈 것이라고 말씀하셨을까요?"

오랜 시간 침묵이 흐른 뒤 불가리아에서 온 창녀가 더듬더듬 말했습니다.

"모든 사람이 위에서 아래를 내려다보는 기쁨으로 삽니다. 그러나 우리는 아닙니다. 우리에게는 내려다볼 사람들이 없습니다. 우리가 가장 밑바닥에 있으니까요! 가족도 친척도 친구들도 다들 나를 창피해합니다. 사람이 가장 밑바닥에 떨어졌을 때 진정으로 은혜를 갈망하게 되지 않을까요?"

그것이 가장 정확한 은혜에 대한 정의였다고 했습니다. 가장 밑바닥에 있다고 느끼는 자가 은혜를 갈망하게 되는 것입니다.

간음하다가 잡혀온 여인을 보면서 사람들은 두 부류의 사람을 보았습니다. '우리같이 깨끗한 사람'과 '저 여자처럼 더러운 사람'입니다. 그런데 주님도 두 부류의 사람을 보셨습니다. '은혜가 필요하여 은혜를 갈망하는 사람'과 '은혜가 필요한데 은혜에 대한 갈망이 전혀 없는 사람'입니다. 은혜는 값없이 주시는 것이지만, 갈망하여 손을 내미는 자에게 주어지는 것입니다. 자신에 대한 절망은 영적 교만이나 안일함보다 더 큰 축복입니다.

필립 얀시 초청 집회 때 그는 '영혼의 계절'이라는 제목으로 말씀을 전하였는데, 그중 '영혼의 겨울'에 대한 말씀은 한국 교회를 향해 주는 말씀이라고 받았습니다. 한국 교회는 분명히 겨울을 맞이했습니다. 그러나 겨울은 끝이 아닙니다. 새로운 봄을 준비하는 절기입니다. 필립 얀시는 식물학자의 말을 인용하였습니다. 겨울이 되면 나무는 죽은 막대기 같지만 실제로 겨울은 나무가 가장 많이 자라는 시기라는 것입니다. 겨울 동안 뿌리가 땅속 깊이 자란다는 것입니다. 이처럼 겨울에 뿌리가 깊이 박히기 때문에 봄이 오면 잎이 나고 꽃이 피고 위로 자라는 것입니다. 겨울은 절망하라고 오는 절기가 아닙니다. 새 봄을 준비하는 절기입니다.

기독교 역사를 보면 하나님의 은혜는 전 세계를 움직여 다니는 것 같습니다. 그러나 하나님께서는 아무렇게나 움직이시는 것이 아니라 자신을 갈망하는 사람에게 찾아가 역사하셨습니다. 그러므로 은혜에 대한 갈망은 축복입니다. 한국 교회는 지금이야말로 은혜가 필요한 때이며, 은혜받을 때입니다.

보라 지금은 은혜받을 만한 때요 보라 지금은 구원의 날이로다 고후 6:2

겨울을 만난 한국 교회가 할 일은 오직 하나입니다. 하나님의 은혜를 갈망하는 것입니다. 오직 주 예수님을 바라보며 주님과 온전히 하나 되는 일에 힘쓴다면 반드시 새 봄을 맞이할 것입니다. 그러나 은혜에 대한 갈망은 기도만 하는 것이 아닙니다. 반드시 다른 사람들에게 베푸는 은혜로 드러나야 합니다.

필립 얀시는 미국 교회에 대하여 이렇게 말했습니다.

"대부분의 교회는 선한 사람들을 위한 편안한 장소가 되기 위해 노력하고 있습니다. 오늘날 교회는 선한 사람이 선한 사람들 앞에서 좀 더 선하게 살라고 말하고 있습니다."

미국 교회만이 아니라 한국 교회의 이야기였습니다. 이 사회에서 가장 비참한 삶을 사는 사람들이 교회에 오면 마음이 편할 수 있을까요? 우리 자신은 은혜충만한 사람인가요?

선한 사람이 되려는 것은 좋은 생각입니다. 그러나 선한 사람들끼리만 모여 살려는 생각은 악한 생각입니다. 교만과 차별, 판단과 정죄는 무서운 생각입니다. 은혜를 갈망하면서 자신이 은혜롭지 못하면 기도가 막혀버리기 때문입니다.

그러므로 무엇이든지 남에게 대접을 받고자 하는 대로 너희도 남을 대접하라 이것이 율법이요 선지자니라 마 7:12 20141015

말씀으로 주님을 만나라

이따금 열심히 말씀을 전하는데, 제 심령은 오히려 공허해질 때가 있습니다. 말씀을 듣고 은혜받았다는 말을 많이 듣지만 제 마음은 메마름으로 고통을 겪을 때가 있습니다. 그때는 영락없이 제가 성경 말씀을 읽지 못하고 있을 때입니다. 말씀을 전하는 시간이 많아질수록 정작 말씀을 읽는 시간은 적어집니다. 이 딜레마를 극복하는 것이 제게 주어진 과제요 몸부림입니다.

우리는 주님을 성경 말씀을 통해 만난다는 사실을 명심해야 합니다. 보이지 않는 주님을 바라보는 비밀은 눈에 보이는 성경 말씀에 있습니다. 히브리서 기자는 "살아 있는 하나님의 말씀"(히 4:12)이라고 하였습니다. 요한 사도는 "말씀이 육신이 되어 우리 가운데 거하시매 우리가 그의 영광을 보니"(요 1:14)라고 하였습니다. 예수님을 만나는 가장 중요하고 가장 확실한 길이 말씀으로 주님을 만나는 것입니다. 때로 "하나님, 지금 말씀해주세요"라고 기도할 때가 있습니다만, 하나님께서는 성경을 읽으라고 하십니다.

한번은 '기도 24365' 완주 감사예배 때, 개회 메시지를 전하게 되었는데, 메시지를 준비하던 중 "범사에 감사하라"고 하셨지만 북한과 사우디와 같이 극심하게 박해받는 교회에 대해서는 어떤 감사를 드려야 하는지 마음에 걸렸습니다. 그때 주님께서 말씀을 통해 박해받는 교회로 인하여도 감사할 이유를 깨우쳐주셨습니다.

나로 말미암아 너희를 욕하고 박해하고 거짓으로 너희를 거슬러 모든 악한 말을 할 때에는 너희에게 복이 있나니 기뻐하고 즐거워하라 하늘에서 너희의 상이 큼이라 너희 전에 있던 선지자들도 이같이 박해하였느니라
마 5:11,12

주님께서 우리를 인도하시는 것이 신비롭습니다. 그러나 그 모두가 다 말씀으로 하시는 것입니다. 성경 읽기를 소홀히 하고 주님의 인도만 구하면 영적으로 약해지고 미혹을 받게 됩니다.

저는 목사가 되고 나서도 열등감이 많았습니다. 인간적인 매력도 없고, 말재주도 없고, 카리스마도 없고, 공부를 많이 한 것도 아닙니다. 때때로 얼굴에 뭐가 많이 나는 것도 신경이 쓰였습니다. '나는 설교자로서

너무 부족해!' 하는 생각으로 힘들어할 때, 성령님은 말씀을 통해 제 문제를 해결해주셨습니다.

> 이는 아무 육체도 하나님 앞에서 자랑하지 못하게 하려 하심이라
>
> 고전 1:29

성령님은 제 열등감의 뿌리가 저를 자랑하려는 마음 때문임을 깨닫게 해주셨습니다. 제게 필요한 것은 오직 주님께서 전하기 원하시는 말씀을 정확히, 그리고 사람들이 알아듣기 쉽게 전하는 것뿐이었습니다. 그것이면 충분하였습니다. 여기에 학력이나 인물이 무슨 상관이며 말재주가 무슨 상관이겠습니까? 제가 할 일은 오직 말씀을 주시면 전하는 것이고 말씀을 주시지 않으면 가만있는 것이었습니다. 이것을 깨닫고 제 마음에 평안이 찾아왔습니다.

성령님은 또 말씀해주셨습니다. 하나님께서는 일부러 미련한 자, 약한 자, 천한 자, 멸시받는 자, 없는 자를 택해 쓰신다는 것입니다.

> 그러나 하나님께서 세상의 미련한 것들을 택하사 지혜 있는 자들을 부끄럽게 하려 하시고 세상의 약한 것들을 택하사 강한 것들을 부끄럽게 하려 하시며 하나님께서 세상의 천한 것들과 멸시받는 것들과 없는 것들을 택하사 있는 것들을 폐하려 하시나니 고전 1:27,28

그러니 정말 감사한 것입니다. 자랑할 것이 많은데 자랑하지 않으려

면 얼마나 어렵겠습니까? 자랑할 것이 없으니 자랑하지 않는 것이 얼마나 쉽습니까?

24시간 주님을 바라보고 또 영성일기를 쓴다고 하면서, 성경을 읽고 묵상하는 것을 소홀히 하면 안 됩니다. 그러면 아무리 주님을 바라보려고 해도 영적으로 공허해지는 것을 피할 수 없습니다. 성경 말씀을 대하는 태도가 주님을 대하는 태도여야 합니다. 초기 기독교인들은 성경을 읽을 때 교리 체계를 세우려는 동기가 전혀 없었습니다. 그랬다면 성경이 교리서처럼 씌었을 것입니다. 성경은 읽는 자가 하나님을 만나고 하나님의 말씀을 듣게 하려는 목적으로 기록되었습니다. 따라서 우리가 성경을 볼 때 주님과 교제하기 위한 자세를 가져야 합니다. 우리는 성경 말씀을 읽음으로 예수님을 만나는 것입니다.

지난 제자훈련 세미나 때 큰 은혜가 있었습니다. 한 교회에서는 예산을 편성하여 주위 40교회 목회자들에게 차례로 등록금을 주어 세미나에 보내주고 있는데 이번에도 10명이 오셨습니다. 그렇게 참석한 목사님 한 분은 매일 울고 또 우셨다고 고백하셨습니다. 한 조로 편성된 네 분의 사모님들은 세미나 둘째날 평소 가시같이 여겼던 가족, 남편, 아이들, 교인들에게 용서를 구하고 사랑을 고백하는 전화를 하셨다고 했습니다. 같은 교회에서 오신 부목사님 두 분은 불화 중이었는데, 세미나 기간 중에 서로 회개하고 용서하고 화해하셨다고 했습니다. 이런 역사가 나타난 것은 세미나가 진행되는 4일 동안 계속해서 말씀이신 주님 앞에 섰기 때문입니다.

참으로 말씀의 능력은 놀랍습니다. 주님을 만나고 싶고 말씀을 듣기

원한다면 믿음으로 성경을 읽으시기 바랍니다. 하나님 앞에 섰을 때 "주님, 저는 만나주지 않으셨잖아요?", "주님, 제게는 말씀해주지 않으셨잖아요?"라고 할 사람은 없습니다. 이미 성경을 주셨기 때문입니다. 지금 옆에 있는 성경책을 펼쳐보시기 바랍니다. 주님으로부터 온 메시지가 도착해 있을 것입니다!

20141021

말씀을 대하는 태도가 주님에 대한 태도다

어느 목사님의 자녀들이 "엄마, 아빠가 정말 나를 낳았어요?"라고 묻더랍니다. 그때 사모님이 다음과 같이 한마디했더니 다시는 그 질문을 안 하더랍니다.

"내가 데려와서 키울 수 있었으면 너같이 못생긴 놈 데려왔겠니? 잘생기고 똑똑하고 속 안 썩일 놈 골라왔지."

여러분은 하나님의 자녀입니까? 어떻게 그렇게 믿습니까? 예수님께서는 주님의 양인 사람과 주님의 양이 아닌 사람이 어떻게 구분되는지에 대하여 말씀하셨습니다.

내 양은 내 음성을 들으며 나는 그들을 알며 그들은 나를 따르느니라

요 10:27

주님의 음성을 들으면 주님의 양이고, 듣지 못하면 주님의 양이 아닌 것입니다. 그런데 이때 "듣는다"는 말씀은 더 정확히 말해 "순종하느냐"

로 해석하는 것이 옳겠습니다. "그들은 나를 따르느니라"로 결론을 맺으신 것을 보면 더욱 그렇습니다. 우리가 자녀들에 대해서도 "말을 잘 듣는다, 말을 안 듣는다"라고 할 때, 그것은 청각 기능을 말하는 것이 아니라 "순종하느냐, 불순종하느냐"를 말하는 것처럼 말입니다.

예수님 당시 유대인들은 주님의 말씀을 귀로 들었던 사람들이었습니다. 그러나 목자의 음성으로 듣지 않았습니다. 그들은 예수님의 말씀을 듣고 예수님에게 "귀신이 들렸다", "미쳤다"고 했습니다. 마음에 의혹을 불러일으켰고 심지어 돌로 치려고 하였습니다. 예수님께서는 이 모든 것이 그들이 주님의 양이 아니기 때문이라는 것입니다.

그러므로 우리가 진정 하나님의 자녀인지의 여부는 주님의 말씀에 대한 반응으로 알 수 있습니다.

하나님께 속한 자는 하나님의 말씀을 듣나니 너희가 듣지 아니함은 하나님께 속하지 아니하였음이로다 요 8:47

디모데후서 3장 16절 말씀에 따르면 하나님의 자녀들이 하나님의 말씀을 들으면 네 가지 역사가 일어난다고 했습니다.

모든 성경은 하나님의 감동으로 된 것으로 교훈과 책망과 바르게 함과 의로 교육하기에 유익하니 딤후 3:16

깨달아지고, 책망도 받고, 그래서 생활을 고치고, 사람이 변하게 된다는 것입니다. 이것이 그 사람이 주님의 양이라는 결정적인 증거입니다.

> 우리가 세상의 영을 받지 아니하고 오직 하나님으로부터 온 영을 받았으
> 니 이는 우리로 하여금 하나님께서 우리에게 은혜로 주신 것들을 알게 하
> 려 하심이라 고전 2:12

그런데 하나님의 사람이 아닌 사람은 하나님의 말씀을 들을 때, 무슨
말인지 깨닫지도 못하고, 책망받기는커녕 오히려 성경을 비판만 하게 되
고, 졸립기만 합니다. 여러분은 어떻습니까? 중요한 것은 주님의 음성을
들을 수 있느냐 하는 것이 아닙니다. 주님의 음성에 순종하느냐 하는
것입니다. 주님의 음성을 듣고 못 듣고는 순종으로 구분합니다. 듣기는
들었지만 순종하지 않는 것은 안 듣는 것입니다. 하나님의 자녀 중에도
주님의 말씀을 깨닫기는 하는데 순종하지 않는 이들이 있습니다. 정말
조심해야 합니다. 불순종은 마음을 강퍅하게 만들기 때문입니다.

> 또 하나님이 사십 년 동안 누구에게 노하셨느냐 그들의 시체가 광야에
> 엎드러진 범죄한 자들에게가 아니냐 또 하나님이 누구에게 맹세하사 그
> 의 안식에 들어오지 못하리라 하셨느냐 곧 순종하지 아니하던 자들에게
> 가 아니냐 히 3:17,18

> 오랜 후에 다윗의 글에 다시 어느 날을 정하여 오늘이라고 미리 이같이
> 일렀으되 오늘 너희가 그의 음성을 듣거든 너희 마음을 완고하게 하지

말라 하였나니 _{히 4:7}

프랭크 루박 선교사는 1937년부터 일기마다 하나님 의식하기가 몇 퍼센트인지, 복종하기가 몇 퍼센트인지를 기록했습니다. 이것은 영성일기를 쓰는 대단히 중요한 관점입니다. 어느 목사님은 순종을 측정하는 기준이 혼란스러워 중단했더니 얼마나 순종했는지 기록했을 때와 아닐 때의 생활에 엄청난 차이가 있었다고 했습니다.

한번은 목회자들과 만나 대화하면서 "목사님은 어떻게 이런 놀라운 사역을 하십니까?"라는 질문을 받았습니다. 그 순간 저도 제 삶을 돌아보았습니다. 그리고 대답했습니다.

"갈라디아서 2장 20절 말씀을 읽고 '나는 죽고 예수로 산다'는 것이 십자가 복음임을 깨닫고, 그대로 살아야 한다고 믿었기에 그것을 고백하고 또 외치고 살았습니다. '주님이 내 안에 계신다', '항상 주님을 바라보자' 혹 이 말씀대로 살아지지 않을 때는 다시 말씀을 붙잡고 '주여 이 말씀이 진리임을 증거하는 데 저를 실험도구로 삼으소서!' 하며 부르짖어 기도하였습니다."

이해하기 힘들고 순종하기 어려운 말씀이라고 건성으로 넘기면 안 됩니다. 예수님께서는 우리가 능력 있고 감격에 넘치는 신앙생활을 할 수 있는 원리를 이미 가르쳐주셨습니다.

너희가 내 안에 거하고 내 말이 너희 안에 거하면 무엇이든지 원하는 대로 구하라 그리하면 이루리라 _{요 15:7}

그러므로 주님의 말씀을 머리에 담지 말고, 입술에 담지도 말고, 마음에 담아야 합니다. 그러면 말씀의 역사를 체험하는 성도가 됩니다. 말씀을 읽을 때는 반드시 순종할 마음으로 읽어야 합니다. 말씀을 읽되 알고 싶어서 읽는 것과 순종하려고 읽는 것은 예수님을 만나는 데 있어서 엄청나게 다릅니다. 말씀을 읽고 듣지만 적당히 듣고 적당히 순종하면 주님을 그렇게 대한 것임을 알아야 합니다. 말씀을 대하는 태도가 주님에 대한 태도입니다!

"주님, 저와 함께하시니 감사합니다. 주님, 말씀을 주시면 순종하겠습니다. 주여, 오늘도 말씀해주옵소서!"

20141022

21
CHAPTER

죽어야
다시 사는 길

나는 안 죽었나 봐요

"나는 죽었습니다"라고 고백하며 사는 집사님이 계셨습니다. 그런데 영성일기도 쓰면서 주님 바라보는 생활을 하기에 힘쓰던 중 마음에 시험이 생겼습니다. 일기를 쓰면서 내면의 갈등을 솔직히 쓰게 되었는데 그러다보니 "'나는 죽었다'더니 안 죽었네"라는 말을 듣게 된다는 것입니다. 그래서 영성일기에 자기 내면의 갈등을 솔직히 쓰기가 부담스러워졌다는 것입니다.

이런 갈등을 하는 이들이 많습니다. 자아의 죽음을 오해하고 있기 때문입니다. 십자가에서 죽은 사람도 내면의 갈등이 있습니다. 여전히 욕심, 분노, 음란, 혈기, 나태 등이 마음에서 일어납니다. 그래서 많은 교인들이 '난 아직 안 죽었나 봐' 이렇게 생각합니다. 아닙니다. "내가 그리스도와 함께 십자가에 못 박혔나니"라고 고백하였던 사도 바울도 "오호라 나는 곤고한 사람이로다" 하고 탄식했으며 말년에는 "죄인 중에 내가 괴수니라"라고 고백했습니다.

예수님과 함께 자아가 십자가에서 죽었다고 해서 더 이상 내면에 죄의 욕구가 없어지거나 죄와의 싸움이 끝난 것은 아닙니다. 오히려 새로운 싸움이 시작된 것입니다. 우리가 죄에 대해 죽었지만 우리 안의 죄는 죽지 않았기 때문입니다. 우리가 십자가에서 죽었지만 죄는 여전히 남아 있습니다. 우리 안에서 변한 것은 죄의 존재가 아니라 그 죄의 지위입니다. 곧 우리가 죽었기에 죄가 더 이상 우리를 지배하지 못하게 되었다는 것입니다. 죄와 우리의 관계가 달라진 것입니다. 우리는 더 이상 죄의 노예가 아니라는 말입니다.

이 집사님이 영성일기에 자신의 내면적 갈등을 정직하게 기록하는 것은 그의 자아가 죽었다는 증거입니다. 그가 빛 가운데 나아가는 사람인 것입니다. 자아가 죽지 않은 사람은 어둠 속에 숨게 마련입니다. 만약에 그가 사람들이 뭐라고 할까 봐 정직하게 자신의 내면의 갈등을 일기에 쓰지 못한다면 그것이야말로 그가 안 죽었다는 증거가 될 것입니다.

"나는 죽었습니다" 하고 자꾸 고백한다고 자아가 죽어지는 것이 아닙니다. "나는 죽었습니다"라고 고백하는 것은 무슨 주문이 아닙니다. 예수님이 십자가에서 죽으실 때 우리도 예수님과 함께 연합한 자가 되어, 죽었다고 받아주신 하나님께 "아멘" 하며 찬양하고 감사하는 것입니다. 그러면 하나님께서 이루신 또 하나의 놀라운 일인 예수님의 부활과 연합한 자가 되게 해주시는 것입니다. 죽음이 없으면 부활이 없고 죽지 않은 자에게는 새 생명이 없는 것입니다.

우리의 죄가 사함 받고 옛 사람이 죽은 증거로 하나님께서 우리에게 성령님을 보내주셨습니다. 즉, 성령님이 우리 안에 거하신 것을 통해 하나님께서 우리의 죄를 사하셨고 우리의 옛사람이 죽었다고 인정하셨음을 알 수 있다는 말입니다. 우리가 예수님을 믿고도 여전히 육신을 따라 사는 것은 성령충만하지 않기 때문인데, 그 말은 우리 안에 오신 예수님을 바라보는 눈이 온전히 열리지 않았다는 말입니다.

우리가 진리를 결론 삼아 나는 죽고 예수로 사는 자임을 고백할 때, 성령님께서는 점점 더 분명하게 우리 마음에 오신 예수님을 바라보게 해주십니다. 그러면 우리는 더 분명히 자아의 죽음을 경험하게 됩니다. 이사야가 하나님의 보좌를 보았을 때, 모세가 호렙산에서 여호와 하나님을 만났을 때, 바울이 다메섹 도상에서 예수님을 만났을 때, 그들이 경험한 것이 '자아의 죽음'이었습니다. 주 예수님을 바라보는 눈이 뜨이는 것이 자아의 죽음을 경험하는 것입니다.

"나는 죽었습니다"라고 고백하는데도 새 생명의 삶을 살지 못하는 이유는 "나는 예수님과 함께 죽었다"는 차원에 머물렀지 "예수님으로 산다"는 확신을 가지고 예수님을 바라보지는 않기 때문입니다. '나는 죽고 예수로 사는 십자가 복음'의 핵심은 '나의 죽음'에 있는 것이 아니라 '부활하신 예수님으로 사는 생명'에 있습니다.

"목사님, 나는 안 죽었나 봐요"라고 쓸쓸한 웃음으로 고백하셨던 장로님이 계셨습니다. 그런데 한 번은 교회에서 회의를 하다가 억울한 비난을 받는 일이 있었습니다. 그때 주님이 생각나면서 자신이 모든 책임을 짊어지면 교회가 더 이상 시끄럽지 않겠다는 생각이 들더랍니다. 그래서 아무 변명도 하지 않고 묵묵히 비난을 듣기만 하였답니다. 그 순간 '내가 죽기는 죽었구나!' 하고 깨달아지는데 그것이 정말 감사했다고 하셨습니다.

성경은 "예수를 바라보자!"라고 하십니다. 우리가 24시간 예수님을 바라보면 누구나 자아의 죽음을 경험하게 되어 있습니다. 영성일기는 날마다 계속되는 나는 죽고 예수로 사는 '나의 복음'입니다. *20141024*

나도 순교할 수 있을까?

강경, 신안, 여수를 둘러보는 국내 성지순례를 하고 있습니다. 여행을 출발하기 전 묵상했던 말씀이 요한계시록 3장 1절에서 6절까지로, "살았다 하는 이름은 가졌으나 죽은 자로다"라는 평가를 받은 사데교회에 주신 말씀이었습니다. 그런데 말씀을 묵상하다가 사데교회도 완전히 죽은 교회는 아니었음을 보게 되었습니다.

> 너는 일깨어 그 남은 바 죽게 된 것을 굳건하게 하라 … 그러므로 네가 어떻게 받았으며 어떻게 들었는지 생각하고 지켜 회개하라 … 그러나 사데에 그 옷을 더럽히지 아니한 자 몇 명이 네게 있어 흰 옷을 입고 나와 함께 다니리니 그들은 합당한 자인 연고라 계 3:2-4

사데교회에도 옷을 더럽히지 아니한 자 몇 명이 있었다는 말씀에 마음이 먹먹해졌습니다. 성령님으로부터 '죽었다'라고 책망받았을 정도로 영적으로 무너진 교회에서 옷을 더럽히지 않고 온전한 믿음을 지켰다니 얼마나 힘들었을까요? 그러나 아무리 "교회가 죽었어", "예수님이 떠났어" 하더라도 그중에서 산 신자가 있을 수 있음을 주께서는 제게 깨우쳐 주셨습니다.

"죽은 교회에도 산 신자가 있다!"

어제 방문했던 강경성결교회는 신사참배를 최초로 거부했던 교회입니다. 그런데 그 엄청난 일을 교회학교에 다니던 초등학교 아이들이 일으켰습니다. 6.25 전쟁 당시, 전 교인이 순교했다는 유례가 없는 순교의 역사를 가진 야월교회를 방문하였는데, 너무나 밝고 깨끗한 모습으로 우리를 영접해주신 장로님은 전 교인 순교 사건을 9세 때 실제로 목격한 증인이었습니다. 그 당시에는 교회를 다니지 않았던 것입니다.

교회를 방문하고 나오면서 아침에 묵상한 말씀이 생각났습니다. 일제시대에 한국 교회는 교단 지도자들이 앞장서서 신사참배를 결의하고 우상에게 절하였습니다. 6.25 직전까지 한국 교회는 극심한 내부 분열로 매우 어지러웠습니다. 당시 한국 교회는 정말 겉으로는 사데교회 같았습니다. 그러나 그 안에도 옷을 더럽히지 않은 이들이 있었습니다. 그래서 한국 교회가 지켜졌고 다시 살아난 것입니다.

지금의 한국 교회를 생각하며 말씀을 붙잡고 간절히 기도하였습니다.

"한국 교회 안에도 '옷을 더럽히지 아니한 자'가 있음을 믿습니다. 그들을 지켜주시며, 그들로 인하여 한국 교회에 새 부흥이 일어나게 하옵소서."

더욱 마음이 간절하였던 것은 병촌성결교회 순교 일화를 들었기 때문입니다. 병촌교회는 6.25 때 66명의 순교자가 났습니다. 그중 한 분인 정수일 집사는 당시 31세로 만삭이었는데, 어린 아들을 꼭 끌어안고 구덩이 앞에서 "하나님, 내 영혼을 받으세요"라고 부르짖으며 죽창을 등에 맞고 무참히 죽임을 당하였습니다.

급히 몸을 피해 죽임을 면했던 교인들은 살아 있는 순교자가 될 것을 다짐하며 교회를 재건하는 데 힘썼지만 다 그런 것은 아니었습니다. 총각 때부터 아주 믿음이 좋아 교회학교를 크게 부흥시킨 청년이었던 정수일 집사의 남편 우제학 집사는 아내와 아들의 비참한 죽음을 보고 그만 믿음을 버렸다는 것입니다. 우제학 집사의 이야기가 계속 마음을 무겁게 했습니다. 지금도 얼마나 많은 이들이 이렇게 믿음을 버릴까 해서 말입니다.

성경은 분명히 예수님을 믿을 때 고난을 받으라고 하였습니다.

그러므로 너는 내가 우리 주를 증언함과 또는 주를 위하여 갇힌 자 된 나를 부끄러워하지 말고 오직 하나님의 능력을 따라 복음과 함께 고난을 받으라 딤후 1:8

성경은 분명히 불같은 시험이 있으리라 했습니다.

사랑하는 자들아 너희를 연단하려고 오는 불 시험을 이상한 일 당하는 것같이 이상히 여기지 말고 오히려 너희가 그리스도의 고난에 참여하는 것으로 즐거워하라 이는 그의 영광을 나타내실 때에 너희로 즐거워하고

'나도 순교할 수 있을까?'

한 집사님이 울먹이면서 "나는 못할 것 같아요!" 하시고는 "그러나 내 안에 계신 주님이 그 힘을 주실 것을 믿습니다"라고 고백하셨습니다. 그렇습니다. 순교 신앙은 참 놀라운 새 생명의 신비입니다. 고난을 당할 때 고난을 당연한 것으로 여기게 해주시고, 순교할 순간 뒤로 물러서지 않을 마음을 주시는 분이 우리 안에 계십니다. 강경성결교회의 어린아이들 안에서 역사하신 분은 주님이셨고, 어린 아들을 품에 안고 "하나님, 내 영혼을 받으세요"라고 부르짖게 하신 분도 주님이셨습니다.

성지순례 첫째 날 일정에서 받은 은혜를 나누며 교인들의 마음을 뜨겁게 하시는 주님을 느낄 수 있었습니다. '나도 순교할 수 있을까, 없을까?', 이것을 걱정하는 것은 쓸데없는 일 같습니다. 오직 24시간 주님을 바라보며 주님과 친밀히 동행하며 살아갈 뿐입니다. *2014.10.28*

작 은 능 력 을 탓 하 지 마 라 !

요한계시록 3장 7절에서 13절까지의 말씀을 묵상하면서 빌라델비아 교회가 칭찬받은 이유가 마음에 와 닿았습니다.

내가 네 행위를 아노니 네가 작은 능력을 가지고서도 내 말을 지키며 내 이름을 배반하지 아니하였도다 계 3:8

'작은 능력으로', 그랬습니다. 빌라델비아교회는 작은 능력밖에 없던 교회였습니다. 그러나 주님의 말씀을 지켰고, 주의 이름을 배반하지 않았습니다. 말씀을 붙잡고 기도하는데 이 말씀이 제게 주시는 주님의 당부 같았습니다. 그리고 기도하는 중에 빌라델비아교회는 분명히 주님이 보시기에도 능력이 작았던 교회였는데 어떤 능력이 작았다는 말인지, 사회적 신분이 낮았다는 말인지, 가난한 사람들이었다는 말인지, 교인들의 수가 적었다는 말인지, 은사가 적었다는 말인지 궁금해졌습니다.

국내 성지순례 둘째 날 일정 중에 문준경 전도사가 사역하던 증동리교회에 갔다가 주님께서 제게 '작은 능력'이라는 말씀의 의미를 깨우쳐 주셨습니다. 문준경 전도사는 정말 '작은 능력'을 가진 사람이었습니다. 당시 여자에 대한 차별이 심했던 때라 공부를 하지 못하였고, 결혼하자마자 남편으로부터 버림을 받았고, 삯바느질을 하며 연명하던, 삶에 소망이 없던 여인이었습니다.

그런데 전도자의 전도를 받고 교회에 갔다가 이성봉 목사님께서 설교하시는 중 주 예수님께서 "남편에게 버림받은 자여 내게로 오라 내가 너를 쉬게 하리라" 하시는 말씀을 듣고 예수님을 영접하고 인생이 완전히 바뀌고 말았습니다. 특별 케이스로 신학교를 졸업하고 전도사가 되어 신안군 일대의 섬마다 전도하여 세운 교회가 100곳이 넘습니다. 그녀가 오랫동안 시무하던 증동리교회가 있는 증도는 주민의 90퍼센트가 신자이며, 섬인데도 우상 제단 하나 없고 미신도 사라지고 제사드리는 집도 없습니다.

그렇게 열심히 전도하다가 6.25 전쟁 중에 공산당 무리들에 의하여 비참하게 순교하였습니다. 그 후 그곳에서 많은 목사, 장로, 사모가 배출되었습니다. 대표적인 분들이 김준곤 목사, 고재식 목사, 이만신 목사, 고훈 목사, 정태기 목사 같은 분들입니다. 문준경 전도사님의 순교기념관을 둘러보면서 주님께서 '작은 능력'이라고 하신 말씀의 의미가 무엇인지 알 것 같았습니다. 작은 능력을 가지고도 얼마든지 주님의 말씀을 지킬 수 있었습니다.

문준경 전도사님이 전도하여 세워진 임자진리교회 이판일 장로 일가의 순교 일화도 마찬가지였습니다. 6.25 때 예배드렸다는 이유로 공산당 무리들이 어린아이들을 포함한 48명의 성도들을 생매장했습니다. 그날, 문준경 전도사님의 전도를 받고 예수님을 믿은 후 장로가 되었던 이판일 장로의 가족 13명이 다 순교하였습니다. 오직 그날 목포로 갔다가 현장에 없었던 아들 이인재가 유일한 생존자였습니다. 그런데 후에 국군 정벌부대가 가족들을 몰살시킨 원수들을 붙잡아놓고 이인재에게 총을 주며 마음대로 하라고 했는데, 그때 그는 그들을 쏘아 죽이고 싶다는 강렬한 충동이 일어났지만 순간 "원수를 사랑으로 갚으라"고 하는 주님의 음성과 돌아가신 아버지의 음성이 들리는 것 같았답니다. 너무나 괴로워 몸부림치다가 결국 그 음성에 순종해서 원수들을 용서했습니다.

온 가족이 다 비참하게 죽고 혼자가 된 청년 이인재, 그는 작은 능력을 가진 사람이었습니다. 그러나 "원수를 사랑하라"는 주님의 말씀에 순종하였습니다. 그로 인하여 6.25 전쟁으로 마을에 불어닥친 무서운 보복 학살이 그쳤습니다. 그리고 그들이 교인들이 되었고, 마을은 완전

복음화되었습니다. 이인재는 나중에 목사가 되었고 고향 진리교회에 와서 목회를 하다가 은퇴하였습니다.

아, 정말 가슴이 터질 듯한 깨우침이었습니다.
"작은 능력을 탓하지 마라!"
주님의 말씀이 천둥소리 같았습니다. 부흥회도 아니고 산기도도 아닌데, 마음 깊은 곳에서 불이 치솟는 것 같은 은혜가 임하였습니다.

우리가 이 보배를 질그릇에 가졌으니 이는 심히 큰 능력은 하나님께 있고 우리에게 있지 아니함을 알게 하려 함이라 고후 4:7

그렇습니다. 우리에게 작은 능력밖에 없어도 상관없는 일입니다. 심히 큰 능력을 가지신 주님이 함께하신다면 그것으로 충분하였습니다. 문준경 전도사님이 공산당에게 붙잡혀 목포로 왔다가 목포가 국군에 의하여 해방됨으로 자유의 몸이 되었을 때 다시 증도로 돌아가려 하자, 이성봉 목사님이 "지금 가면 죽어요. 조금 더 있다가 들어가세요" 하며 붙잡았답니다. 그러나 그는 "전 죽어도 좋아요. 제가 안 가면 교인들이 다 죽어요" 하며 굳이 다시 증도로 돌아갔고 그렇게 순교하였습니다. 그래서 증도에는 문준경 전도사 외에 한 사람의 순교자도 생기지 않았다고 합니다.

그런데 그때 함께 목포로 잡혀 왔던 양도천이라는 신학생이 있었는데, 그는 "나는 안 가겠소" 하며 자기 살길을 찾아갔지만, 나중에 세계

일가공회라는 이단의 교주가 되었다는 이야기를 들었습니다. 이 얼마나 두려운 일입니까? 무엇이 사는 것이고 무엇이 죽는 것입니까? 순교의 영광과 이단 교주가 한순간에 갈라지는 것입니다. 고난당할 때 고난당하는 것, 죽어야 할 때 죽는 것이 복임을 깨달았습니다.

언제나 능력이 문제가 아니라 믿음이 문제입니다.

이르시되 너희 믿음이 작은 까닭이니라 진실로 너희에게 이르노니 만일 너희에게 믿음이 겨자씨 한 알 만큼만 있어도 이 산을 명하여 여기서 저기로 옮겨지라 하면 옮겨질 것이요 또 너희가 못할 것이 없으리라 마 17:20

우리에게 필요한 것은 큰 능력이 아닙니다. 내주하시는 주님을 바라보는 믿음, 주님의 음성에 귀 기울이는 믿음, 오직 주 예수님 안에 거하는 믿음이 있으면 충분합니다. *20141029*

살 아 있 는 순 교 자

국내 성지순례를 떠나면서 주님의 말씀이 하나 생각났습니다.
"너희가 무엇을 보려고 나갔더냐?"

너희가 무엇을 보려고 광야에 나갔더냐 바람에 흔들리는 갈대냐 마 11:7

크고 웅장한 예배당 건물을 보려는 것도 아니요 멋있는 기념관을 보려는 것도 아니었습니다. 오직 하나님의 사람을 보려고 했습니다. 그가 이미 세상을 떠난 사람일지라도, 그가 하나님나라의 사람이라면, 그 흔적이라도 보고 싶었습니다. 주님을 믿고 산다는 것이 무엇인지, 유품 하나에도 감격하며, 유품 하나 없이 일화밖에 남지 않았어도 진한 향기를 맡을 수 있었습니다. 그렇게 순례 여행을 했습니다.

돌아오면서 우리 교회는 찾아오는 이들에게 무엇을 보여주는가 생각하였습니다. 예배당 건축을 완성하고 봉헌예배를 드리기 전, 예배당 건물을 자랑하는 것은 바보나 하는 일이라는 생각이 들었습니다. 오죽 자랑할 것이 없으면 예배당 건물을 자랑하겠습니까. 이렇게 생각하자 크고 화려한 예배당 건물이 오히려 걱정이 되었습니다. 건물보다 교인이 더 자랑스럽기가 너무 어려워졌다는 생각 때문이었습니다. 그래서 교인들이 주 예수님만 바라보는 온전한 그리스도인으로 세우고자 하는 목적 하나를 위해 그동안 목회해왔습니다.

라오디게아교회를 향하여 주신 말씀을 묵상하면서 크고 화려한 건물밖에 자랑할 것이 없는 교회가 되는 것은 두려운 일임을 다시 한번 깨달았습니다.

내가 네 행위를 아노니 네가 차지도 아니하고 뜨겁지도 아니하도다 네가 차든지 뜨겁든지 하기를 원하노라 네가 이같이 미지근하여 뜨겁지도 아니하고 차지도 아니하니 내 입에서 너를 토하여 버리리라 네가 말하기를 나는 부자라 부요하여 부족한 것이 없다 하나 네 곤고한 것과 가련한 것과 가난한 것과 눈 먼 것과 벌거벗은 것을 알지 못하는도다 내가 너를 권하노니 내게서 불로 연단한 금을 사서 부요하게 하고 흰 옷을 사서 입어 벌거벗은 수치를 보이지 않게 하고 안약을 사서 눈에 발라 보게 하라 무릇 내가 사랑하는 자를 책망하여 징계하노니 그러므로 네가 열심을 내라 회개하라 계 3:15-19

국내 성지순례 마지막 날, 간증을 나누며 기도하는 시간에 우리는 살아 있는 순교자가 되어야 한다는 주님의 명령을 듣는 것 같았습니다. '살아 있는 순교자'란 살아 있지만 순교자의 영성으로 사는 그리스도인이라는 뜻입니다. '나는 죽고 예수로 사는' 것입니다.

문준경 전도사님도 손양원 목사님도 그 분들이 붙잡은 말씀은 갈라디아서 2장 20절 말씀이었습니다. 손양원 목사님은 이미 원수도 용서하신 분이었고, 그전에 이미 한센병 환자촌인 애양원에서 평생 목회할 결단을 하신 분이었고, 그전에 '나는 죽고 예수로 사는' 십자가 복음을 붙잡은 분이었습니다. 그래서 순교의 길을 그렇게 가실 수 있었던 것입니다. 주 안에서 죽은 자도 이처럼 감동스러운데 살아서 예수로 죽고 예수로 사는 자는 얼마나 귀하겠습니까? 주 안에서 죽은 순교자들의 신앙 발자취를 따라 이런 여행을 한다면 지금 살아 있는 순교자의 삶을 사는 이가 있다면 불원천리하고 달려가 만나볼 것입니다.

우리가 붙잡아야 할 초점은 순교가 아닙니다. 나는 죽고 예수로 사는 십자가 복음이요, 지금도 살아 계셔서 우리 안에 오신 주 예수님이십니다. 순교의 고통보다 더 중요한 것은 주님의 영광입니다.

라오디게아교회에 주신 주님의 당부가 오늘 우리에게 정말 중요한 말쏨입니다.

> 볼지어다 내가 문밖에 서서 두드리노니 누구든지 내 음성을 듣고 문을
> 열면 내가 그에게로 들어가 그와 더불어 먹고 그는 나와 더불어 먹으리라
>
> 계 3:20

이것이 순교 신앙입니다.   *20141030*

내 가 디 딘 발 자 국 이 뒷 사 람 의 길 이 된 다

한번은 어떤 남자 집사님이 "솔직히 목사님이 부럽습니다" 하기에 "왜
그렇게 생각하십니까?" 하고 물어보았습니다. 그랬더니 "언제나 교회에
계시니 얼마나 좋습니까? 우리 같은 평신도는 세상에서 많은 문제와 믿
지 않는 사람들과 세상 풍토와 부딪히면서, 은혜가 고갈되어 힘이 빠질
때가 한두 번이 아닙니다"라고 하였습니다.

목사가 부러워 보인다니 다행이었습니다. 목사가 불쌍해 보인다는
분도 계십니다. 세상 재미도 못 보는 감옥살이를 하는 줄로 여깁니다.
그러나 목사가 부러운 교인들의 심정이 참 안타까웠습니다. 삶의 대부
분의 시간을 보내는 일터가 믿음의 무덤이고 영적인 광야가 되어버린 현
실이 얼마나 안타깝습니까? 하지만 우리 눈에 광야와 같은 곳이 사실은
하나님을 만나는 자리입니다.

믿음의 사람들은 한결같이 인생의 광야에서 하나님을 만났습니다.

야곱은 광야에서 돌베개를 베고 누워 자다가 하나님을 만났고, 바울은 아라비아 광야에서 하나님을 만났습니다. 또 모세는 미디안 광야에서 하나님을 만났고, 바로 앞에서, 홍해 앞에서 하나님의 역사를 보았고, 모래바람 부는 거친 광야에서 불 기둥과 구름 기둥의 인도를 받았습니다. 다윗은 소년 시절 양 치는 목동일 때 사자와 곰과 싸우면서 하나님을 만났고, 골리앗과 싸우면서 그 체험을 다시 했습니다. 엘리야는 갈멜산에서, 제자들은 빈 그물 앞에서, 38년 된 병중에, 풍랑이 일 때, 간음한 현장에서 붙잡혀 죽게 되었을 그때에, 스데반은 돌에 맞아 순교할 때 하나님을 만났습니다.

따라서 우리의 문제는 우리가 있는 곳이 광야라는 데 있지 않습니다. 우리가 하나님을 만나지 못한 것이 문제입니다. 아무리 거친 광야라도 하나님을 만나면 모든 것이 달라집니다. 우리는 일터에서 하나님을 체험해야 합니다. 일터는 분명히 영적으로 광야 같은 곳이지만 그곳이 사실은 하나님께서 우리와 만나시는 곳입니다.

그래서 작년, 일터 사역자들과 목회자들이 뜻을 모아 처음으로 일터사명 컨퍼런스를 열었습니다. 일터에서 하나님을 체험하지 못하고 간증이 없는 삶을 살고 있다면, 자신이 정말 하나님을 믿고 있는지 근본적으로 재점검해보자는 도전적인 취지였습니다. 정말 기뻤고 또 놀랐습니다. 일터 현장에서 사역하는 탁월한 종들이 많이 있다는 것을 알게 되었고, 참석자들 또한 자신이 일하는 직장이나 일터가 단순히 세속의 공간이 아니라 그곳에 일터를 향한 하나님의 비전과 목적이 있다는 것을 깨달았습니다. 그리고 일터에서 '주께 하듯 일하는 그리스도인'으로 살지 못했던 부분들을 반성하였습니다. 자신의 삶의 현장에서 하나님의 나라가 이루어지기 위하여 부름받았다는 확신을 얻은 것입니다.

일터에서 주님과 동행할 수 있어야 진짜 주님과 동행하는 사람입니다. 우리의 시간 중 가장 많은 부분을 일터에서 보내고 있기 때문입니다. 예수님께서는 우리 마음에 계십니다. 그렇다면 살아 계신 하나님을 체험하는 데 가정과 교회와 일터가 다를 수 없습니다. 몸이 아프면 가정이나 교회나 일터에서 다르지 않듯이 말입니다. 일터에서 하나님을 체험하지 못하면서, 교회와 가정에서 믿음이 좋아 보이는 것은 착각일 수 있습니다. 은혜로운 가정이나 교회 환경 때문에 자신도 그런 믿음의 사람인 줄 착각하는 것입니다.

우리는 일터를 향한 하나님의 놀라운 계획을 발견해야 합니다. 현재 하나님께서는 '일터 그리스도인'을 주목하고 계십니다. 거기에 한국 교회의 새 부흥이 있습니다.

손양원 목사님 순교 기념관에 갔다가 백범 김구 선생이 손양원 목사님께 써주신 글을 보았습니다.

踏雪野中去(답설야중거, 눈 덮인 들판을 걸어갈 때)

不須胡亂行(불수호난행, 함부로 어지럽게 걷지 마라)

今日我行跡(금일아행적, 오늘 내가 걸어간 이 발자국이)

遂作後人廷(수작후인정, 뒷사람의 이정표가 될 것이다)

조선 후기 이양연의 시입니다.

"내가 디딘 발자국이 뒷사람의 길이 된다."

이 일이 일터 사역 현장에서 일어나고 있습니다. 그동안 일터 사역을 묵묵히 감당해왔던 사역자들과 일터에서 주님과 동행하였던 그리스도인들이 거룩한 연합을 이루게 된 것입니다. 정말 한 사람이 걸어가면 그 발자국이 뒷사람에게 길이 됩니다. 그 길을 또 한 사람이 뒤따르고, 또 두 사람이 뒤따라가다보니 어느덧 큰길이 된 것입니다. 올해 일터 사명 컨퍼런스를 통해 이처럼 일터에서 주님과 동행하는 거룩한 무리가 일어났으면 좋겠습니다. 그래서 한국 교회의 새 부흥을 감당할 고속도로가 될 것을 기대해봅니다.

20141031

22
CHAPTER

낯설지 않은
나의 주님

　통영시 기독교연합회에서 주관하는 통영 연합부흥회를 은혜 중에 마쳤습니다. 주일 저녁부터 감기 기운이 있어서 이번 한 주간은 감기와 싸우며 집회를 인도해야 했습니다. 감사하게도 연합집회를 마치면서 제 감기도 다 나았습니다. 신기한 일입니다. 많은 분들이 기도해주신 덕분이기도 했지만 이곳 통영시의 교회들이 연합하는 모습에서 큰 감동을 받았던 것도 한 원인이 아닌가 생각됩니다. 한마디로 집회 내내 은혜의 분위기에 싸여 있었습니다. 통영시 기독교연합회 임원들은 통영시 중심 교회의 담임목사님들이신데, 교단을 초월하여 형제들처럼 화목하고, 마음을 모아 연합하는 모습이 보기만 해도 큰 은혜가 되었고 깊은 인상을 받았습니다.

　어떻게 보면 너무 당연한 일인데도 이처럼 마음에 감동이 되는 것이 오히려 마음이 아픕니다. 오늘날 예수님의 가르침 중 가장 유명하면서도 가장 지켜지지 않는 것이 아마 "사랑하라"는 가르침이 아닐까 생각합니다.

어느 분이 쓰신 글을 읽고 깊이 공감했습니다.

"우리가 마지막에 주님 앞에 설 때 주님께서 무슨 질문을 하실까 걱정할 필요도 없습니다. 정답은 언제나 사랑이기 때문입니다. 충성도, 지식도, 직분도, 헌신도, 정통 교리도, 열심도, 부흥도 아닙니다. 오직 사랑만이 정답입니다.

그러나 '사랑입니다'라고 대답한다고 합격하는 것은 아닙니다.

주님은 물으십니다.

'머리로 대답하지 말고 가슴으로 대답하여라!'

머리로는 100점인데 가슴으로는 10점도 받기 어려운 것이 문제입니다."

《존 오트버그의 예수는 누구인가?》(두란노, 2014)에 다음과 같은 이야기가 나옵니다.

한 남자가 샌프란시스코의 금문교를 걷다가 어떤 여자가 혼자 서 있는 것을 보았다. 여자는 분명히 외로워 보였다. 어쩌면 자살을 하려는지도 모른다고 생각했다. 그는 달려가 하나님이 그녀를 사랑하신다고 말해 주었다. 여자의 눈에 눈물이 맺혔다.

이어 그가 물었다.

"기독교인입니까? 유대교인입니까? 힌두교인입니까? 무엇입니까?"

여자가 말했다.

"기독교인입니다."

그러자 남자가 말했다.

"저도 그런데요! 정말 세상은 참 좁은 곳이군요. 그럼 개신교입니까? 천주교입니까?"

"개신교요."

"저도 그런데요! 무슨 교단입니까?"

"침례교요."

"저도 그런데요! 북침례교입니까? 남침례교입니까?"

"북침례교요."

"저도 그런데요! 보수주의 북침례교입니까? 자유주의 북침례교입니까?"

"보수주의 북침례교요."

"정말 놀랍네요! 저도 그렇거든요! 보수주의 북침례교 근본주의입니까? 보수주의 북침례교 개혁주의입니까?"

"보수주의 북침례교 근본주의입니다."

"이럴 수가! 저도 그렇거든요! 보수주의 북침례교 근본주의 중부 노회입니까? 보수주의 북침례교 근본주의 동부 노회입니까?"

"보수주의 북침례교 근본주의 중부 노회입니다."

여자가 말했다.

"기적입니다. 보수주의 북침례교 근본주의 중부 노회 1879년 공의회입니까? 보수주의 북침례교 근본주의 중부 노회 1912년 공의회입니까?"

남자가 말했다.

"보수주의 북침례교 근본주의 중부 노회 1912년 공의회입니다."

여자가 말했다. 그러자 남자가 소리쳤다.

"이단이군요. 죽어버리세요!"

주님을 믿고 따른다고 하면서 주님의 말씀과 정반대의 길을 가고 있는 오늘날의 교회와 그리스도인들을 풍자한 이야기입니다.

예루살렘에는 그리스도의 무덤 위에 세웠다는 성묘교회가 있습니다. 그런데 이 교회당은 그리스정교회, 콥트교회, 시리아교회가 공동으로 소유하고 있고 회당을 분할하여 제각기 고유 영역으로 삼고 있습니다. 그런데 1960년대 교회당을 개축할 당시 서로 자기들의 이권만 주장하다가 하마터면 건물이 무너질 뻔했다고 합니다. 지금도 한꺼번에 경쟁적으로 예배를 드리기 때문에 그 소란함이 이루 말할 수 없습니다.

작가 마크 트웨인이 이런 조크를 한 적이 있습니다.

"개와 고양이를 한 우리에 집어넣었더니 잘 어울려 살았다. 새와 돼지와 염소를 한 우리에 집어넣었더니 얼마 후에 친구가 되었다. 이번에는 침례교인과 장로교인 그리고 천주교인을 한 우리에 집어넣었다. 그들은 바로 싸움을 시작하더니 시간이 흐를수록 더욱 격렬히 싸웠다."

그리스도인에게 너무 마음 아픈 조크입니다.

유명한 부흥사, 빌리 선데이 목사님이 시카고에서 대집회를 인도하면서 어느 날 저녁에는 하늘을 향하여 크게 소리를 지르더랍니다.

"여보시오, 베드로 사도님! 저기 침례교인이 있습니까? 없어요? 감리교인은요? 장로교인은요? 없다구요!"

이단 이단 하지만 가장 큰 이단은 예수를 믿는다고 하면서도 서로 싸우는 것입니다. 통영시 연합집회를 마치고 집으로 돌아오면서 제 마음을 사로잡는 질문입니다.

"너는 진정으로 사랑했느냐? 가슴으로 대답하라."   *20141101*

주님만 기대합니다

일본 형제교회인 동경에 있는 중앙영광교회 20주년 기념예배와 성회를 인도하고 겸하여 장로수련회를 마쳤습니다. 지난 열흘간 통영시 연합성회와 일본 일정까지 강행군이었고 게다가 감기로 고생하는 악전고투의 일정이었습니다. 그러나 제게는 깊고 큰 은혜의 시간이기도 했습니다. 매일 말씀을 전하는 일정이었는데, 다른 사람들에게 얼마만한 은혜의 통로가 되었는지는 모르겠지만, 저 자신에게는 정말 귀한 은혜의 말씀들이었습니다. 저는 그것으로 충분하다고 여깁니다. 늘 말씀을 주시는 주님께 감사를 드립니다.

이제 한국에 돌아가서도 계속해서 말씀을 전하는 일정이 이어집니다. 그것을 생각하면서 잠깐이었지만 엄청난 스트레스가 밀려오는 순간이 있었습니다. '아, 이것을 또 어떻게 감당하나!' 하는 탄식이 일어났습니다. 정말 잠깐이었습니다. 그러나 곧 그것은 기대가 되었습니다. 주님은 이제까지 하신 것처럼 말씀을 주실 것을 믿어야 한다고 깨닫게 하셨습니다. 언제부터인가 설교를 할 때, 주님이 말씀을 주신 것만 전하기로 하였기 때문입니다. 제 마음에 서서히 기대가 차오르기 시작했습니다.

"정말 좋으신 주님께서 또 얼마나 귀한 말씀을 부어주실까?"

목요일 아침 '믿음으로 사는 남자들' 모임에서도, 금요성령집회 때에도, 토요일 전도집회와 주일 추수감사예배에서도 정말 행복해졌습니다. 수련회를 마치고 돌아가는 장로님 부부에게도 이 은혜를 나누었습니다. 이제 돌아가면 밀린 일들, 어려운 일들이 기다리고 있을 것이라는 걱정과 스트레스로 마음이 무거운 분들이 계실 것이라는 생각이 들었기 때문입니다.

24시간 주 예수님을 바라보려는 것은 단순히 주님을 생각만 하려는 것이 아닙니다. 우리의 짐을 다 주님께 맡기고 주님과 행복하게 동행하려는 것입니다. 우리가 할 일은 일상생활 중에서도 여전히 주님이신 예수님을 믿고, 주님의 인도하심과 역사하심을 기대하며 순종하는 것뿐입니다.

너무나 힘든 강행군의 일정이었지만 오히려 일정을 마치고 한국으로 돌아가는 날, 감기가 거의 다 나았습니다. 참 놀라운 일이라고 생각됩니다. 여러분 중에 삶의 스트레스, 사명의 무거운 짐으로 힘든 분이 계신다면 오직 주님만 기대하는 하루를 살아보시기 바랍니다. *20141112*

늘 동행하던 그 주님과 만나다

요즘 12월에 전쟁이 난다고 예언하는 이들의 동영상이 성도들 사이에서 한창 돌고 있는 것 같습니다. 어느 시대나 이런 식의 예언을 하는 이들이 있었기 때문에 특별한 일이라고 여길 것은 없습니다. 그러나 교인들 중에 그런 예언을 듣고 두려움에 사로잡히는 이들도 있고, 가족이나 친척들에게 빨리 이민 가자고 재촉하는 교인도 있고, 심지어 사명감을 가지고 이런 영상을 퍼뜨리는 이들도 있다는 말을 들었습니다. 이런 분들은 '그 예언이 맞건 틀리건 간에 사람들이 기도하게 되면 좋은 일이 아니겠는가?'라고 생각하는 것 같습니다. 결코 그렇지 않습니다. 참으로 안타까운 일입니다.

'예언'은 분명히 성령의 은사입니다. 그러나 '모든 예언'이 다 성령의 역사는 아닙니다. 한국 교회는 이미 시한부 종말론으로 인해 엄청난 상처를 입었었고 사회의 신뢰를 잃었던 아픔이 있었음을 기억해야 합니다. 그러므로 그런 예언을 하는 사람이 누구인지를 잘 살펴야 합니다. 정말 영적으로 신뢰할 수 있는 사람인지, 그의 삶이 어떤지 알지 못하면서 모든 예언을 다 받아들이는 것은 심각한 결과를 가져옵니다. 특히 거짓말을 조심해야 합니다. 아무리 좋은 의도로 했다 하더라도 거짓은 마귀의 역사입니다. 주님께서 친히 거짓 선지자를 삼가라고 신신당부하셨습니다.

거짓 선지자들을 삼가라 양의 옷을 입고 너희에게 나아오나 속에는 노략질하는 이리라 마 7:15

거짓 선지자가 많이 일어나 많은 사람을 미혹하겠으며 마 24:11

사람들의 마음에 두려움을 심어주어 조종하려는 미혹의 영도 있습니다. 이런 식의 예언을 통하여 자신을 드러내려는 이들도 있습니다.

마틴 로이드 존스 목사님이 《부흥》(복있는사람, 2006)이라는 책에서 하신 말씀입니다.

우리가 항상 조심해야 할 문제가 이것입니다. 이것은 영적으로 살아 있고 깨어 있으며 교리에 올바른 관심을 가진 자들에게 마귀가 늘 들이미는 미묘한 시험입니다. 저는 예언의 문제에 과도한 관심을 가지다가 메마르고 무익해진 이들이 많다고 서슴없이 말할 수 있습니다. 교회들도 그런 경우가 있습니다. 그들은 예언에 모든 시간을 투자합니다. 만날 때마다 처음 하는 말이 "뉴스 기사 봤습니까? 이러이러한 예언이 성취된 것 아닐까요?"라는 것입니다. 때와 기한의 문제를 생각하는 데 시간을 다 써버립니다. 예언이 모든 관심을 차지합니다. 주 예수 그리스도에 대한 이야기는 거의 하지 않습니다. 주님과의 경험에 대한 이야기도 거의 하지 않습니다. 거룩하게 구별된 백성이라는 인상도 주지 못합니다. 그렇습니다. 그들은 때와 기한이라는 문제에서만 전문가일 뿐입니다.

로이드 존스 목사님이 지금의 상황을 알고 말씀하신다고 착각할 정도로 정확한 핵심을 지적하고 있습니다. 주님은 반드시 재림해 오실 것이라고 약속하시면서, 주님의 재림을 준비하고 살라고 당부하셨습니다. 그것은 주님이 재림하실 때와 날짜를 하루라도 미리 알아서 환난을 피할 준비를 하라는 것이 아니었습니다. 오히려 주님은 그때와 날짜를 알려고 하지 말라고 하셨습니다.

이르시되 때와 시기는 아버지께서 자기의 권한에 두셨으니 너희가 알 바 아니요 행 1:7

주님께서 당부하신 준비는 '주님과 동행하는 삶'을 살라는 것이었습니다. 성경에 주님이 도둑같이 온다고 하셨지만, 이것은 심판을 받을 자에게 해당되는 일입니다. 구원받을 자에게는 주님의 오심이 결코 도둑같이 오시는 것이 아닙니다.

주의 날이 밤에 도둑같이 이를 줄을 너희 자신이 자세히 알기 때문이라 그들이 평안하다, 안전하다 할 그때에 임신한 여자에게 해산의 고통이 이름과 같이 멸망이 갑자기 그들에게 이르리니 결코 피하지 못하리라 형제들아 너희는 어둠에 있지 아니하매 그 날이 도둑같이 너희에게 임하지 못하리니 너희는 다 빛의 아들이요 낮의 아들이라 우리가 밤이나 어둠에 속하지 아니하나니 그러므로 우리는 다른 이들과 같이 자지 말고 오직 깨어 정신을 차릴지라 살전 5:2-6

하나님의 자녀에게는 주님의 재림이 도둑같이 임하지 않는다는 말이 때와 시기를 알고 있다는 의미는 아닙니다. 하나님의 자녀들은 영적으로 잠들지 않고 깨어 정신을 차리고 산다는 의미입니다. 다시 말하면 늘 주님과 동행하며 살기 때문에 주님의 재림을 맞이할 때, 조금도 당황하거나 두렵지 않다는 말입니다.

그런 의미에서 욥은 매우 의미 있는 고백을 했습니다.

내가 알기에는 나의 대속자가 살아 계시니 마침내 그가 땅 위에 서실 것
이라 내 가죽이 벗김을 당한 뒤에도 내가 육체 밖에서 하나님을 보리라
내가 그를 보리니 내 눈으로 그를 보기를 낯선 사람처럼 하지 않을 것이
라 욥 19:25-27

유명한 성경주석가인 윌리엄 바클레이는 "그리스도의 오심을 준비하
는 가장 좋은 길은 그리스도의 임재를 결코 잊지 않는 것이다"라고 했습
니다. 그렇습니다. 우리가 다시 오실 주님을 맞이할 때 늘 함께 동행하
던 그 주님을 만나게 되는 것입니다. 이것이 주님의 재림에 대한 완전한
준비입니다.

누가복음 17장 34,35절 말씀에서 주님의 재림 때 사람들이 일상생활
을 하다가 운명이 갈라진다고 말씀하신 것을 주목해야 합니다.

내가 너희에게 이르노니 그 밤에 둘이 한 자리에 누워 있으매 하나는 데
려감을 얻고 하나는 버려둠을 당할 것이요 두 여자가 함께 맷돌을 갈고
있으매 하나는 데려감을 얻고 하나는 버려둠을 당할 것이니라 눅 17:34,35

전쟁이나 큰 재앙에 대한 소문을 들을 때, 우리의 태도도 마찬가지여
야 합니다. 언제 전쟁이나 재앙이 일어날 것인가에 대해서만 관심을 기
울이는 것은 미혹에 빠지는 일입니다. 영적으로 너무나 혼란스럽지만,
이때 우리가 힘쓸 것은 오직 삶의 모든 영역에서 주님과 동행하는 삶을
사는 것뿐입니다. *20141114*

23
CHAPTER

나의 전부가
되어주신 분

사도행전 이후 교회 역사를 살펴보면 교회의 부흥은 지역을 따라 옮겨가는 모습입니다. 아시아에서 유럽으로, 그리고 북미 대륙으로, 그리고 다시 아시아와 아프리카로 옮겨가고 있습니다. 하나님께서는 왜 이렇게 하시는 것일까요? 필립 얀시는 하나님께서 하나님을 간절히 찾는 사람들이 있는 곳으로 찾아가시는 것 같다고 해석하였습니다.

새벽에 기도하려고 예배당으로 걸어 올라오는 교인들을 보면서 불현듯 이 마음이 들었습니다.

"하나님을 향한 갈망!"

어젯밤에 여재우 선교사 가족이 인도네시아로 출국하였습니다. 교회 로비에는 함께 사역했던 교역자 가족들과 교인들이 가득 모여 여재우 선교사 가족을 환송하였습니다. 눈물로 포옹하며 작별의 인사를 나누고, 여재우 선교사 가족을 둘러서서 뜨겁게 기도하면서 역시 '하나님을 향한 갈망'을 생각했습니다.

영국의 어느 극단에 배우가 되기를 갈망하는 소년이 있었습니다. 배우가 되는 길은 참 어렵습니다. 처음부터 좋은 배역을 맡기란 불가능하고 겨우 단역 하나 맡는 것도 오랜 세월 동안 청소나 잔심부름을 한 뒤에 발탁됩니다. 이 소년도 연극배우가 될 꿈을 가지고 시작은 했지만 하는 일은 몇 년 동안 심부름과 청소 잡일뿐이었습니다.

그러던 어느 날, 무대 뒤에서 청소를 하고 있는 이 소년에게 조연출자가 와서 단역 배우 한 사람이 사정상 빠지게 되었으니 대역을 하라는 지시를 했습니다. 그 역은 임금이 궁중에서 만찬을 베풀고 있는 때 병사 하나가 뛰어 들어와 전쟁의 급보를 전하는 단 한 장면뿐이었습니다. 소년은 자신에게 주어진 참으로 보잘것없는 이 역을 두고 깊이 생각했습니다.

그는 이 장면을 이미 여러 번 보았습니다. 얼마든지 할 수 있는 쉬운 역할입니다. 그러나 그는 시간이 될 때까지 가만히 있을 수 없었습니다. 그래서 자신의 동료에게 무대에 올라갈 시간이 임박하면 연락해달라고 말한 뒤에 복장을 갖추고 무대 뒤뜰로 나갔습니다. 그리고 그곳에서 계속 뛰기 시작했습니다. 땀이 흘러 얼굴이 엉망이 되었습니다. 신발이 먼지투성이가 되었습니다. 숨은 턱까지 차올라 금방 쓰러질 지경이 되었습니다.

바로 이때 신호가 왔습니다. 무대에 올라갈 시간이 된 것입니다. 드디어 이 소년이 무대에 등장했을 때 모든 관객은 정말 먼 전쟁터에서 며칠

밤낮을 달려온 한 병사의 모습을 보게 되었습니다. 이 소년이 바로 영국의 연극 수준을 한 단계 높여놓았고 이후에 작위까지 받은 유명한 연극 배우 로렌스 올리비에입니다.

하나님께서 주시는 부흥도 이와 같다고 생각됩니다. 하나님을 향한 갈망에서 지혜가 나오고, 방법이 나오고, 능력이 임하고, 부흥을 경험하게 되는 것입니다.

오늘 모처럼 일정이 없는 날입니다. 안식년 후 두 달 반 만에 처음인 것 같습니다. 그러나 주님을 향한 제 마음의 갈망은 오히려 더욱 간절합니다.

"오늘도 기대합니다. 주님!"

20141117

하나님께서 원하시는 단 한 가지

아내가 〈문화행동 아트리〉의 대표 김관영 목사님이 하신 말씀을 전해주었습니다.

"하나님께서 우리에게 원하시는 것은 단 하나뿐입니다. 그것은 '전부'입니다. 하나님께서 우리에게 전부를 주셨기 때문입니다."

마음 깊은 곳에서 "아멘!" 하는 응답이 나왔습니다. 정말 선명한 진리였기 때문입니다.

주님은 한 가지가 부족해도 안 된다고 하셨습니다.

예수께서 그를 보시고 사랑하사 이르시되 네게 아직도 한 가지 부족한

것이 있으니 가서 네게 있는 것을 다 팔아 가난한 자들에게 주라 그리하
면 하늘에서 보화가 네게 있으리라 그리고 와서 나를 따르라 하시니

너무나 부끄럽지만 주님은 제게도 그것을 이미 깨우쳐주셨습니다. 신
학교 졸업반 때, 찬송가 355장 '부름받아 나선 이 몸'(부름받아 나선 이
몸 어디든지 가오리다 / 아골 골짝 빈들에도 복음 들고 가오리다 / 어느 누가 막
으리까 죽음인들 막으리까 / 어느 누가 막으리까 죽음인들 막으리까)을 부르지
못했습니다. 가사가 너무 부담스러웠기 때문입니다.

성공에 대한 미련 때문이었습니다. 그 당시 제 마음의 소원은 큰 교
회 담임목사가 되는 것이었습니다. 목회에 성공하려면 학력도 경력도 영
력도 갖추어야 한다고 생각하여 열심히 공부하고 실습할 교회도 가려
서 갔습니다. 그것이 잘못이라고는 꿈에도 생각하지 않았습니다. 예수
님 한 분이면 충분하다는 것은 목회 실패의 변명 같았습니다. "나 하나
면 충분하다면서?"라고 말씀하시면 모든 것을 다 포기해야 할 것 같았
습니다.

주의 종이라면서도 종에 대한 이중적인 잣대를 가지고 있었습니다.
그것은 대접받는 사람이 된다는 것입니다. 진정으로 "예수님은 나의 주
님이십니다! 왕이십니다!" 하고 고백하는 데 두려움이 함께 있었습니다.
주의 이름으로 대접받는 것은 좋지만 주님이 나를 내가 원치 않는 길로
인도하시면 어떻게 하나 하는 불안함이 있었습니다. 이유는 주님을 인
격적으로 알지 못했기 때문입니다. 그때는 주님을 바라보는 눈이 뜨이

지도 못했고 하나님나라의 영광도 알지 못했던 때였습니다. 당시 제게 은밀한 시간은 죄짓는 시간이었습니다. 그러나 주님을 인격적으로 알고 난 다음 "예수님 한 분이면 충분합니다" 하고 고백하게 되었고 은밀한 시간은 은혜의 시간이 되었습니다.

그랬던 저에게 주님은 10년 정도 지난 어느 날 제가 가장 소중히 여기는 것 하나를 요구하신 적이 있었습니다. 전부가 아니고 하나였는데도 엄청난 고민을 했습니다. 그러다가 비로소 깨달아지는 것이 있었습니다. 제가 목사요 주의 종이라고 하면서도 하나님께 드린 것이 없다는 것이었습니다. 그래서 울었습니다. 제 전부를 다 드려야 하는데 그것 하나 못 드리겠느냐는 생각이 들었습니다. 그런데 그 후 주님은 제게 너무나 많은 것을 주셨습니다. 자꾸 드리는데도 더 주십니다.

12년 전 아내가 암 수술을 받았습니다. 하나님의 은혜로 완치되었지만, 그때 우리의 삶이 이렇게 쉽게 끝날 수도 있다는 사실에 큰 충격을 받았습니다. 그 후 저와 제 아내에게 너무나 큰 변화가 일어났습니다. 가야 할 길이 선명하게 보이는 것입니다. 오직 한 길이었습니다. 그전에는 개인적으로 또 가정이나 교회의 일로 이런저런 잔걱정이 많았고, 여러 갈래의 길 앞에서 갈등도 많았고, 마음의 짐도 있었고, 두려움도 있었습니다. 그런데 그 모든 짐과 근심이 다 사라졌습니다. 오직 주님과 하나가 되어 주님 안에만 거하고, 주님을 사랑하고, 맡겨주신 교인들을 사랑하다가 주님 품에 안기는 것만이 보였습니다. 그 길이 그렇게 분명할 수가 없었습니다.

어떤 사람이 구세군 창시자인 윌리엄 부스에게 그의 성공 비결을 물었을 때, 부스는 잠시 침묵하다가 눈물 어린 눈으로 이렇게 말했습니다.

"저보다 더 훌륭한 두뇌와 기회를 가진 사람들이 많이 있었지요. 그러나 저는 저의 모든 것을 하나님께 바치기로 결심했었습니다."

그렇습니다. 하나님께 자신의 전부를 드린 자를 통하여 주님은 역사하시는 것입니다. 주님은 계속해서 그것만이 진정한 구원의 길이고 축복의 길이고 영광의 길임을 깨우쳐주십니다. 하나님께 전부를 드린 순간부터 우리는 놀라운 삶을 살게 됩니다. 모든 걱정과 갈등, 마음의 짐과 두려움이 다 사라집니다. 하나님의 완벽한 계획이 이루어집니다. *20141118*

주님이 정말 기뻐하시는 일을 하십니까?

교회 성장을 위하여 노심초사하시는 목사님과 이야기하는 시간이 있었습니다. 너무 피곤해하시며, 요즘은 개인기도 시간도, 조용히 성경을 읽는 시간도 제대로 갖지 못하신다면서, 어디 기도원이라도 가서 기도하고 성경만 읽다가 왔으면 좋겠다고 하셨습니다.

그 목사님께 물었습니다.

"목사님은 왜 그렇게 교회를 크게 성장시키려고 하십니까?"

"그래야 하잖아요? 교회 부흥은 좋은 일이잖습니까? 주님도 기뻐하시는 일이고."

그 목사님과 이야기를 나누면서 제 문제를 보는 것 같았습니다.

'주님께서 정말 기뻐하실 일은 무엇일까? 교회가 크게 성장하는 것을 주님이 기뻐하실까? 주님과의 시간을 더 갖는 것을 기뻐하실까?'

요즘 주님은 제게 기도와 말씀 보는 일에 더욱 힘쓰라는 마음을 계속 주고 계십니다. 그래서 주님이 지금 이 시대의 목사들이 교회 성장보다 주님과 교제하는 시간을 더 갖는 것을 기뻐하지 않으시겠느냐고 그 목사님께 말씀드렸습니다.

"우리가 그 어떤 것을 목표로 삼았기에 문제가 생기는 것인지 모르겠습니다. 우리가 진정으로 품어야 할 목표는 인격이신 그분, 곧 주님이 아니겠습니까? 교회 성장에만 매달리다가 은퇴하시고 난 다음에는 어떻게 하시려고 그러세요?"

목사님도 심각한 얼굴로 고민하시는 듯하다가 동의해주셨습니다. 그러면서 요즘 어딘가 잘못되고 있다는 느낌이 들었는데, 그 원인을 찾은 것 같다고 하셨습니다.

은퇴하신 목사님 한 분은 현역에 계실 때보다 설교가 더 은혜로워지고 마음에 기쁨이 충만하십니다. 그래서 여기저기에서 말씀을 전해달라는 요청을 많이 받으신다고 하셨습니다. 그 이유가 말씀과 기도 시간을 충분히 갖기 때문인 것 같다고 하셨습니다.

"현직에 있을 때, 이렇게 살았으면 목회 현장이 훨씬 더 은혜롭고 풍성했을 것입니다. 그때는 아무 유익이 없는 일에 왜 그리 바쁘게 지냈는지 모르겠습니다. 그런데 후배 목사들을 보면 나와 똑같은 전철을 밟는 것 같아 안타깝기만 합니다."

주전 3세기 경, 로마가 이탈리아 반도의 패권을 놓고 남부 이태리의 타렌툼이라는 도시국가와 치열하게 싸웠습니다. 타렌툼은 그리스 왕인 휘로스에게 도움을 청했습니다. 휘로스 왕은 제2의 알렉산더 대왕이 되겠다는 야심을 가진 인물이었기 때문에 타렌툼의 요청을 기꺼이 받아들여 전쟁에 개입하였습니다.

그의 신하 중에 키네아스라는 사람이 있었는데, 하루는 휘로스 왕과 이런 대화를 한 적이 있었습니다.

"대왕이시여, 로마인과 싸워 이기신다면 그다음에는 어떻게 하시겠습니까?"

휘로스 왕이 대답했습니다.

"이탈리아 전체를 차지할 것이다. 그다음에는 기름진 땅 시실리아를 정복하게 될 것이고, 내친걸음에 리비아와 카르타고도 손아귀에 넣고 말 것이다."

그 말을 들은 키네아스가 말을 이었습니다.

"그다음에는 마케도니아를 탈환하고 그리스 전체를 지배하시겠지요. 그러나 그다음에 무슨 계획을 가지고 계신지 궁금합니다."

휘로스 왕이 자랑스럽게 말했습니다.

"그 땅을 다 차지하면 내 야심은 다 이루어진 셈이니 무척 여유가 있을 테지. 그때는 매일 잔치를 열고 잔치에 참석한 사람들과 즐거운 이야기를 나누면서 지내게 될 것이다."

그때 키네아스는 매우 중요한 지적을 하나 합니다.

"대왕, 잔치를 열고 즐거운 한담이나 하며 지내실 생각이라면 지금 당장에라도 가능한 일인 줄 압니다. 그런데 왜 굳이 많은 사람의 피를 흘리고 또 모험을 해가면서까지 그런 하찮은 것을 차지하려 하십니까?"

주님께서는 제가 바쁘게 사느라 삶의 방향을 잃어버리지는 않았는지, 제 삶과 목회 그리고 'With JESUS Ministry' 사역을 돌아보게 하셨습니다. 여러분은 결국 무엇을 하려고 그렇게 열심히 사는지 생각해보셨습니까? 성공하고 난 다음에 하고 싶은 것을 지금부터 할 수는 없을까요?

20141119

주님과 사랑에 빠져보지 않으시겠습니까?

어제 그리고 오늘 하루, "하나님, 사랑합니다"라고 고백해본 순간이 있었습니까? '내가 하나님을 사랑하고 있구나!'라고 생각해본 적이 있었습니까? 없다면 하나님을 사랑하는 사람이 아닙니다. 그런 사랑은 없기 때문입니다. 하나님은 우리의 믿음에도 기도에도 찬양에도 감사에도 만족하지 못하십니다. 오직 사랑을 원하십니다. 우리를 사랑하시기 때문입니다.

예수께서 이르시되 네 마음을 다하고 목숨을 다하고 뜻을 다하여 주 너의 하나님을 사랑하라 하셨으니 이것이 크고 첫째 되는 계명이요

마 22:37,38

하나님과의 관계에서 우리가 해보지 않은 것이 있다면 하나님을 사랑하는 것입니다. 저는 어릴 때부터 하나님을 믿었지만 하나님을 사랑하라는 것에 대하여는 거의 인도하심을 받지 못하였습니다. 그런데 성경

을 읽다가 위대한 하나님의 사람들은 다 하나님을 사랑한 사람들이었다는 것을 깨달았습니다. 에녹은 하나님과 동행하다가 죽음을 보지 않고 들림 받은 사람입니다. 노아도 하나님과 친밀히 교제하며 동행하였던 사람이었습니다. 아브라함도 모세도 그렇습니다. 성경은 다윗을 "하나님의 마음에 합한 사람"이라고 했는데, 하나님을 사랑하는 마음이 특별했기 때문입니다. 사도 요한은 사랑의 사도였고 사도 바울도 그렇습니다.

아름다움을 사랑하는 사람은 예술가가 됩니다. 학문을 사랑하는 사람은 학자가 됩니다. 권력을 사랑하는 사람은 정치가가 됩니다. 돈을 사랑하는 사람은 사업가가 됩니다. 저급한 것을 사랑하면 그 인생은 저급한 인생이 됩니다. 고상한 것을 사랑하는 사람은 고상한 인간이 됩니다. 하나님을 사랑한다는 것은 엄청난 일입니다. 영원하고도 엄청난 삶의 변화가 하나님을 사랑하는 데서 옵니다. 하나님은 우리를 위하여 하나님을 사랑하라 하시는 것입니다.

"네가 나를 사랑하면 너에게 나의 영광이 임할 것이고, 너에게 나의 아름다움을 보여줄 것이며, 너희의 생애는 영원히 행복하게 되리라."

"하나님을 사랑하리라!"

이것이 복음의 목적입니다. 여러분은 "하나님, 마음을 다하고 뜻을 다하고 목숨을 다하여 사랑합니다"라고 고백하는 사람입니까? 이 고백이 정말 중요합니다. 어느 날 "당신을 사랑한다"라고 한마디 고백했다가 결혼하게 되는 것입니다. 사랑한다는 말 한마디로 인생이 바뀌는 것입니다. 어떤 사람은 하나님을 사랑하면 자신의 모든 것을 다 빼앗겨버리고 초라해지는 줄 압니다. 아닙니다.

복종하면 자신의 모든 것을 다 뺏길 수 있습니다. 충성해도 뺏길 수 있습니다. 그런데 사랑하면 그렇지 않습니다. 놀랍게 사랑하는 대상의 능력까지 자신에게 상승작용을 일으킵니다. 우리가 사랑하려면 오랫동안 만나고 교제하고 함께 지내야 합니다.

그래서 24시간 주님을 바라보라는 것입니다.

"주님과 사랑에 빠져보지 않으시겠습니까?"

20141120

천 국 에 서 는   사 랑 하 지   못 할   자 가   없 다

손양원 목사에 대한 다큐멘터리영화 〈그 사람 그 사랑 그 세상〉을 보았습니다. 많이 울었습니다.

"원수를 사랑하라!"

귀로 들을 때는 그렇게 부담스럽더니, 눈으로 볼 때는 눈물이 흘렀습니다. 말로만 설교하는 저 자신이 많이 부끄러웠습니다. 손양원 목사님을 통해 드러난 하나님의 사랑을 보면서 무겁게 느껴지던 모든 짐이 사라졌습니다. 사랑만 하며 살면 되는 것이 깨달아졌습니다. 이 사랑 앞에서 유물론 사상은 설득력을 잃었습니다. 이 사랑 때문에 창조냐 진화냐 하는 논란이 종지부를 찍었습니다. 사랑을 느꼈다면 하나님을 체험한 것입니다. 하나님은 사랑이시기 때문입니다.

"손양원 목사님은 어떻게 그런 사랑을 할 수 있었나요?"

손양원 목사님 안에 생명 되신 주 예수, 십자가의 주 예수님 때문이었

습니다. 그래서 우리도 원수를 사랑하며 살 수 있는 것입니다.

두 여자가 천국에서 만난 이야기를 우연히 읽게 되었습니다.

머리에 쓴 관으로 보아 둘 다 자식을 두었던 어머니였다. 그들은 서로의
이야기가 궁금했다.

"나는 아들 대신 십자가에 달리고 싶었어요."

한 사람이 말했다.

"아, 당신은 그리스도의 어머니시로군요."

다른 어머니가 무릎을 꿇으며 말했다. 첫 번째 어머니가 입맞춤으로 그
녀의 눈물을 씻어주며 말했다.

"당신의 아들이 누구인지 말해주세요. 나도 당신의 슬픔을 함께 나누고
싶어요."

"내 아들은 가룟 유다랍니다."

천국에서 만나면 사랑하지 못할 자가 없습니다. 주 예수님을 왕으로
모시고 사는 사람은 여기서부터 천국의 삶을 삽니다. *20141121*

삶 속에서 주님을 만나야 합니다

젊은 전도사님 한 분이 암 수술을 했습니다. 수술 전날 병원에 심방
을 가는데, 주님이 주시는 마음이 있었습니다.

"성경책에서 읽고 믿었던 주님을 현실에서 만나는 순간이다."

그렇습니다. 많은 그리스도인들이 기가 막힌 어려움에 처했을 때, 성경의 하나님을 만났습니다. 하나님을 성경책으로만 알고 믿을 수는 없습니다. 실제 삶 속에서 체험해야 합니다.

저의 경우가 그랬습니다. 군 훈련 중 다리가 부러져 장애인이 될 것이라는 판정을 받았을 때, 저는 함께하시는 하나님을 믿을 수가 없었습니다. 아니, 믿어지지 않았습니다. 지금도 수술 대기실에서 큰 소리로 하나님을 세 번이나 부르던 기억이 생생합니다. 그때는 아무 응답이 없었습니다. 밤새 울며 회개하고 또 울었지만 주님의 만지심도 주님의 음성도 듣지 못하였습니다. 그저 저의 은밀했던 죄만 계속 생각났고, 그것 때문에 또 울었습니다. 회개만 나왔습니다.

그런데 그 밤이 지나고 며칠이 지난 후에야, 그날 너무나 큰 주님의 음성을 들었다는 사실을 깨달았습니다. 제가 큰 소리로 하나님을 부른 것은 오히려 큰 소리로 저를 찾으시는 주님에 대한 응답이었습니다. 밤새 눈물로 회개한 것은 제 은밀한 죄를 일깨우시며 저를 책망하시는 주님에 대한 응답이었습니다. 제 오른쪽 다리를 드리겠다고 눈물로 고백한 것은 저를 당신의 종으로 부르신다고 하실 때 제가 드린 응답이었습니다.

그날 저는 어디에서도 주님이 함께하신다는 것을 알지 못하였지만, 실제로는 정말이지 충만한 주님의 임재를 경험하고 있었던 것입니다. 그렇게 제게 주님을 바라보는 감각이 생겼습니다. 주님의 음성을 듣는 귀가 열렸습니다. 그렇게 임마누엘이신 주님에 대한 믿음이 생기고 믿음이 자랐습니다.

저는 수술을 앞두고 마음이 간절한 전도사님에게 제 이야기를 해드렸습니다. 그리고 말했습니다.

"오늘 밤 아무런 주님의 음성이 들리지 않고 주님의 임재가 느껴지지 않아도 답답해하거나 두려워하지 말고 오직 마음의 진실함으로 기도하고 주님을 바라보세요. 전도사님이 지금까지 예상하던 주님의 임재의 경험과 주님의 음성을 듣는 일과 실제는 차이가 있습니다. 시간이 지나고 난 다음에 오늘 밤 주님이 함께하셨고 또 말씀하셨음을 깨닫게 될 것입니다."

다윗은 성경공부를 하면서 하나님과 친밀해진 것이 아닙니다. 책을 읽으면서 하나님과 동행한 것이 아닙니다. 그는 분명히 성경을 통하여 하나님을 알았지만 실제 삶의 현장에서 살아 계신 하나님을 만났습니다. 그때는 거의 대부분 위기와 절망의 순간들이었습니다. 다윗이 겪었던 수많은 고난의 순간순간을 통하여 다윗은 하나님을 새롭게 또 새롭게 경험하였고 친밀해졌으며, 그렇게 믿음의 용사가 되었던 것입니다.

성경에서 읽은 주님은 삶의 현장에서 우리와의 만남을 준비해놓고 계십니다. 우리는 24시간 주님을 바라보기만 하면 됩니다. *20141124*

기쁨을 되찾아주시는 주님

요 며칠 기쁨을 잃었습니다. 마음에서 기쁨이 떠나고 근심이 생기자 몸도 아프기 시작했습니다. 좀처럼 감기가 떠나가지 않습니다. 오늘 새벽, 몸이 많이 힘들었지만 무슨 힘에 이끌린 듯 벌떡 일어나 새벽기도회에 나갔습니다. 기도해야 한다는 강한 이끌림이 있었습니다.

그러나 마음이 힘든 것은 좀처럼 풀어지지 않고 생각은 자꾸 더 어두운 상황으로 이끌렸고 몸은 더 가라앉아갔습니다.

"주여, 제 마음을 부탁드립니다."

기도는 하지만 힘이 없었습니다.

그런데 교회 사무실에서 우연히 집어든 로리 베스 존스가 쓴 《최고 경영자 예수》(한언, 1999)라는 책을 뒤적이다가 '예수님은 언제나 잔치 상태에 있었다'는 소제목이 눈에 띄었습니다. 거기에는 "예수님의 탄생 때 하늘에서는 불꽃놀이가 시작되었고 웅장한 팡파르와 음악이 있었습니다", "먼 지방에서는 동방박사가 예물을 가지고 왔고, 들의 양치기들도 와서 축하하였습니다"라고 씌어 있었습니다.

'재미있는 해석이구나, 그렇게 해석할 수도 있겠지.'

또 책에서 "예수님께서는 잔치를 준비하시는 분"이라고 했습니다.

"예수님은 두세 사람이 내 이름으로 모인 곳에는 나도 그들 중에 있다고 하셨고, 가나 혼인 잔치에서는 포도주의 축제를 만드셨고, 오병이어로 장정 오천 명의 배고픔을 해결하는 떡 잔치를 벌이셨고, 부활하신 후 갈릴리 호숫가에서 제자들과 함께 물고기 바비큐 파티를 벌이셨습니다."

일리가 있는 묘사라고 생각되었습니다. 예수님은 돌아온 탕자의 비유를 통하여 잔치를 준비하고 계신 아버지에 대하여 말씀하셨고, 혼인 잔치를 배설하는 임금에 관하여 말씀하셨음을 언급하였습니다. 그리고 자신이 오신 목적에 대하여 말씀하실 때에도 "내가 온 것은 양으로 생명을 얻게 하고 더 풍성히 얻게 하려는 것이라"(요 10:10)고 하셨습니다. 여기까지 읽을 때만 해도 제 마음이 잔치를 하는 기분으로 변하지는 않았습니다. 그러다가 마지막 부분에 소개한 어린아이가 낸 퀴즈 하나 때문에 갑자기 '빵' 터졌습니다.

"예수님께서 부활하셔서 최초로 하신 말씀이 무엇일까요? 정답은 '짠'입니다."

이 부분을 읽는데, 갑자기 주님께서 심각한 얼굴을 하고 있는 저에게 "짠" 하시는 것 같았습니다.

"웃어! 괜찮아. 웃어도 돼."

아직 마음의 답답함이 풀어진 것은 아닙니다. 그러나 주 예수님은 제가 어둠에 더 깊이 끌려들지 않게 해주셨습니다. 아름답고 환한 빛 가운데로 저를 이끌어내시는 것을 느꼈습니다. 여러분에게도 오늘 주님이 "짠!" 하고 나타나실지 모릅니다.

20141125

24
CHAPTER

주님과 온전히
하나가 되라

임지 문제로 전도사님 한 분과 상담을 하였습니다. 목회자에게 가장 어려운 문제가 임지 문제입니다. 누구나 좋은 교회에서 사역하고 싶지만 누구나 다 좋은 교회에서 사역할 수는 없기 때문에 늘 갈등이 있습니다.

그러다가 '어떤 교회가 목회하기 좋은 교회일까?'에 대해 생각해보았습니다. 함께할 교인도 있고 생활하기 어렵지 않은 사례를 받고 교인들의 존경과 사랑을 받을 수 있다면 얼마나 좋겠습니까? 어느 목회자나 이런 임지를 꿈꿉니다. 그러나 주님을 바라보면서 생각이 바뀌는 것을 깨닫습니다.

"좋고 나쁜 목회지가 정말 있는 것인가? 너도 나도 형편 좋은 곳에서만 목회하려고 한다면 어려운 곳에서는 누가 하나님의 나라를 준비하겠는가? 주님 앞에 설 때는 옥토밭을 간 종보다 돌짝밭을 간 종이 더 환영받고 귀하게 여김을 받지 않겠는가? 야심이 있는 군인은 편안하고 한가한 보직을 마다하고 오히려 힘들고 위험한 지역에 가기를 자원하는데, 하나님의 나라를 위하여 일하는 주의 종들은 더욱 그리하여야 하지 않겠는가?"

제가 이렇게 말하면 "당신은 형편이 좋아서 그런 말을 할 수 있을지 모르지만, 우리 같은 처지에서는 그런 한가한 말을 할 수 없다"라고 말할 분도 있을 것입니다. 그러나 다른 사람의 속사정을 누가 다 알 수 있겠습니까?

강해설교로 유명한 존 맥아더 목사님은 대단히 성공한 목회자이지만, 실제로는 평탄한 목회를 하지 못하였고 문제가 많았다고 고백하였습니다. 그 분에게 가장 어려웠던 것은 사람으로 인한 시련이었다고 합니다. 마음과 사랑을 나누며 애지중지 키운 5명의 제자가 있었습니다. 그런데 하루는 중직자와 함께 찾아와 목사님의 사임을 요구하였답니다. 무리한 요구로 자신을 물러나게 한 것이었습니다. 그때 '브루투스, 너마저!'라는 심정이었다고 합니다. 이들의 시도는 실패하였지만 목사님은 배신의 충격으로 더 이상 그 교회에 머물고 싶지 않았다고 합니다.

그런데 문제는 갈 곳이 없었다는 것입니다. 그래서 머물렀습니다. 목회를 시작한 지 8년째 되던 해의 일입니다. 10년이 지나고 나자 250명의 성도가 교회를 떠났습니다. 목사님의 설교가 너무 길고 지루하기 때문이라고 하였답니다. 온갖 비난과 공격이 있었습니다. 마음의 상처와 배신감으로 교회를 떠나고 싶었지만 이때도 역시 갈 곳이 없었답니다. 그래서 머물렀습니다.

존 맥아더 목사님은 이렇게 말합니다.

"갈 곳 없는 은혜가 나를 붙들었다."

갈 곳이 없는 은혜! 그렇습니다. 갈 곳이 없는 것도 은혜입니다. 제가 기도에 눈이 뜨인 것은 1984년 6월 다리 부상으로 군목 임관을 하지 못하고, 수원의 아버님 집으로 귀향 조치된 때였습니다. 그때 저는 사명감보다는 저희 가족의 생활을 위하여, 사역할 교회를 찾고자 목발에 의지하여 서울과 수원을 헤매고 다녔습니다. 그러나 다리도 온전치 못하고 군 문제도 완전히 해결되지 않은 저를 받아주는 교회는 어디에도 없었습니다. 한 달 이상 저를 도와줄 만한 사람들을 찾아다녔으나 저를 불러주는 교회가 없다는 것을 확인하고 서울에서 수원으로 내려오는 버스에서, 저는 하염없이 눈물을 흘렸습니다.

"아무데도 갈 데가 없다!"

모두에게서 버림받은 심정이었습니다. 그때 버스에서 울면서 하나님께 기도했습니다.

"하나님, 목사인 제가 이런 모습으로 사는 것이 너무 부끄럽습니다. 이제부터 저의 나갈 길에 대하여 하나님께만 기도하고 사람에게 부탁하지 않겠습니다."

그동안 제가 기도는 안 하고 고민만 하면서 사람만 의지하였음을 깨달았기 때문입니다. 그 후 저는 사람을 만나지 않고 기도만 했습니다. 언제 어떻게 응답해주실지 막연했지만, 제 인생 최초로 제대로 기도해본 첫 경험이라고 해도 과언이 아닐 것입니다. 그러나 저는 곧 기도만 한다는 것이 얼마나 어려운지 깨달았습니다. 기도만 하기로 결심한 날, 기도를 시작한 지 5분 정도 지나고 나니 기도할 내용이 바닥이 났습니다. 그 기도를 열 번이나 반복해도 1시간도 지나가지 않았습니다. 전화 소리만 들려도 '나를 찾는 전화인가?' 하고 문 앞으로 달려가곤 했습니다. 앞으로 이렇게 며칠, 몇 달을 어떻게 기도해야 할지 앞이 캄캄했습니다.

그때 저는 지혜가 생기기를 기도하다가 막히면 성경을 읽기로 했습니다. 그래서 창세기부터 기도에 대해 말씀하신 부분을 찾아 노트에 써가면서 읽어내려가기 시작했습니다. 한 달, 두 달, 세 달, 이 기간은 저에게 철저한 기도훈련의 기간이었고, 성령님으로부터 기도에 대한 성경공부를 배운 기간이었고, 저와 제 아내가 '합심기도'와 '믿음으로 사는 법'을 함께 배웠던 기간이었습니다. 그해 11월, 참으로 놀랍게도 하나님께서 전적으로 인도하셔서 광림교회 부목사로 부임하게 되었습니다. 그때 제 나이가 27세였습니다.

주님만 바라보았다면, 주님 안에만 거하였다면 그것으로 충분합니다. 아주 잘 가고 있고 잘되고 있는 것입니다. 지금은 좋은 목회지가 적은 것이 아니라 잘 준비된 좋은 목회자가 적습니다. 좋은 목회자에게는 어느 곳이나 다 좋은 목회지입니다. *20141126*

하나님 나라의 메도디스트

제게 "목사님은 너무 지나친 거 아니에요?"라고 물으시는 분들이 있습니다. "나는 죽고 예수로 산다"고 하더니, 이제는 "24시간 주 예수님을 바라보라"고 하면서 전 교인에게 영성일기를 쓰게 하고, 그 일기를 서로 나누며 살라는 것이 너무 지나치다고 여겨지는 모양입니다. 그렇게 할 사람이 얼마나 되며 그런 교회가 가능하겠느냐는 것입니다.

제가 그렇게 하는 것은 두 가지 이유가 있습니다.

첫째는 주 예수님이 제 안에 계심을 정말 믿게 되었기 때문입니다. 최근에 만난 김동환 목사님(영국 감리교회 정회원, 웨슬리목회연구원 책임자, 신학박사)은 제가 철저한 메도디스트(methodist)이기 때문이라고 하셨습니다. 'methodist'라는 말의 유래는 존 웨슬리가 옥스포드에서 동생 찰스 웨슬리와 몇 명의 학우들과 함께 홀리 클럽(Holy Club)을 만들어 온전히 성경대로 살며 지속적인 회개와 성령충만을 유지하기 위하여 매일 규칙적인 삶을 사는 것을 보고 주위 사람들이 빈정거리며 붙인 별명이었습니다. 한마디로 '규칙쟁이'라는 말입니다.

그러나 존 웨슬리는 이 별명을 기뻐하였다고 합니다. 하나님의 나라를 향하여 나아가고자 애를 쓰는 자신들의 모임의 성격을 그대로 반영하였기 때문입니다. 로마 시대에 의사가 준 처방전을 그대로 따라 하는 환자를 메도디스트라고 불렀답니다. 바로 그렇게 성경이 가르치는 대로 살기 원했던 것입니다. 당시에는 수도사와 같이 극히 소수의 사람들만 메도디스트처럼 살았습니다. 그러나 웨슬리는 모든 그리스도인들이 다 수도사들처럼 성경이 가르쳐주는 하늘 가는 길을 매일매일의 삶에서 그대로 따라 살게 했습니다. 그러니 24시간 주 예수님을 바라보기 위하여 영성일기를 쓰는 것이 전형적인 메도디스트라는 것입니다.

성경이 가르치는 놀라운 비밀이 있는데, 바로 우리 안에 계신 그리스도이십니다.

하나님이 그들로 하여금 이 비밀의 영광이 이방인 가운데 얼마나 풍성한 지를 알게 하려 하심이라 이 비밀은 너희 안에 계신 그리스도시니 곧 영광의 소망이니라 골 1:27

웨슬리가 메도디스트가 되었던 이유는 이 비밀을 아는 눈이 뜨였기 때문입니다. 존 웨슬리와 조지 휫필드에게 큰 영향을 끼친 책이 한 권 있는데, 17세기 후반 헨리 스쿠걸이 쓴《인간의 영혼 안에 있는 하나님의 생명》(생명의말씀사, 2007)이라는 책입니다. 스쿠걸은 예수님께서 우리 마음에 오셔서 우리의 생명이 되신 것이 기독교라고 했습니다. 웨슬리와 휫필드는 이 책을 읽고 자신들이 진정한 그리스도인이 아니었음을 깨달았다고 고백했습니다. 경건한 집안에서 자랐지만 하나님께서 자신들 안에 계시는 것을 전혀 몰랐다는 것입니다. 종교인이었지 그리스도인은 아니었던 것입니다.

자신의 마음에 생명으로 임하신 주 예수님을 알고 난 다음, 웨슬리는 더욱 철저히 주님과 동행하는 삶을 살고 싶었고, 그 삶을 지속하기 위해서 그리스도인들은 영적으로 서로 도와야 한다고 생각했습니다. 그래서 매주 소그룹으로 만나서 서로의 영적 상태를 철저히 점검하는 시간을 가졌습니다. 그것이 지금의 감리교회가 된 것입니다.

영성일기를 쓰는 것은 매주 만나는 것이 아니라 '매일' 만나는 것입니다. 시대가 달라졌기 때문일지도 모르겠지만, 어쩌면 지금 영적으로 더 악해졌기 때문인지도 모르겠습니다.

또 하나, 제가 영성일기를 쓰면서까지 주님만 바라보려고 하는 것은 하나님나라에 눈이 열렸기 때문입니다. 다니엘은 포로로 잡혀간 처지였지만, 바벨론 왕궁에서 제공하는 고기를 먹지 않았습니다. 다른 신에게 기도하면 사자 굴에 던져넣는다는 왕의 포고를 알고 있었고 정적들이 자신에게 올무를 놓았다는 사실을 알고도, 그는 늘 하던 대로 예루살렘을 향하여 창문을 활짝 열고 기도하였습니다. 다니엘은 왜 이리 고지식하다고 할 정도로, 경건하다 못해 지나칠 만큼 철저히 하나님의 말씀대로 살았을까요?

하나님의 심판의 엄위함과 비참함을 목격하였기 때문입니다. 마지막까지 진정한 회개를 하지 않아 왕의 눈이 뽑히고, 자식들이 내던져지며, 하나님의 성전이 불타서 무너지는 것을 두 눈으로 직접 보았기 때문입니다. 그는 하나님이 행하시는 심판을 실제 겪었고 하나님께서 역사를 주관하시는 것을 분명히 보았기 때문에 우상의 나라 바벨론 궁중에서의 하루하루가 살얼음판을 디디는 것 같은 위험한 삶이었지만, 정말 철저히 하나님의 말씀대로만, 하나님만 바라보며 살기로 결단한 것입니다.

이것이 바로 제 마음입니다. 저 자신은 물론, 저희 가정 그리고 우리 교회와 한국 교회가 살길은 오직 24시간 주 예수님과 동행하는 것뿐이라는 것을 확신하기 때문입니다. 어설프게 예수님을 믿으면 안 됩니다. "주님이 내 안에 계신 줄로 믿습니다" 그런 말은 하면 안 됩니다. 계시면 계신다, 안 계시면 안 계신다 해야 합니다. 우리 마음에 계신 주님을 확인하고 또 확인하는 일에 게으르거나 적당히 해서는 안 됩니다.

마음에 주 예수님이 임하심을 정말 믿고, 하나님의 나라가 이미 우리 가운데 임하였음을 아는 사람이라면, 오직 주님만 바라보며 살려는 저에게 너무 지나치다고 말하지 않을 것입니다. 오히려 "왜 그렇게 나태하냐?"고 책망할 것입니다. *20141128*

단 한 마 디 뿐 이 어 도 좋 습 니 다

미즈노 겐조 씨는 11세에 소아 뇌성마비로 전신마비가 되어 말을 할수도 없고 글을 쓸 수도 없었습니다. 그는 벽에 붙여진 일본어 오십음도에서 엄마가 손가락으로 가리키는 글자 중에 원하는 글자를 짚을 때눈을 깜박였고, 그렇게 그 글자들을 모아 단어를 만들고 그것이 문장이되어 시를 썼습니다.

아무리 감사하고 싶고 찬양하고 싶어도, 이처럼 눈 깜빡이는 것 외에는 자신의 마음을 표현할 다른 수단이 없다면 누구나 거기서 체념하게될 것입니다. 그러나 겐조 씨는 포기하지 않았습니다. 이유는 그가 그의 마음에 정말 놀라운 주님의 임재를 경험하고 있었고, 어떻게 해서든지그가 받은 엄청난 하나님의 사랑을 전하고 싶었기 때문이었습니다.

잊기 전에

지금 들은 것
보인 것
마음에 느낀 것
잊기 전에

사라지기 전에
주의 아름다운 은혜를
찬양하는 시를 만들자

오늘 하루도
발소리로 시작된다
신문배달부 발소리
우유배달부 발소리
오늘 하루도
성령을
부어주시는
주님의 발소리

겐조 씨가 시를 쓸 수 있도록 결정적인 도움을 주었던 어머니가 첫 시집이 나온 후 얼마 되지 않아 돌아가셨습니다. 하나님은 말도 못하고 손발도 움직이지 못하는 겐조 씨에게서 어머니마저 빼앗아가셨습니다. 미우라 아야코 여사는 겐조 씨의 어머니가 돌아가셨다는 소식을 듣고 겐조 씨가 다시 시를 지을 수 있을지 걱정이 되었답니다. 겐조 씨가 믿음을 지키는 것조차 힘들 거라고 생각했기 때문입니다. 그럼에도 불구하고 겐조 씨는 계속 시를 썼고, 2권에는 더 아름다운 노래들이 실렸습니다.

어머니를 잃은 나를 위해

울지 마세요

더 이상 울지 마세요

마음속은

이상할 정도로

잠잠합니다

그리스도가

나와 함께

함께하시기 때문이겠죠

주 예수님 당신이

조용한 밤길로 가까워지는

발걸음 소리다 발걸음 소리라고

금방 알아차렸습니다

바로 알아차렸습니다

미즈노 겐조 씨는 전신마비로 꼼짝할 수 없었지만 그의 마음 안에서 주님이 너무나 놀랍게 역사하셨습니다. 그는 분명히 함께하시는 주님을 알았고 사랑했습니다.

말씀

하나님

오늘도 말씀해주세요

단 한마디뿐이어도 좋습니다

내 마음은 작아서

많이 주셔도 넘쳐버려 아까우니까요

이 시를 읽는데 눈물이 계속 흘렀습니다. 정말 한마디씩만 들어도 충분한 것을 경험해보지 않은 사람은 모를 것입니다.

미우라 아야코 여사는 미즈노 겐조 씨를 보면, 유창하게 말하는 입이 없어도, 어디든지 걸어서 갈 수 있는 다리가 없어도, 펜을 쥘 손이 없어도 얼마든지 전도할 수 있음을 알 수 있었다고 했습니다. 미즈노 겐조 씨는 일본 NHK방송과 시집 출판을 통해서 가장 많은 일본인들에게 예수님을 증거했다는 평가를 받습니다.

"누군가가 겐조 씨를 방문하려고 그 마을에 갔습니다. 그의 집이 어디쯤인지 마을 사람에게 물어보니, 그 사람은 친절하게 알려주었습니다. 감사를 표하고 돌아섰을 때, 그 사람이 불러 세우며 '겐조 씨는 이 마을의 보물입니다'라고 외쳤습니다."

전도에서 가장 중요한 것은 말하고 글쓰는 것이 아니라 자신이 죄인이라는 인식이고, 그 죄를 그리스도의 속죄를 통해 용서받은 것에 진정 감사하는 마음입니다. 겐조 씨의 마음에는 그 감사와 기쁨이 넘치고 있었습니다. 어떻게 해서든지 그리스도의 사랑을 전하는 것을 멈추지 않을 감격이 넘치고 있었습니다.

이것이 진정한 전도입니다.

20141201

어제 첫눈이 제법 내렸습니다. 창밖으로 보는 광경은 멋있었습니다. 그러나 어느 모임의 성탄예배에 참석하려고 저녁에 바깥에 나가 실제로 매서운 찬바람에 흩날리는 눈을 맞아보니 전혀 다른 느낌이었습니다.

성탄절을 맞이하는 마음도 이와 같이 다릅니다. 예수님이 마음에 임하신 자와 그렇지 않은 자에게 성탄절은 같은 성탄절이 아닙니다. 제 아버지도 목사였고 할아버지도 목사였습니다. 저도 태어나자마자 아버지에 의하여 하나님께 목사로 바쳐졌습니다. 그러나 고등학생 때, 담당 전도사님이 고린도후서 13장 5절 말씀을 가지고 "모든 그리스도인 안에 예수님께서 거하신다"는 설교를 하셨을 때, 얼마나 충격을 받았는지 모릅니다. 제 안에는 예수님이 계시지 않았기 때문입니다. 예수님께서 제 안에 계신다면 어떻게 제가 모를 수 있겠습니까? 이것이 당시 저의 영적 상태였습니다.

그러나 그 당시 저는 "제 안에 예수님께서 계시지 않습니다"라고 말하지 못했습니다. 그 사실이 교인들에게 알려졌을 때 벌어질 상황을 수습할 자신이 없었기 때문이었습니다.

'믿는 척하자!'

그것이 당시 제가 선택할 가장 최선의 길이었습니다.

신학교에 들어갔을 때, 17세기 독일의 시인 앙겔루스 실레시우스가 쓴 시를 읽었습니다.

그리스도 베들레헴에 태어나심이

천 수백 번을 헤아리건만

그리스도, 네 자신의 마음에 나시지 않으시면

그 영혼은 아직 버림받은 채니라

십자가만이 네게 구원을 주리니

골고다 언덕의 십자가

네 마음에 세워지지 않는다면

네 영혼은 영원히 잃어진 것이니라

다시 한번 충격이었습니다.

이 시는 성탄절의 의미를 완전히 바꾸어놓았습니다.

"주님이 내 안에 태어나셔야 진짜 성탄절이다!"

이 영적 갈망이 저를 지금까지 이끌어왔습니다.

너희 안에 계신 그리스도시니 곧 영광의 소망이니라 골 1:27

주 예수님께서 마음에 계신다고 믿는 척하는 그리스도인들이 많습니다. 그래서 성탄절의 은혜를 제대로 누리지 못하는 것입니다.

"예수님께서 제 안에 계신다고 믿습니다!"

이렇게 고백은 합니다. 그러나 이 고백이 얼마나 공허한 고백인지 알아야 합니다. 만약 어떤 사람이 "집에 부모님이 계십니까?" 하고 묻는다면, 계시면 "예, 계십니다"라고 할 것이고, 안 계시면 "아니요, 안 계십니다"라고 할 것입니다. 만일 "집에 부모님이 계신다고 믿습니다"라고 말한다면 부모님이 계신 것입니까? 안 계신 것입니까?

창밖으로 내리는 눈을 구경하는 것과 직접 바깥에 나와 눈을 맞는 것이 전혀 다른 느낌이듯이, 주님이 마음에 임하신 사람과 그렇지 않은 사람의 성탄절은 너무나 다릅니다. 올해 성탄절에는 여러분의 마음에도 주 예수님이 나시는 은혜가 임하기를 축복합니다.

20141202

예수와 하나가 되라

초판 1쇄 발행	2017년 6월 27일		
초판 5쇄 발행	2022년 9월 30일		

지은이	유기성		
펴낸이	여진구		
책임편집	안수경		
편집	이영주 정선경 최현수 김도연 김아진 정아혜		
디자인	마영애 노지현 조은혜 이하은		
홍보·외서	진효지		
마케팅	김상순 강성민 허병용	마케팅지원	최영배 정나영
제작	조영석 정도봉	경영지원	김혜경 김경희 이지수

303비전성경암송학교 유니게과정 박정숙 최경식
이슬비전도학교 / 303비전성경암송학교 / 303비전꿈나무장학회

펴낸곳	규장

주소 06770 서울시 서초구 매헌로 16길 20(양재2동) 규장선교센터
전화 02)578-0003   팩스 02)578-7332
이메일 kyujang0691@gmail.com   홈페이지 www.kyujang.com
페이스북 facebook.com/kyujangbook   인스타그램 instagram.com/kyujang_com
카카오스토리 story.kakao.com/kyujangbook
등록일 1978.8.14. 제1-22

ⓒ 저자와의 협약 아래 인지는 생략되었습니다.
이 출판물은 저작권법에 의해 보호를 받는 저작물이므로 무단 전재와 무단 복제를 할 수 없습니다.

책값 뒤표지에 있습니다.
ISBN 978-89-6097-501-9 03230

규 | 장 | 수 | 칙

1. 기도로 기획하고 기도로 제작한다.
2. 오직 그리스도의 성품을 사모하는 독자가 원하고 필요로 하는 책만을 출판한다.
3. 한 활자 한 문장에 온 정성을 쏟는다.
4. 성실과 정확을 생명으로 삼고 일한다.
5. 긍정적이며 적극적인 신앙과 신행일치에의 안내자의 사명을 다한다.
6. 충고와 조언을 항상 감사로 경청한다.
7. 지상목표는 문서선교에 있다.

하나님을 사랑하는 자 곧 그의 뜻대로 부르심을 입은 자들에게는 모든 것이 合力하여 善을 이루느니라 (롬 8:28)

규장은 문서를 통해 복음전파와 신앙교육에 주력하는 국제적 출판사들의
협의체인 복음주의출판협회(E.C.P.A:Evangelical Christian Publishers
Association)의 출판정신에 동참하는 회원(Associate Member)입니다.